suhrkamp taschenbuch 1542

Peter Orban lebt und arbeitet in Frankfurt am Main als Therapeut und Schriftsteller. Neuere Publikationen: *Die Reise des Helden*, 1983; *Astrologie als Therapie*, 1986; *Tanz der Schatten* (Buch und sechs Kassetten, 1986, zusammen mit Ingrid Zinnel).

Der Text beschreibt das Ineinander zweier Strukturen, die in einem Herstellungsprozeß *gemeinsam* produziert werden. Anders formuliert, es gibt gar keine psychischen Instanzen, die von ihrer körperlichen Basis losgelöst zu betrachten sind, und es gibt – ganz ebenso – keine körperlichen Bereiche, die nicht zutiefst von Seele durchdrungen sind. Der Prozeß der Herstellung und des Hergestelltwerdens unserer Körperlicherkeit mitsamt ihrem seelischen Implement beginnt lange vor der Geburt und ist erst mit dem Tode abgeschlossen. Es wird gezeigt, daß ein einzelwissenschaftliches Auseinanderreißen der Strukturen »Psyche« und »Soma« bei dem heutigen Stand unseres Wissens nicht mehr zu rechtfertigen ist und daß nur eine einheitliche Sichtweise zu einer sinnvollen Therapie führen kann.

Peter Orban
Psyche und Soma

*Über die Sozialisation
des Körpers*

Mit einem Nachwort
von Tilmann Moser

Suhrkamp

Umschlagbild: Illustration aus dem *Splendor Solis*,
dem Salomon Trismosin zugeschrieben, London 1582.
Bibliothek des Britischen Museums

suhrkamp taschenbuch 1542
Erste Auflage 1988
© 1981 by Akademische Verlagsgesellschaft, Wiesbaden
Alle Rechte vorbehalten durch Suhrkamp Verlag,
Frankfurt am Main 1988, insbesondere das
des öffentlichen Vortrags, der Übertragung
durch Rundfunk und Fernsehen
sowie der Übersetzung, auch einzelner Teile.
Suhrkamp Taschenbuch Verlag
Satz: Hümmer, Waldbüttelbrunn
Druck: Nomos Verlagsgesellschaft, Baden-Baden
Printed in Germany
Umschlag nach Entwürfen von
Willy Fleckhaus und Rolf Staudt

1 2 3 4 5 6 – 93 92 91 90 89 88

Inhalt

Vorwort

Die vorliegende Arbeit wurde unter zwei Gesichtspunkten verfaßt: zum einen war es meine Absicht, die Gedanken meiner beiden vorherigen Texte ›Sozialisation‹ und ›Subjektivität‹ weiterzutreiben und gleichsam in einem dritten Band vorläufig abzuschließen. Der Text ist also als Buch in der Kontinuität der ersten beiden Bände für eine breite Leserschaft angelegt. Zum anderen wollte ich mit diesem Text meinen ›Doktorgrad‹ erlangen; das Material war also so aufzubereiten, daß es den Kriterien eigenständiger wissenschaftlicher Arbeit genügen mußte.

Beide Ansprüche gleichermaßen zu befriedigen war jedoch ein Unterfangen, das in mir Konflikte produzierte. In diesen Widersprüchen spürte ich meine eigene Zerrissenheit, die sicherlich ein Teil jenes Abspaltungsprozesses ist, über den der Text eine Verständigung zu erzielen versucht. Oft genug stand ich vor der Entscheidung, entweder meinem Impuls, ›Wissenschaft zu produzieren‹, nachzugeben oder die Dinge so darzustellen, daß auch der neurophysiologisch und interaktionstheoretisch nicht vorgebildete Leser sie verstehen kann.

Ich habe mich in den weitaus meisten Fällen dafür entschieden, den interessierten Leser im Blick zu behalten und die Wissenschaftlichkeit, deren Meriten zu preisen mir sehr suspekt geworden ist, hintanzustellen.

So mag denn der Text auf den ersten Blick spekulativ anmuten, und sicherlich ist er es auch über weite Strecken. Freilich denke ich, daß heute, wo jeder Unsinn wissenschaftlich sich belegen läßt, eher die Kraft der Spekulation uns auf neue Wege bringt als eine Wissenschaft, die seit Humboldt über die gleichen Schienen gleitet, diese immer weiter vorantreibt und gar nicht merkt, daß sie völlig die Richtung und das Ziel aus dem Auge verloren hat.

Insbesondere gilt diese – wiederum spekulative – Behauptung für den Bereich der Medizin, die mittlerweile ebenso bösartig wuchert wie jene Krankheit, der sie am intensivsten den Kampf angesagt hat. In meiner Phantasie lassen sich die Bilder, daß hundert mit Maschinenpistolen bewaffnete Polizisten gegen einen Terroristen vorgehen und daß eine Handvoll mit der Intensivmedizin bewaffnete Ärzte gegen eine Krebsgeschwulst vorgehen, problemlos zur

Deckung bringen. Beide Gegner – in die Enge getrieben – werden dabei verrückt, und ich weiß, wer gewinnt.

Ich habe einen Teil der Schmerzzusammenhänge, die in dem Text behauptet werden, selbst erlebt und habe – in meiner eigenen Therapie – einen Teil des Terrorismus wiedererlebt, dessen Herstellungsbedingungen ich in den folgenden Seiten zu beschreiben versuche. Gleichwohl habe ich möglichst wenig von mir berichtet, um meinen Kritikern nicht von vornherein die Möglichkeit zu bieten, diese Erfahrungen als subjektiv gefärbt abzutun. Um hier das Gleichgewicht wieder herzustellen und um ehrlich zu bleiben, habe ich nur die Beispiele zitiert, in die ich mich – aus eigenen Erfahrungen – einfühlen kann.

Viele Dinge konnten nicht gesagt werden, doch insgesamt bin ich mit dem Text zufrieden. Es hat mich sehr gefreut zu hören, daß die Studenten , die mein Seminar über ›Psyche und Soma‹ (denen dieser Text als Diskussionsgrundlage vorlag) besucht haben, ihn ›spannend‹ fanden.

Juli 1979   Peter Orban

Vorwort zur Neuausgabe

Bücher sind ja nun wie Kinder.

Und mitunter kommt es dahin, daß ein Kind noch einmal ins Elternhaus zurückkehrt und man sich – als Vater – dieses Wesen aufs neue anschaut. Ich bin dann nicht frei von der Frage: hätte man es damals, bei der Erziehung, anders machen müssen?

Das vorliegende Kind ist jetzt seit gut zehn Jahren inkarniert. Kurz nachdem es erschien, geriet seine Welt ins Wanken; sein Verlag verschwand, und fast die gesamte Auflage ging in den Wirren der Konkursabwicklung unter. Nun gut, dachte ich, manche Kinder werden auch nach der Geburt noch abgetrieben – so sei es. Hat man einmal angefangen, die Zeichen lesen zu lernen, darf man getrost aufhören, gegen Schicksal zu intervenieren. Doch wie es scheint, das Kind hat einen starken Überlebenswillen: es fiel einem professionellen Seel-Sorger in die Hände. Tilmann Moser hob es auf, beatmete es und der Suhrkamp Verlag bringt es – mit neuen Kleidern versehen – noch einmal auf seinen Weg.

Wenn ich es aus der Distanz von zehn Jahren noch einmal betrachte, so würde ich heute kritischer mit der Person des Arthur Janov umgehen. Bereits 1983 schrieb ich zu diesem Thema:

> »Primärtherapie ist *ein* Weg, erwachsen zu werden. Es ist ein schneller Weg. Aber es ist nicht der einzige Weg, obwohl sein Entdecker das in grandioser Selbstüberschätzung glaubt. Arthur Janov hat einen großen Fund gemacht (den Freud auch gesehen, aber dann liegengelassen hat), aber wie es bei genialen Findern so ist, er hat diesen Fund auch gleich wieder unter einer Fülle von Reglementierungen und Einschränkungen vergraben. Janov – darin ist er typisch Amerikaner – hat das, was er gesehen hat, was seine Klienten ihn gelehrt haben, versucht, in eine Packung zu füllen, ins Handelsregister einzutragen und einen Konzern daraus zu machen. Aber so läßt menschliche Natur nicht mit sich umspringen. Der ehedem gute Gedanke ist unter den Händen seiner Buchhalter zu einem Stück Ideologie geworden, und der größte Teil der Literatur, der seit dem ›Primal Scream‹ von dem Konzern herausgegeben wurde, ist restriktiv.« (Handwörterbuch der Psychiatrie, Stuttgart 1984, S. 375)

Das betrifft nicht das, was er gefunden hat. Daß man bis in die Geburt und in intrauterine Phasen hinein in seine Seele hinabsteigen und die dort liegenden Ereignisse mitsamt ihren emotionalen Energien wiedererleben kann, diese Entdeckung ist ihm zu verdanken und bleibt mit seinem Namen verbunden. Heute gibt es viele, die diesen Weg weiter ausgebaut haben und die weniger marktschreiend mit ihren Ergebnissen umgehen. Ein großer Teil der Kritik Tilmann Mosers (am Ende dieses Buches) bezieht sich auf die Person Janovs, und dem pflichte ich, ohne zu zögern, bei.

Etwas in Zögern gerate ich bei Mosers Beharren darauf, daß der Patient im Bild des Therapeuten neuen Lehm auf seine Töpferscheibe legt und seine früh mißratenen Bildungsprozesse an der Figur seines Gegenübers in neuer Form nachmodelliert. Meine therapeutischen Erfahrungen der letzten Jahre entsprechen diesem Bild nicht. Das muß kein Widerspruch sein, denn hier ist der Therapeut als ganzer Mensch gefragt, und der eine bietet sich als Identifikationsobjekt an, der andere bleibt nur Spiegel, der dritte versucht, beides zu vereinen. Eine Entscheidung kann nicht per Lehrbuch erstritten werden, sondern nur aus der jeweils gelebten Therapie sich ergeben.

Diese Frage läßt freilich den Inhalt des Textes unberührt.

Ich weiß heute, daß das Schreiben eines Buches – für mich – jeweils eine Zäsur ankündigt, einen Ab-Schnitt. Eine Phase meines Lebens ist alt geworden, und es ist mir wichtig, diesen Abschluß noch einmal zusammenfassend zu dokumentieren, um ihn damit zu beenden. »Psyche und Soma« beendete meine »wissenschaftlichen« Ambitionen im Sinne des Hempel-Oppenheim-Schemas und im Sinne einer universitären Karriere. Alles, was ich seitdem gesagt und geschrieben habe, geriet schnell in den Bereich des Nicht-mehr-Beweisbaren, in die Welt der *Bilder*. Hier ist heute mein Zuhause.

Eines davon, es ist das Umschlagbild dieses Bandes, zeigt den Menschen in seiner Dualität: als Körper- und Seelenwesen zugleich. Der Alchemist Salomon Trismosin sah – in einer Vision – den teuflischen Zusammenhang des erdhaft erstarrten Schutz- und Sicherheitsbedürfnisses des Körpers und die Freiheit des engelhaften Durchtönens (per – sona) der Seele, die das noch ungeöffnete Ei (als das Prinzip des Werdens) in der Hand hält, als *ein* Wesen. Das ist es, was dieses Buch ausdrücken wollte. Und während die Wissenschaft diesen Zusammenhang für die linke Hirnhälfte zu beschreiben sich vornimmt, versucht die Alchemie *in Bildern* das gleiche Thema für die rechte Hirnhälfte darzustellen.

Es ist meine tiefe Überzeugung, daß erst beide Sichtweisen zusammengenommen uns eine Näherung an das Ganze ermöglichen.

Und so freue ich mich denn, daß mein »altes« Kind in einem wunderschönen Gewand aufs neue erscheinen darf. Ich danke Tilmann Moser ganz herzlich, daß er es auf den Weg brachte, und dem Suhrkamp Verlag, besonders Frau Laux, für die sachkundige Betreuung.

Januar 1988   Peter Orban

Einleitung

Es ist der Anspruch und die Schwierigkeit dieser Arbeit, etwas beschreiben zu wollen, für das es bislang keinen Begriff gibt. Dabei handelt es sich nicht etwa um ein definitorisches Problem, sondern um eines, das in der »Sache« selbst liegt. Doch nicht nur das. Es stellt sich ebenso als ein Problem derjenigen Wissenschaften dar, die sich eigentlich mit der Sache zu befassen hätten. Worum geht es? Es geht um die Erläuterung des Verhältnisses zwischen »Psyche« und »Soma«. Doch – um nur einen Teil der Schwierigkeiten anzudeuten – auch das ist bereits die falsche Sprache: Es gibt kein »Verhältnis« zwischen Psyche und Soma. Mehr noch, es gibt, außer in psychologischen Lehrbüchern, *keine Psyche*, und es gibt, außer in medizinischen Lehrbüchern, *kein Soma*. Auch der Begriff »Psychosomatik« taugt vorerst nicht dazu, diese Verwirrung aufzuheben. Denn er wird gewöhnlich nur dort verwendet, wo eben ein »Verhältnis« gemeint ist: Ein bestimmter Teil »psychischer Struktur« verschmilzt mit einem bestimmten Teil »somatischer Struktur« zu einer Einheit und treibt darin etwas Neues hervor. Wie auch immer diese Verschmelzung gedacht wird (kausal- oder formgenetisch oder einfach nur empirisch), in jedem Fall tragen die zu verschmelzenden Partikel bereits das Falsche in sich. Und noch einmal, die Rede von der »Einheit« (daß das eine ohne das andere nicht sein kann) bringt zu wenig Klarheit über den gemeinsamen Herstellungsprozeß.

Worum geht es? Es geht um den *Herstellungsprozeß menschlicher Strukturen*. Das ist die einfachste – wenn auch sehr allgemeine – Formel für das, was hier diskutiert werden soll. Da sich aber der Mensch im weiteren Fortgang meiner Diskussion nur als der Sonderfall einer viel umfassenderen Entwicklung herausstellt (dem freilich besondere Aufmerksamkeit gewidmet wird) und ich – der Logik eines Herstellungsprozesses folgend – auch an tierischen Reaktionsweisen bestimmte Strukturlinien darstellen werde, ist genauso der *Herstellungsprozeß lebendiger Strukturen* gemeint.

Haben Tiere eine Psyche? Selbstverständlich, wenn unter »Psyche« (als das noch zu Problematisierende) ein Bündel von Merkmalen gefaßt wird, das aus Wahrnehmungen, Speicherungen (Symbolen?), Gefühlszuständen, Konflikten, Schmerzerfahrungen, Ängsten etc. besteht, so finden wir auch bei Tieren die meisten dieser Merkmale. Es wird zu zeigen sein, welche Unterschiede es dennoch gibt.

Nun, es darf kein Mißverständnis geben, der Begriff »Psychosomatik« wird in dieser Arbeit nicht im üblichen Sinne verwendet. Zunächst interessiert hier nicht die klinische Ausrichtung des Begriffes. Es wird also nicht um die »psychosomatischen Erkrankungen« gehen (auch deren Existenz wird hier angezweifelt – jedenfalls insofern der Begriff festlegen will, es gebe auch noch andere, etwa »rein« psychische oder »rein« somatische Erkrankungen), sondern um die Frage, wie werden eigentlich lebende (oder als Sonderfall: menschliche) Strukturen hergestellt, welche (lax gesprochen) Produktionsbedingungen gibt es und wie kann man den Herstellungsprozeß beschreiben? (Das Argument von den »genetischen Bauplänen«, die jeder lebenden Zelle innewohnen, macht die oben entwickelte Fragestellung nicht etwa überflüssig. Ein Zellhaufen mit dem Code »Menschenauge« kann niemals ein »Froschauge« hervorbringen. Es liegt aber nicht – oder besser: in den wenigsten Fällen – am Code, ob er ein *über längere Dauer lebendes* Menschenauge herausbildet. Das eben liegt an den Produktionsbedingungen.)

Und schließlich stellt sich die Frage: Wie kann das, was bislang als »psychische Struktur« bezeichnet worden ist, in diesem Herstellungsprozeß entstehen?

Ein letztes Mal: worum geht es?

In der letzten Zeit ist ein Begriff aufgekommen, der – wie keiner vor ihm – dazu taugt, das Phänomen, um das es hier geht, zumindest zu umgreifen: Es ist der Begriff der »Interaktionsform« (Lorenzer). Dieser Begriff meint in seiner einfachsten Formulierung ein »Stück hergestellte Struktur«. Er meint außerdem: »ein zwischen zwei (oder mehreren) *lebenden* Wesen, die miteinander in einer *praktischen* Beziehung stehen, hergestelltes Stück Struktur«. Konsequent angewendet strebt dieser Begriff an, die Produktion des Lebens gleichsam ab ovo in einer Gesamtheit zu umfassen. Damit sind nicht etwa nur »psychisches Phänomene« (oft werden in ihm einseitig nur diese gesehen) gemeint. Es ist – im Gegenteil – die Absicht dieser Arbeit, aufzuzeigen, daß die Phänomene, die heute unter der Bezeichnung »Psyche« firmieren, nur als notwendige Begleiterscheinungen eines tiefergehenden Prozesses auftreten: nämlich des *Prozesses der Herstellung und der Aufrechterhaltung lebender Strukturen überhaupt.*

Wir müssen anfangen zu begreifen, daß die Psyche oder psychische Probleme nicht etwa »Überbauphänomene« sind, die unser Hirn befallen und unser Handeln beeinflussen, weil irgendein (und sei es der ödipale) Konflikt nicht gelöst werden konnte. »Psyche« ist eine Überlebensstrategie, und das nicht nur ontogenetisch.

Um die Diskussion nicht hier schon zu verwirren und um nicht weiter mit irreführenden Begriffen operieren zu müssen, beginne ich mit dem Abstrakten: mit der »Interaktionsform«.

1. Die Interaktionsform

Jede Darstellung hat ihre Blickrichtung.

Es erscheint mir sinnvoll, dem Leser vor dem Anfang sehr genau anzugeben, welche Segmente der Analyse jeweils zur Debatte stehen. Wie in der Einleitung schon gesagt, handelt der gesamte Text von den Produktionsbedingungen *lebender Strukturen*. Unter dem Titel »Interaktionsform« will ich in diesem Kapitel zunächst etwas höchst Abstraktes darstellen. Es geht darum, erst einmal einen Baustein zu finden, mit dessen Hilfe der Begriff »lebende Struktur« jenseits reiner Biologie gefaßt werden könnte. Für den Kontext einer sozialwissenschaftlichen Arbeit ist deshalb wichtig, daß dieser ›Baustein‹ einerseits ganz allgemein ›Lebensvorgänge‹ umfaßt (daß sich nicht nur *menschliche* Vorgänge durch ihn erklären lassen) und daß in ihm soziale Vorgänge gleichermaßen thematisiert werden können.

Deutlich festgehalten sei: Es geht in diesem Kapitel nicht um gesellschaftliche Formbestimmungen. Diese – so wirksam sie auch sind – erfordern ihre eigene Analyse. Wichtig für uns ist zunächst die Verbindung des mütterlichen Organismus mit dem des Kindes. Daß der mütterliche Organismus bis in die tiefsten Fasern mit »Gesellschaft« durchdrungen ist, ist selbstverständlich. Dieses Datum aber interessiert mich deshalb nicht, weil meine gesamte Aufmerksamkeit den realen Vorgängen gilt, die sich an der Aufprallstelle beider Organismen ereignen, und denen, die daraufhin im kindlichen Organismus verbleiben.

Damit ist unser Spotlight justiert.

Warum Interaktionsform? – Im Gegensatz zu den Begriffen »Es«, »Trieb«, »Instinkt« etc., die oft als Ausgangspunkt für die oben umrissene Fragestellung gewählt werden, erscheint der Begriff »Interaktionsform« deshalb besonders brauchbar, weil er keinem fest umrissenen Konzept oder Theoriesystem entstammt, sondern einen Begriff der Kritik darstellt. Gewonnen wurde er aus der Kritik eines vorhandenen Systems (hier: der Psychoanalyse). Er entsprang sozusagen dem Widerspruch des Systems. Die Sammelbewegung, Erfahrungen aus 80 Jahren Theorie und Praxis einheitlich zusammenzustellen, mißlang an einigen Stellen und führte zu metatheoretischen Überlegungen, die letztlich in der »Kritik des Systems« eine eigene Begrifflichkeit heraustrieben.

Das System »Psychoanalyse« gebar seine eigene Metatheorie; diese beugte sich einerseits auf die Psychoanalyse zurück und sagte ihr, wo die schwachen Punkte sind, andererseits entfernte sich diese Metatheorie von der Psychoanalyse und lebte fortan als ein eigenes Gebilde, genannt »Kritische Theorie des Subjekts«. Ich sage ausdrücklich »Gebilde«, weil es ein System nicht genannt werden kann, solange es nur aus der Kritik lebt. Seit einiger Zeit jedoch mündet die Kritik ein in den Aufbau eines Systems. Ebenso (und wohl diesem Beispiel folgend) wie die »Kritik der politischen Ökonomie« eines Tages umschlug und zu der Theoriefigur des »Historischen Materialismus« wurde, bildet jetzt die »Kritische Theorie des Subjekts« den Ausgangspunkt für eine »Theorie der Interaktionsformen«. Diese ist freilich so neu und erst in Ansätzen ausgeführt, daß man von einem System noch nicht wird sprechen können – zumal die Hinwendung zur *Praxis* noch gänzlich unausgeführt ist.

Natürlich ist das eben Gesagte nur *ein* Grund für die Wahl des Begriffes. Neben dem Vorteil, noch nicht restlos festgelegt zu sein, gibt es andere, die in ihm selbst liegen. Sie zu erläutern, muß er entfaltet werden.

In Lorenzers Arbeiten findet man den Begriff der »Interaktionsform« als Allgemeinbegriff relativ selten; in der Regel ist er versehen mit einem Adjektiv, das Auskunft über die jeweilige *Stufe* des Herstellungsprozesses gibt.

So ist bei ihm der *Anfang* der Menschwerdung beschrieben in dem Begriff der »*bestimmten* Interaktionsform«.

Die Erläuterung dazu liest sich so:

> »›Bestimmte Interaktionsform‹ ist ein strukturanalytischer Begriff, er gehört nicht in den Bereich beobachtbarer Erscheinungen (wie sichtbare Interaktionsfiguren), sondern ist eine Aussage übers ›Wesen‹. Als formgenetischer Begriff ist er in der Perspektive des historisch-materialistischen Verständnisses vom menschlichen Wesen zu verstehen.
>
> Um das Gesagte noch weiter zu verdeutlichen, seien folgendermaßen die Facettierungen des Begriffs ›bestimmte Interaktionsform‹ herausgehoben. Der Begriff kennzeichnet den Gegenstand der Psychoanalyse als Resultat der Vermittlung von Natur und gesellschaftlicher Praxis,
> – hergestellt in realen, aufzeigbaren, materiell-prozessualen

Beziehungsfiguren, in ›Interaktionen‹, angefangen bei der Interaktion zwischen mütterlichem und embryonalem Organismus, der Interaktion innerhalb der pränatalen Mutter-Kind-Dyade bis hin zur realen Interaktion im Erwachsenenleben; deshalb der Begriff *Interaktions*form;
– hergestellt als Niederschlag dieser realen Interaktionen in den Individuen, deshalb: Interaktions*form*;
– hergestellt als Resultat gesellschaftlicher Produktionsprozesse, Resultat gesellschaftlicher Formbestimmung, deshalb *bestimmte* Interaktionsform;
– hergestellt als Grundelement *individueller Struktur*, Grundelement des Denkens und Handelns, das wiederum in wirklichen Interaktionen realisiert werden soll. Kurz gesagt: ›Bestimmte Interaktionsform‹ verweist auf eine individuelle Struktur im Kontext der hier und heute gegebenen objektiven Bedingungen. Im Begriff Interaktionsform kommt die Natur- wie auch die Gesellschaftsbedingtheit zum Ausdruck; im Begriff Interaktionsform wird die Konstitution individueller Strukturen als Niederschlag realer Interaktionen greifbar« (Lorenzer, 1974, S. 130).

Notieren wir: »Interaktionsform« meint ein Stück hergestellte interne (oder individuelle) Struktur. Hergestellt wird sie in einem praktischen Vermittlungsprozeß, Interaktion genannt, wobei das *Vermittelte* als konkreter Gehalt im Individuum (und zunächst von außen unsichtbar) verbleibt. Innen drängt diese Form materialisierter Geschichte (man kann in der Tat sagen, Geschichte ist hier zu Materie geworden – besser: hat Materie verändert) zu Denk- und Handlungsfiguren, in denen sich die Interaktionsform nach außen hin umsetzen und mitteilen kann. Sie tut das in neuen Interaktionen. Diese wiederum werden in einem neuen Vermittlungsprozeß zu neuen (erweiterten) Interaktionsformen usw.

Es gilt das Schema:

$$R_k \qquad R_m$$

R_k heißt ›Reaktion des Kindes‹
R_m heißt ›Reaktion der Mutter‹

$$\underbrace{\qquad}$$

$$If = R_k \qquad R_m$$

If heißt ›Interaktionsform‹
= heißt ›treibt hervor‹

$$\underbrace{\qquad}$$

$$If = R_k \qquad R_m$$

$$\underbrace{\qquad}$$

If etc.

(Vgl. Lorenzer, 1977, S. 62.)

Die Frage nach dem Anfang dieser Kette (also der ersten Reaktion des Kindes, R_k) ist zunächst unerheblich; hier interessiert erst einmal die Mechanik des Verlaufs. »Interaktionsform« stellt sich dar als durch äußere Prozesse verursachte Veränderung der internen Struktur. In dem oben aufgeführten Zitat stört ein wenig, daß die Formulierung ›Grundelemente des Denkens und Handelns‹ zu wenig Spiel läßt, diesen Begriff gleichermaßen auf tierische Reaktionen zu übertragen. Wie steht es damit? Sehen wir uns folgende Belegstelle an:

»Der erste Absatzpunkt der Bildung der Grundelemente individueller Struktur ist selbstverständlich im früh-embryonalen Stadium zu suchen: an jenem Zeitpunkt, an dem zum ersten Mal von einer systematischen Reaktion des Embryos gegenüber dem mütterlich-uterinen Funktionieren gesprochen werden kann. Ein Reiz-Reaktionsspiel läuft ab, das die Ausgangsposition weiterer Reaktonszirkel beeinflußt, und d. h.: einstellt. Die Vorgänge dieses einen – unbeobachtbar flüchtigen – Moments lassen sich in folgender Skizze festhalten:

kindliche Aktion/Reaktion   mütterlicher Reiz

$$\underbrace{\qquad\qquad\qquad}_{\text{Interaktionsform (If)}}$$

Mit dem Terminus ›bestimmte Interaktionsform‹ wird das Resultat dieses bloß organismischen Zusammenspiels notiert« (Lorenzer, 1977, S. 42 f.).

Interaktion und Interaktionsform sind somit Grundelemente, die bereits sehr früh ihre Wirksamkeit entfalten. Sie sind strukturverbürgende Merkmale bereits dort, wo von Denken und Handeln noch nicht die Rede sein kann. Nicht zufällig ist der Ausgangspunkt an dieser Stelle das »Reiz-Reaktions-Konzept«. Lorenzer geht noch einen Schritt weiter:

> »Der Ansatz der Sozialisation ist schon im Mutterleib als sensomotorischer Austausch, als gemeinsames Herstellen von sensomotorischen Komplexen zu denken. Dieser sensomotorische Austausch ist unmittelbar die Herstellung eines Reiz-Reaktions-Komplexes und *nicht eine darauf abzielende Information*« (1974, S. 254, Hervorhebung von mir, P. O.).

In dem letzten Satz wird festgelegt, daß am Anfang des Zusammenspiels zwischen mütterlichem und embryonalem Organismus keine anderen Bedingungen herrschen als die, die für neurale Prozesse universal sind: Ein Reiz aus dem Sensorium wird angehängt an eine Reaktionsschleife, es entsteht ein neuraler Schaltkreis. Das ist das Grundmuster für organismische Aktivität schlechthin. Vermittelt werden *nicht* Informationen über Sachverhalte, sondern die Sachverhalte selbst. Das heißt, es gibt keine Ebene oberhalb der sensomotorischen Komplexe, die etwas über die Komplexe auszusagen in der Lage wären. »Information« über den Schaltkreis ist der Schaltkreis selbst. Das hat mit »Psyche« (wie sie bisher gesehen wurde) nichts zu tun. Lorenzer sagt dazu:

> »Bevor von psychischen Prozessen überhaupt die Rede sein kann, werden die motorisch-sensorischen Schaltungen als Niederschlag der Reiz-Reaktions-Komplexe (d. h. als Niederschlag der Interaktion) innerhalb der Mutter-Kind-Dyade ›hergestellt‹« (1974, S. 280).

Und natürlich gilt diese Beschreibung ebenso für tierische Reaktionsweisen. Nach allem, was wir über die Physiologie der Reiz-Reaktions-Zirkel wissen, gibt es keine Unterschiede zwischen menschlichen und tierischen[1] sensomotorischen Abläufen (Birbaumer, 1975, S. 7). Der Begriff der Interaktionsform bietet somit die Möglichkeit, Basisvorgänge der Entstehung von *Erfahrungen* auf der Ebene neuraler Schaltungen zu erfassen.

Natürlich sind auch diese Aussagen noch total abstrakt, solange nicht ausgeführt wird, was denn eigentlich in diesen Schaltungen passiert: wo, wann und warum sie hergestellt und abgerufen werden. Zunächst einmal kann nur gesagt werden, daß sie strukturbildend sind.

Auch ihre Ausprägung als »bestimmte« Interaktionsformen ist ohne Schwierigkeit auf den Bereich tierischer Reaktionen zu übertragen. Das jeweilige Muttertier trägt seine (zu Interaktionsformen) geronnenen Erfahrungen in gleicher Weise an das Embryo (und spätere Jungtier) heran wie die Menschenmutter. Daß diese Erfahrungen jeweils anders »bestimmt« sind, liegt in der »Natur des Tierreiches« (im Unterschied zur Struktur spätkapitalistischer Gesellschaftsformationen) begründet. Und wo sich die Reiche überschneiden, bei den domestizierten Tieren, gibt es jene Deformationen, jene »Doppelidentitäten«, in denen man Elemente beider Bestimmungsformen findet.

Noch ein Wort zu dem Begriff der Produktion. Zunächst, was wird produziert?

> »Im Produktionsprozeß Sozialisation vermitteln die gesellschaftlich bedingten Formen der Praxis der Mutter-Kind-Dyade die Form an das Produkt, nämlich an die sich bildende subjektive Struktur« (Lorenzer, 1974, S. 254).

Genauer:

> »Ihr Produkt (das der Mutter-Kind-Dyade, P. O.) ist die bestimmte Interaktionsform, wobei die Pole dieser praktisch-dialektischen Auseinandersetzung im Zuge subjektiver Konstitution, ›innere Natur‹ (des Kindes) einerseits und – da die Handlungen der Mutter als Teil der gesellschaftlichen Praxis anzusehen sind – ›äußere Natur‹ andererseits sind« (a. a. O., S. 118).

Wer ist der Produzent?

> »Nur am Anfang kann die Mutter das alleinige Subjekt der formbestimmenden Konstitutionsvorgänge sein. Für die ›Zwischenzeit‹ aber ist die Mutter-Kind-Dyade das Subjekt, das die gesellschaftliche Formbestimmung leistet« (a. a. O.).

Zusammengefaßt: Im Produktionsprozeß (genannt Sozialisation) wird in einer praktischen Tätigkeit (genannt Interaktion) von einem Produzenten (genannt Mutter-Kind-Dyade) ein Produkt (genannt Interaktionsform) hergestellt. Die Produktionsbedingungen, unter denen dieser Prozeß stattfindet, sind festgelegt durch:

– die Teile kindlicher »Natur«, die zunächst einmal jenseits jeder Interaktionsform (gleichsam als Überlebensbedingung) nach außen hin ihre Befriedigung verlangen. Ich denke dabei an Basisbedingungen wie: ausreichende Temperaturen, Versorgung mit den notwendigen Nährsubstanzen, Schutz vor überstarken Reizen *und* Präsentation von lebensnotwendigen Reizen usw. (darüber später mehr), und

– die gesellschaftlichen Formbestimmungen, die (bis auf sehr wenige Ausnahmen) wirksam werden in den einsozialisierten »Interaktionsformen« der Mutter (des mütterlichen Organismus) und die nur auf diesem Wege an den Organismus des Kindes herangebracht werden können.

Damit ist in etwa der Begriffsrahmen abgesteckt, der durch die »Theorie der Interaktionsformen« für diese frühe Phase der Menschwerdung vorgegeben ist. Welche Prozesse innerhalb dieses Rahmens ablaufen und welche Strukturen beeinflußt werden, darüber sagt das Modell wenig. Das ist freilich auf dieser Abstraktionsstufe gar nicht anders möglich. Deshalb werde ich im weiteren Verlauf dieser Arbeit versuchen, einige Prozesse, die innerhalb dieses Rahmens ablaufen, genauer zu beschreiben.

In einem ersten Schritt sollen die beiden Pole, die (anfangs) einander gegenüberstehen, später ineinander aufgehen, etwas deutlicher herauspräpariert werden. Die Fragestellung, die hier zunächst analytisch auseinandergerissen wird, lautet: Was heißt in dem allerersten Stadium der Menschwerdung

a) ›kindliche Natur‹,
b) ›gesellschaftliche Formbestimmung‹?

Ich will versuchen, diese Komplexe in ihre kleinsten (sozusagen nicht mehr hintergehbaren) Teile zu zerlegen. Das ist so einfach nicht, und ein großer Teil der Analyse besteht deshalb aus groben Schematisierungen, Vereinfachungen und z.T. auch Mutmaßungen.

a) Natur des Kindes

»Natur des Kindes«, so sahen wir, ist von Anfang an bereits Resultat von Auseinandersetzung. Tief und lange intrauterin liegt schon »Formbestimmung« vor.

Wann beginnt sie? Lorenzer spricht an manchen Stellen von einer »ersten« Interaktionsform, doch natürlich ist nicht auszumachen, wann der kindliche Organismus ein erstes Mal auf einen Reiz reagiert. Beginnt diese Reaktion mit dem Schlagen des Herzens (4. Woche) oder damit, daß das Gehirn erstmalig Impulse gibt (7. Woche), oder ist bereits die Befruchtung ein Eingriff in einen Organismus, Eizelle genannt (immerhin gibt es so etwas wie Spermatozoenträume)? Hier herumzuspekulieren ist wenig sinnvoll. Sicher ist, daß nach der siebten Intrauterinwoche das Gehirn die Tätigkeit anderer Organe bereits durch eigene Impulse koordinieren kann (vgl. Flanagan, 1974, S. 50). Dabei ist nicht wichtig zu ergründen, wann ein erstes Mal ein Zusammenschluß des Reiz-Reaktions-Zirkels stattfindet, sondern es stellt sich die Frage nach dem *Sinn* dieses Zirkels auf dieser frühen Stufe.

Wir wollen hier von einem sehr einfachen Modell ausgehen. Der Reiz-Reaktions-Zirkel ist ein allem organischen Leben innewohnendes Prinzip. Jenes Prinzip, das (vereinfacht gesprochen) nur einen Sinn hat: Überleben zu garantieren. Versetzen wir uns in die Situation des Fötus bei einer *idealen* Mutter. Er bildet eine feste Einheit mit dem mütterlichen Organismus, in dem alle Grundbedingungen für seine Existenz gesichert sind. Er befindet sich in einem Milieu, dessen Temperatur gerade die für das organische Wachstum optimale Breite hat, seine Versorgung mit Blut, Sauerstoff, Nährsubstanzen etc. ist über den mütterlichen Kreislauf geregelt. Nach außen hin ist er sicher abgeschützt, die meisten (äußeren) Reize gelangen gar nicht erst an ihn heran. Eingepackt in den mütterlichen Herzschlag ist er ein homöostatisches System, ein System im Gleichgewicht. Der Reiz-Reaktions-Mechanismus würde in einer derartigen Idealsituation nicht gebraucht.

Nun, diese Situation gibt es nicht. Der Normalfall embryonaler Existenz ist der, daß ein mögliches Gleichgewicht permanent gestört wird. Deutlicher: Reize (und jeder Reiz ist zunächst eine »Störung«) dringen unaufhörlich an das kindliche Körpersystem heran. Sei es als *interner* Reiz: Die Mutter raucht, trinkt, nimmt Drogen, Medikamente etc. und trägt diese Stoffe intern in den kindlichen Kreislauf hinein. Sei es als *externer* Reiz: Der mütterliche Herzschlag erhöht sich (infolge von Konfliktsituationen), sie wird geschlagen, sie stürzt etc., und diese Reize dringen von außen an die embryonale Struktur. (Natürlich sind interne und externe Reize in der Regel miteinander legiert.)

Wie auch immer ein derartiger Reiz beschaffen sein mag, er wird unverzüglich als »Störung« verbucht und mit einer Reaktion des Embryos beantwortet. Ein Zirkel entsteht. Warum geschieht das? Jenseits aller metaphysischer Spekulation gibt es darauf bis heute nur eine sinnvolle Antwort: um eine Störung, letztlich eine *Zerstörung* des Systems zu verhindern.[2] Reiz-Reaktions-Zirkel heißt (allgemein gesprochen) soviel wie: »Erledigung eines Reizes durch eine Reaktion« oder quantitativ: »Eine in einem Reiz zugeführte Erregungssumme in einer Reaktion vollständig abführen«. Wobei, physiologisch gesprochen, die »Erregungssumme» des *Reizes* festgelegt werden kann durch die *Anzahl* der von dem Reiz betroffenen Nervenenden und die *Dauer* der elektrischen Impulse, die über die afferenten Nervenbahnen ins Zentralnervensystem gelangen.

Wie die Physiologen es ausdrücken: Wie viele Nervenenden »feuern« wie lange. Reaktion heißt zunächst einmal: Wie können diese Erregungsquanten aus dem System wieder entfernt werden. (Noch einmal: Dies ist ein sehr vereinfachtes Modell. »Reiz« heißt gleichzeitig, daß die Zellen an der Aufprallstelle, z. B. der Körperoberfläche, nachhaltig beeinflußt werden, daß weiterhin die Erregungssumme zur Speicherung dieser Erfahrung eben als Kreismodell verwendet wird etc. Doch diese Zusammenhänge interessieren erst im dritten Kapitel.)

Nehmen wir ein Beispiel. Man berührt einen zwölf Wochen alten Fötus mit einer Sonde (intrauterin) am Fuß (siehe die Abbildung in Flanagan, 1974, S. 62). Der Fuß wird automatisch und sofort angezogen. Der Reiz (Berührung) führt sofort zu einer Reaktion (Anziehen). In diesem Falle handelt es sich um eine Reaktion innerhalb eines direkten Funktionskreises, um einen *Reflex*. Der Unterschied zwischen einem Reflex und einer »Reaktion« besteht in meiner Diskussion darin, daß der Reflex ein eingebauter Schaltkreis ist, der die Funktion hat, den Organismus (oder Teile davon) direkt und unmittelbar aus der Gefahrenzone zu bringen.[3] Reflexe sind keine Reaktionen in dem Sinne, daß sie Erregungsmengen *abführen*, sondern höchstens solche, Erregungsmengen möglichst klein zu halten. Im Gegensatz zu den Reaktionen sind Reflexe auch nicht in ihrer Form bestimmbar und plastisch. Sie können höchstens abnutzen, d. h. aufgegeben werden. Für unser Beispiel mag das bedeuten: Dadurch, daß das Kind den Fuß reflektorisch aus der Gefahrenzone bringt, ist der Reiz noch nicht »erledigt«. Ein anderes Beispiel kann uns da schon eher einen Hinweis geben:

> »In der zehnten (Intrauterin-)Woche führte die Berührung der Lippenregion (ebenfalls mit einer Sonde, P. O.) zu einer heftigen Streckbewegung des Körpers einschließlich der Beine« (Flanagan, 1974, S. 60, vgl. auch die Photos ebd.).

Wir müssen uns klarmachen, was da passiert. Mit einer harten Sonde wird ein Embryo an der Lippe »berührt« (was immer das heißen mag). Der Reiz wird umgesetzt in Erregungsquanten, diese veranlassen die efferenten (motorischen) Nervenbahnen, in einer gesamtorganismischen Bewegung (heftiges Strecken des gesamten Körpers) die Erregungssumme wieder abzuführen. Unabhängig davon, ob das vollständig gelingt, ist wichtig, daß dieses Beispiel Aufschluß darüber gibt, auf welche Weise der Begriff »Reaktion« verstanden werden kann: als eine den gesamten Körper einbeziehende Abfuhrbewegung. Gibt es noch andere Möglichkeiten der Reizabfuhr für den Embryo? Das wichtigste Instrument des Neugeborenen, nämlich seinen Schmerz herauszubrüllen, hat der Embryo nicht. Nun, es bleibt keine andere Möglichkeit als die, die unser Beispiel schon illustriert hat. Das Kind im Mutterleib hat kein anderes Vehikel als eben seinen Körper; nur mit ihm kann es auf das, was auf es zukommt, fertigwerden (mit »Körper« ist hier gemeint: *reine Motorik*), kann es den Reiz in eine Reaktion einbinden. Was aber, wenn die Reize so überstark sind, daß körperliche Reaktionen nicht ausreichen, die Erregung abzuführen? Die einzig sinnvolle Antwort darauf ist: Sie bleiben im System. Sie bleiben als Erregungsquanten im Körpersystem des Kindes »stecken«. Auf welche Weise das geschehen kann, wird Kapitel 3 erläutern.

Hier jetzt können wir so viel festhalten: Es gibt Reizquanten, die zu dem Begriff »Natur des Kindes« in einer zu bearbeitenden (abführenden) oder in einer nicht zu bearbeitenden (unerledigten) Beziehung stehen. Beide Male tritt zur »Natur des Kindes« (und für sie gilt das Abstraktum: Gleichgewicht aller Körperfunktionen) etwas hinzu, das vordem nicht da war. Sei es die »Erfahrung«

(und der gebildete sensomotorische Schaltkreis von »spezifischem Reiz« und angekoppelter »spezifischer Reaktion« *ist* diese Erfahrung) einer verarbeiteten Form oder die Erfahrung einer unverarbeiteten Form. Beide Erfahrungen sind im Körpersystem des Kindes niedergelegt, d. h., sie sind in den Zellstrukturen aufbewahrt. Sie sind zu »bestimmten Interaktionsformen« geworden, denn beide Erfahrungen sind in *spezifischer Weise* »formbestimmt«. Das leitet über zu dem folgenden Punkt.

b) Gesellschaftliche Formbestimmung
Wie gerade gezeigt, reduziert sich der Bereich »Natur des Kindes« auf einen gesamtorganismischen Zustand und einige Funktionsprinzipien, die dann ins Spiel treten, wenn der Zustand gefährdet ist. Dabei ist es unerheblich, wie wir die Homöostase beschreiben – sie entzieht sich sowieso jeder sozialwissenschaftlichen Analyse –, wichtig ist, die Reaktion auf Zustandsänderungen zu erfassen.

In gleicher Weise soll hier auch mit dem Sachverhalt der »gesellschaftlichen Formbestimmung« verfahren werden. Es interessiert nicht (jedenfalls hier noch nicht) die jeweilige Ausrichtung der mütterlichen Handgriffe, d. h. welche Bestimmungsfaktoren diese Mutter jene und jene Mutter diese Handgriffe tun lassen. Ebensowenig interessiert hier, ob die Mutter »Teil des Gesamtarbeiters« ist, der sich in einer spezifischen Nähe zum gesellschaftlichen Produktionsprozeß befindet. Gesellschaftliche Formbestimmung heißt in dem Zusammenhang der frühen »Produktion von Interaktionsformen«: auf welche Weise beeinflußt der mütterliche Organismus den Organismus des Kindes. Man muß sich klarmachen, daß es hier keine andere Weise der Beeinflussung gibt als die *von Körper zu Körper*. Die Rede von den »gesellschaftlichen« Bestimmungsfaktoren ist immer schon die Rede über etwas Vermitteltes. Mit anderen Worten: Gesellschaft muß immer schon zutiefst im Organismus der Mutter stecken, bevor dieser ihn an das Kind herantragen kann. Natürlich ist diese Darstellungsweise nicht ungefährlich. Sie kann leicht dazu führen, Sozialisation aufzufassen als das Wechselspiel mehrerer Zellverbände (wie es manche Physiologen gern hätten) oder als das Aufeinanderprallen zweier Organismen (wie es manche Psychologen gern hätten) oder als familialistische Dreierkonstellation (wie es manche Psychoanalytiker gern hätten). Dieser Eindruck muß bereits im Ansatz vermieden werden. Doch es wäre ebenso falsch zu vermuten, daß die mikroskopische Analyse der Feinstruktur eines Vermittlungsprozesses auf einmal das Partikelchen »Tauschwert« auf ihrem Objektträger hat. Es geht auch in dem hier diskutierten Bereich um sehr materiale Prozesse, deren Dynamik und Struktur an der Basis geklärt werden müssen, auch um den Preis, daß in diesem Text nicht von Produktionsverhältnissen und Produktivkräften die Rede sein kann (wiewohl auf der Ebene dieser Analyse für den Bereich der Produktion menschlicher Strukturen von nichts anderem die Rede sein wird).

Zurück zur »gesellschaftlichen Formbestimmung« in den Fasern des mütterlichen Organismus. Ebenso wie bei unserer Betrachtung der embryonalen »Reaktionen« (die sich auf zwei Gesichtspunkte reduzieren ließen), können die gesellschaftlich produzierten Bewegungen der Mutter auf das Kind unter diesem Gesichtspunkt verortet werden. »Gesellschaftliche Formgebung« heißt – auf ihren wesentlichen Kern reduziert –: Beeinflussung des mütterlichen Organismus dergestalt, daß dieser es brennpunkthaft gebündelt dem kindlichen Organismus an wichtigen Stellen als Reiz präsentiert. Dieser Transformationsprozeß, in dem »Gesellschaft« in »Reiz« umformuliert wird, hat nun allerdings wesentlich mehr Möglichkeiten zur Verfügung, als das Kind Reaktionsmöglichkeiten hat, damit fertigzuwerden. Der mütterliche Organismus ist nämlich nicht nur eine Umformulierungsstelle für *aktuelle* Situationen, sondern eine durch die eigene Geschichte schon deformierte Vermittlungsinstanz. Gesellschaft tritt somit dem Kind bereits in zweifach gebrochener Gestalt entgegen. Einmal durch eine Eins-zu-eins-Beziehung, insofern, als der aktuelle Reiz aus der Außenwelt als Bedrohung des mütterlichen Organismus erlebt wird und er daraufhin diese Störung des eigenen Kontinuums an das Kind weiterleitet. Zum anderen, indem diese formal *unangenehme* Situation von der Mutter unter dem Licht ihrer bisherigen »Interaktionsformen« als *besonders drastisch* empfunden werden kann.

Nehmen wir dafür ein sehr einfaches Beispiel: Die Gesellschaft tritt einer schwangeren Frau in der Gestalt eines Gerichtsvollziehers entgegen, der die unangenehme Handlung vollführt, das Farbfernsehgerät mit einem Pfandsiegel zu versehen. Diese werdende Mutter hat jedoch in ihrer Lebensgeschichte eine Handlungsfigur vorgezeichnet, deren »Interaktionsform« etwa durch die Erfahrung gebildet wurde: »Meine Mutter nimmt mir immer alles weg« und »Nie darf ich etwas für mich behalten, immer muß ich es hergeben«.

Unter den Bedingungen dieser Interaktionsformen erhalten die formal das Körpersystem nur am Rande betreffenden Handlungen des Beamten eine besonders drastische Verlaufsform. Sie werden insofern auch nicht als Eins-zu-eins-(also als einfaches Reiz-Reaktions-Schema)-Erfahrung an das Kind weitergegeben, sondern erscheinen in stark potenzierter Gestalt. Dabei sind die Varianten des mütterlichen Reizangebotes sehr plastisch: Sie kann reagieren (um nur einige Reaktionen aufzuführen)
– mit verändertem Herzschlag,
– Verkrampfung,
– Toben,
– Weinen,
– Zusammenbrechen etc. (oder sogar mit allen Formen zusammen).

Es ist viel zu wenig erforscht, wie die einzelnen Reaktionsweisen auf den kindlichen Organismus wirken, d. h. welche Reizmengen dabei freigesetzt werden und in welcher Form sie auf das System »Fötus« oder »Embryo« ihren Einfluß nehmen. Bekannt ist, *daß* sie einwirken.

Wenn Neugeborene, denen man über ein Tonband Herzschlaggeräusche vorspielt, bereits bei einer Bandbeschleunigung von 10% unruhig werden und zu schreien beginnen (was auf einen starken Reiz schließen läßt) und sich sofort wieder beruhigen, sobald der vorgespielte Herzschlag sich wieder im normalen Rhythmus bewegt (Simon, 1974, S. 115), so ist es nicht plausibel, daß dieser Vorgang drei Wochen vorher nicht die gleiche Beunruhigung hervorgerufen haben soll. Allerdings mußte das Kind damals anders damit fertigwerden. (Nicht durch Schreien!)

Auch hier kann und soll nicht gemutmaßt werden, an welchen Stellen des kindlichen Organismus der mütterliche Reiz ansetzt und welche Reaktionen er produziert.

Es ist klar, daß es dabei die unterschiedlichsten Qualitäten gibt: vom Stoß direkt durch die Bauchdecke – die Mutter stolpert – bis zur Übertragung bestimmter Hormone in die kindliche Blutbahn. Und ebenso klar ist, daß die wichtige Frage die nach der *Quantität* des Reizes ist. Hinter der Bezeichnung »Quantität des Reizes« verbirgt sich freilich ein Sachverhalt, dessen tatsächliche Verlaufsform sich des öfteren als ein Kampf auf Leben und Tod erweist. Wir müssen verstehen, daß die Bandbreite der mütterlich-organischen Reizfülle in der Tat von einer leichten Störung des embryonalen Gleichgewichts bis zur vollständigen Abschaltung des Systems »Embryo«, zum Exitus, führt. Und wir müssen weiterhin verstehen, daß das Spektrum, das zwischen den beiden Extremen liegt, im wesentlichen »Kampf« bedeutet oder »Überlast«, kurz gesagt, es ist eine kaum erträgliche Existenzform. Es gibt viele Hinweise dafür, daß durch die Reizfülle, die auf den ungeschützten kindlichen Organismus prallt (und gegen die bereits transformierten mütterlichen Reize ist das Kind vollkommen ungeschützt), alle Abfuhrsysteme bereits lange vor der Geburt bis zur Überlast strapaziert werden. Für den Organismus des Kindes stellt sich diese Form der Beeinflussung nur in einer einzigen Weise dar: als Schmerz. Jeder Reiz, der nicht vom System selbst in einer gleichlaufenden Bewegung abgeführt werden kann, verbleibt *im* System eben als Schmerzquantum. Und zwar als Schmerzquantum, das jetzt innerhalb des Systems einer besonderen Behandlung bedarf. Auf die Art, wie der Körper mit diesen frühen Schmerzen umgeht, werde ich noch ausführlich eingehen. Hier nur soviel. Tatsächlich ist der Reiz-Reaktions-Zirkel unmittelbar verbunden mit der Produktion von Schmerz; ja, das Ineinander beider Systeme sieht so aus, daß jeder Reiz, der eine bestimmte Quantität überschreitet, zunächst einmal als Schmerz wahrgenommen wird. In der vollständigen Abfuhr durch die Reaktion wird auch der Schmerz vollständig abgeführt – alles, was nicht abgeführt werden kann, bleibt im System.

Dabei ist es – wie wir später sehen werden – unerheblich, daß es zwei Arten von Nervenfasern gibt, die die Schmerzerlebnisse übertragen: Protopathische (leidende) und epikritische (unterscheidende, nicht leidende) Übertragungen stehen nämlich zueinander in einer engen Interaktionsbeziehung, wobei erst in ihrer Zusammenarbeit eine Form der Schmerzregulierung möglich wird.

Aber auch hierin – und das hat die Schmerztheorien der vergangenen Jahrhunderte immer wieder verwirrt – gibt es keine Eins-zu-eins-Beziehung. Jeder Schmerz an einer bestimmten Stelle hat zu tun mit einem vorherigen Schmerz an der gleichen Stelle. Auch Schmerz, so werden wir sehen, ist unmittelbar Bestandteil der hergestellten »Interaktionsform« und folgt den Gesetzen, die für diese gelten. D. h., auch der Zugang (Umgang) und die Registratur von Schmerz unterliegt eindeutig ihren Herstellungsbedingungen.

Noch ein Wort zu dem Argument, die Organisation der Nervenbahnen (insbesondere deren mangelhafte Myelinisation) ließe eine Registratur von Schmerzerfahrungen in diesem frühen Stadium gar nicht zu. So sicher dieses Argument für das Großhirn gilt (in der Tat können hier *Gedächtnis*leistungen aus diesem Grund noch nicht angenommen werden), so sicher ist auch erwiesen, daß Schmerzreize und deren Speicherungen als *erstes* in die Fasern des medialen retikulären Schmerzsystems aufgenommen werden, das unterhalb des Cortex liegt und bei der Geburt bereits voll myelinisiert ist. Ganz abgesehen davon gilt, daß die Nervenbahnen, in denen diese Reize (die Schmerzreize) transportiert werden, auf Myelinisation ganz offensichtlich nicht angewiesen sind:

> »Beide, die A-delta- und die C-Fasern sind nicht oder kaum nennenswert myelinisiert; daraus folgt, daß Schmerzwahrnehmung eine sehr alte und allgemeine Funktion im Nervensystem der Vertebraten ist, und unserer Meinung nach ist sie dessen wichtigste Funktion« (Holden, 1977, S. 149).

Das unter a) Gesagte spitzt sich jetzt zu folgender Pointe zu: Das Beziehungsfeld zwischen mütterlichem und kindlichem Organismus ist ein Reiz-Reaktions-Gefüge, in dem ein Kontinuum mütterlicher *Reize* zu einem Kontinuum von Schmerzerfahrungen *und* als *Reaktion* darauf zu dem Versuch der Abwehr und Bewältigung dieser Schmerzerfahrungen beim Kinde wird. Dabei reicht das mütterliche Kontinuum von relativ geringfügigen Reizquanten bis zu überstarker Reizflutung, während das kindliche Kontinuum von einer vollständigen Bewältigung des Reizes in der Reaktion bis zum Tod durch Überlastung reicht. (Die Zahl der Todgeburten kann dafür ein Beleg sein.) Alle Reize, die nicht aus dem Organismus des Kindes herausgebracht werden können, bleiben als Schmerzerfahrungen im System unabgeführt stecken. Sie müssen anders behandelt werden als die, die in der Reaktion abgeführt werden konnten. Es wird sich später zeigen, daß ein Kind mit diesen Schmerzerfahrungen, wären sie im Körpersystem andauernd als »Schmerz« präsent, nicht existieren könnte.

»Gesellschaftliche Formbestimmung« läßt sich unter diesem Blickwinkel nun verstehen als die totale Unterwerfung des kindlichen Organismus unter den Druck der mütterlichen Interaktionsformen, deren Äußerungsformen eben in der *Menge* und der *Ausrichtung* der Reizquanten als »bestimmende« Formen wirksam werden. D. h., auch die Kanäle, über die die Reizquanten an das Kind herangebracht werden (sei es durch Rauchen, Trinken, Streit, Prügel etc.), sind vollständig gesellschaftlich determiniert. Noch einmal die wichtige Frage: Kann hier bereits von Psyche gesprochen werden? Ja und nein zugleich. In der Interaktionsform (die das Reiz-Reaktions-Schmerz-Gebilde ausmacht) ist die Basiserfahrung von Vergesellschaftung bereits so tief eingelassen, daß es falsch wäre, in diesem Kampf auf Leben und Tod nicht bereits das Wesen – das Substrat – für alle menschlichen Reaktionen und Gefühle anzusiedeln. Nein allerdings dann, wenn wir Psyche weiterhin begreifen wollen als ein Gebilde, das erst – als irgendein Anhängsel – im postnatalen Sozialisationsverlauf als ein Spezifikum *menschlichen* Reagierens herausgebildet wird. Es versteht sich von selbst, daß die eben geschilderten Verläufe nicht auf menschliche Individuierungsprozesse allein gemünzt waren. Man kann in der Tat an dem Gebilde von Reiz-Reaktion-Schmerz nichts unverwechselbar Menschliches entdecken – jeder tierische Schwangerschaftsverlauf entwickelt die gleiche Mechanik (wobei natürlich die jeweiligen Reizangebote vollständig anders verlaufen).

So kann zum Beispiel die Zahl der Totgeburten bei Ratten drastisch erhöht werden, indem man schwangere Ratten besonderen Streßbedingungen aussetzt, oder, weniger auffällig, aber in den gleichen Bereich gehörig:

> »Eine kürzlich durchgeführte Untersuchung ergab interessanterweise, daß schwarze in den Slums geborene Babys bei der Geburt eine schnellere Herzfrequenz hatten als weiße« (Janov, 1977, S. 256).

Noch ein Wort zur Registratur des Reiz-Reaktions-Zirkels. Der Reiz setzt ja immer schon an zwei Stellen zugleich (bildlich, nicht zeitlich) an. Einmal an dem Gewebe, das »gereizt« wird, und einmal am anderen Ende der (Reiz-)Leitung, an dem Zellverband (im Zentralnervensystem, ZNS), das die Reaktion veranlaßt. Welches sind nun die Aufbewahrungsstellen für die vergangene Handlung? Sicher ist, daß im Zentralnervensystem die ankommenden Impulse verarbeitet und gespeichert werden. Was aber ist mit dem Gewebe, auf das der Reiz zuerst stößt?

»Schmerzwahrnehmung und -integration sind wissenschaftlich noch nicht vollends erfaßte Prozesse, es gibt jedoch bereits eine Vielzahl einzelner Erkenntnisse für diese Sinnesmodalität. Spezifische Schmerzrezeptoren wurden bislang noch nicht überzeugend nachgewiesen. Die Auffassung, daß Schmerzwahrnehmung an ›festen Nervenenden‹ beginne, mag durchaus zutreffend sein, interessant ist nur, daß diese ›freien Nervenenden‹ selbst nie nachgewiesen werden konnten. Der für Schmerzwahrnehmung hinreichende Reiz scheint Zerstörung oder mechanische Beschädigung von Körpergewebe zu sein. Gewebszerstörung ist offenbar durch einige Reize wie Hypoglykämie (stark herabgesetzter Zuckergehalt des Blutes) oder Ischämie (mangelhafte Blutversorgung mit erhöhtem Sauerstoffmangel) reversibel, führt aber bei anhaltender Dauer zum Tod der Zellen« (Holden, 1977, S. 149).

Zumindest für die abgestorbene Zelle wird an ihrem Grabmal, der Narbe, die Erinnerung an die Störung aufbewahrt. Es gibt mittlerweile Hinweise dafür, daß auch die beschädigte und wieder hergestellte Zelle ein »Gedächtnis« ihrer Störung bewahrt hat. Dieser Gedanke wird ebenfalls im dritten Kapitel weiterverfolgt werden.

An dieser Stelle soll die Erörterung der Grundlagen für den Begriff »Interaktionsform« abgebrochen werden.

So, wie die Entstehung von Form und Inhalt bisher beschrieben wurde, verbleibt die Interaktionsform geraume Zeit.

Alle Formen der Reizzufuhr, bis einige Monate über die Geburt hinaus, können nach diesem Schema begriffen werden.

Daß die Geburtserfahrung einen sehr viel drastischeren Reiz-Reaktions-Klumpen bildet, als es Psychologie und Psychoanalyse bis heute wahrhaben wollen, habe ich an anderer Stelle ausgeführt (Orban, 1976). Daß sich hier eine kritische Klippe für Kind *und* Mutter befindet, die nur allzuoft nicht bewältigt werden kann, zeigen die Zahlen der tödlichen *Geburtsverläufe* (im Gegensatz zu dem vorher erwähnten Schwangerschaftstod). Dennoch, auch hier gilt ohne Einschränkung das oben Gesagte. Eine Einschränkung ist vielleicht die, daß »Gesellschaft« im Geburtsverlauf ein erstes Mal Gelegenheit hat, direkt Hand (oder Zange) an das Kind anzulegen. Diese Erfahrung ist für das Kind in der Regel so geartet, daß es nicht die geringste Chance hat, damit fertigzuwerden.

2. Primärtherapeutische Erfahrungen

2.1. Vorbemerkung

Im ersten Kapitel habe ich ein relativ abstraktes und idealtypisch vereinfachtes Modell vorgestellt, das, gleichsam in einem ersten Anlauf, den *Anbeginn* der Strukturierung von höher organisierten Lebensvorgängen plausibel machen sollte.

Dieses Modell ist in seiner Einfachheit notwendigerweise falsch. Insbesondere das Festhalten an energetischen Gesichtspunkten (Schmerz*quanten*, neurale Energien etc.) hat heute vielfach Kritik erfahren. Bevorzugt wird in der Neurophysiologie neuerdings nicht mehr so sehr das Denken in Energiemengen, sondern eher der Standpunkt neuraler *Information*smengen und -qualitäten. »Information« freilich ist geknüpft an die *inhaltliche* Ausrichtung bestimmter Informationseinheiten, und dieser Aspekt ist in unserem vereinfachten Modell (zumal auf der Ebene der embryonalen Schaltungen) zunächst nicht zu bewältigen. Aus diesem Grunde und um diese Arbeit nicht im Abstrakten zu belassen, nähern wir uns der Fragestellung des ersten Kapitels jetzt von einer ganz anderen Seite.

Der Säugling und Embryo kann zunächst keine Auskunft über die bei ihm ablaufenden Prozesse geben. Sein blindes Reagieren hat keine andere Vermittlungsebene als die Deutung, die der zufällige Beobachter an sein Verhalten heranträgt. Diese Deutungen sind freilich schon bei Verhaltensweisen des Erwachsenen – der immerhin Sprache zur Verfügung hat – sehr problematisch und erfordern (in herkömmlichen Deutungsverfahren) ein jahrelanges Miteinander von Patient und Therapeut. Abgesehen davon, Therapien mit Säuglingen gibt es nicht. Wir überprüfen deshalb die *inhaltlichen* Aspekte von einer Seite her, die bis heute wissenschaftlich nur sehr wenig beachtet wird. Von einer Seite, die für sich in Anspruch nimmt, im nachhinein (also beim erwachsenen Menschen) alle problematischen Interaktionsbezüge bis hinunter in den Uterus wieder aufleben zu lassen. Wir werden eine therapeutische Richtung, die sich selbst »Primärtherapie« nennt, daraufhin untersuchen, inwieweit sie tatsächlich diesen Anspruch einlösen kann und welche Fingerzeige sie für diese frühen Interaktionsprozesse liefert.

Meine Wahl fiel deshalb auf diese Therapieform, weil sie die bislang *einzige* ist, die diese früheren Bereiche (theoretisch wie praktisch) systematisch in ihre Arbeit einbezieht.

Zuerst einige Anmerkungen zur Geschichte dieser Therapieform. Ihren Anfang nahm sie etwa 1967, als der amerikanische Psychotherapeut Arthur Janov bei einem Patienten auf ein Phänomen stieß, das an sich nicht neu war. Er fand eine Form des ›Agierens‹, die ganz offenkundig verbunden war mit einem tiefen und sehr emotional eingefärbten Wiedererleben einer Kindheitssituation. Der Patient steigerte sich – auf Aufforderung – immer tiefer in diese Situation hinein und löste sie schließlich in einem markerschütternden, langanhaltenden Schrei auf. Verbunden war mit dieser Situation zweierlei: Zum einen war das Material, das dem Patienten daraufhin ins Bewußtsein schoß, für beide Partner so verblüffend (der Patient rekonstruierte bis ins kleinste Detail jene Kindheitssituation, in der er sich damals befand), zum anderen erlebte er nach dem Schrei eine sehr tiefgehende Form der »Befreiung« von seinem Leiden. Ohne Zweifel war in dieser Situation Material, das vorher nicht greifbar war (also unbewußtes Material) freigesetzt worden. Etwa drei Jahre danach hatte Janov Erlebnisse dieser Art mit sehr vielen Patienten gesammelt, er hatte das »Primal Institute« gegründet und legte eine systematische Auswertung seiner Arbeiten in dem ersten Buch »The Primal Scream« vor. Heute, also etwa zwölf Jahre nach seiner »Entdeckung«, gibt es in Amerika und Europa Dutzende von Instituten oder therapeutischen Gemeinschaften, in denen nach seinen Methoden gearbeitet wird. Es liegen fünf Bücher allein von Janov vor, und die ursprünglichen Aussagen des »Primal Scream« sind an gewichtigen Stellen durch neue Erfahrungen erweitert und z. T. revidiert worden. Dennoch ist der Kern der Therapie und der Kern der Erfahrungen der gleiche geblieben.

Die Therapie hat sich im wesentlichen mit einem Problem herumzuschlagen. Sie kann nur ausgeführt werden von jemandem, der jede Ebene der Kindheitserfahrungen in einer eigenen Primärtherapie bewältigt hat. Das heißt, der Therapeut muß den sehr schmerzhaften Weg durch die eigene Geschichte vollständig zurückgelegt haben. Dieser Weg, verbunden mit der Ausbildung in Primärtherapie (und den möglichen Techniken), dauert mindestens vier Jahre (wenn man hier überhaupt eine Zahl angeben kann). Leider ist es heute so, daß sich eine große Zahl unausgebildeter Leute in diesem Bereich tummelt. Hemminger notiert:

»Durch die große Popularität, die das Buch ›The Primal Scream‹ sehr zu Recht in den USA und auch in Europa erfuhr, hat das Wort Primärtherapie eine Werbewirkung erhalten, die von schlecht oder gar nicht qualifizierten Therapeuten ausgenutzt wird. Es gibt eine große Anzahl von Institutionen in den USA und in Europa, die irgendeine Art von ›Primärtherapie‹ anbieten. Im noch relativ günstigen Fall handelt es sich um wohlmeinende Leute, die selbst eine Therapie durchmachten, die aber weder tief genug gingen noch den beruflichen Hintergrund besitzen, um die Möglichkeiten der Primärtherapie auszunutzen. Im schlimmsten Fall handelt es sich um reine Quacksalberei. Die rasche Verbreitung dieser Art von halbwegs tolerabler bis völlig verantwortungsloser Anwendung der Primärtherapie trug nicht dazu bei, die Methode in den Augen von Medizin und Wissenschaft glaubwürdig zu machen. Man überlege sich, daß jetzt, noch nicht einmal ein Jahrzehnt nach der ursprünglichen Entdeckung, in jeder Großstadt der USA und Europa irgend jemand ›Primärtherapie‹ anbietet. Daß es sich hierbei immer oder auch nur meist um wirkliche Primärtherapie handelt, ist ebenso unmöglich, wie es unmöglich gewesen wäre, daß zehn Jahre nach Freuds Entdeckung des analytischen Prozesses tausende von Therapeuten diese Methode beherrscht hätten« (Hemminger, 1977, S. III).

Es ist dies der Grund dafür, daß Janov den Begriff »Primal-Therapy« ins Handelsregister hat eintragen lassen und allen Therapeuten, die nicht an seinen Instituten ausgebildet wurden, diese Bezeichnung ausdrücklich verbietet. Es ist dies, in Anbetracht der Gefahren, die in einer nicht fachkundigen Anwendung der Therapie liegen, eine nicht ganz unverständliche Entscheidung. Es sollen hier jedoch nicht die Irrwege dargestellt werden, die auch diese Therapieform durchlaufen mußte – wir werden sie so darstellen, wie sie in ihrer heutigen Form in allen vier von Janov gegründeten Instituten an etwa 1000 Patienten erprobt worden ist. Drei Hauptlinien sollen zunächst vorgestellt werden

a) das Ziel der therapeutischen Arbeit,
b) die Techniken der Primärtherapie,
c) einige Beispiele für die Therapie.

Sodann werden einige Einzelaspekte, die für unseren Kontext wichtig sind, herausgegriffen, und schließlich sollen die »Erfolge« der Therapie festgehalten werden.

2.2. Das Ziel der therapeutischen Arbeit

In diesem Verfahren besteht die Aufgabe des Therapeuten darin, beim Patienten »Primärerlebnisse« (sog. »Primals«) auszulösen. Ein »Primal« oder »Urerlebnis« (wie die deutsche Version lautet) ist das aktuelle Wiedererleben einer Begebenheit (oder eines Bündels von Begebenheiten) aus der Vergangenheit des Patienten. Dabei handelt es sich nicht um *irgendeine* Begebenheit, sondern in fast allen Fällen um eine besonders *schmerzhafte* Erfahrung, die vorher dem Bewußtsein des Patienten nicht verfügbar war. Oder – wenn sie verfügbar war – mit der der Patient nur dadurch leben konnte, weil sie im Bewußtsein von allen Affekten und Gefühlen gereinigt war. Dabei ist nicht so sehr von Bedeutung, daß die damaligen Szenen vor den geistigen Augen des Patienten (wie in einem Film) abrollen, sondern daß sie mit allen dazugehörigen Emotionen, Affekten und körperlichen Ereignissen als ganzes erlebt und »gefühlt« werden. Insofern geht es eher um »Primär*gefühle*«, die gefühlt werden müssen. Der »Primal« läßt, mit anderen Worten, traumatische Situationen aus der individuellen Geschichte mit allen dazugehörigen emotionalen und körperlichen Qualitäten wiederaufleben.

Dabei ist es nicht etwa so, daß der Therapeut bestimmt, welche Situation gerade thematisiert wird, sondern der Patient gleitet in ein »Gefühl«, von dem (in der Regel) weder er noch der Therapeut im voraus wissen, was es beinhaltet. Gewöhnlich wird dabei von aktuellem Material ausgegangen (der Patient hat Kopfschmerzen, oder er ist traurig über irgend etwas, oder er ist durch jemanden gekränkt worden etc.), und der Therapeut hilft dem Patienten, in das (anfängliche) Gefühl »hineinzugehen«, es weiterzuverfolgen. In der Sicherheit der therapeutischen Situation hat der Patient dann die Möglichkeit, die Leiter, deren erste Sprossen sichtbar sind, hinunterzusteigen. Dabei ist es meist so, daß der Patient zunächst die Primärereignisse fühlt, die er innerhalb seines Körpersystems (hier und jetzt) verarbeiten kann. Das heißt, am Anfang der Therapie werden in der Regel die Traumata bearbeitet, die nicht der allerfrühesten Kindheit angehören und die ihrer Qualität nach besonders dramatisch verlaufen. Im Verlauf seiner Therapie steigt der Patient nun seine »Primalkette« hinab und dringt zu immer dramatischeren Erlebnissen und Gefühlen aus seiner Kindheit vor. Gewöhnlich stößt er dabei dann auf die Erfahrung seiner Geburt, und einige Patienten beschreiben sogar Intrauterinerfahrungen.

Nun, auch wenn das auf den ersten Blick phantastisch klingt, es gibt die Beschreibungen einer großen Zahl von Patienten (auch von solchen, die nie mit einem Therapeuten geprimalt haben), für die diese Erlebnisse mittlerweile zu ihrem Alltag gehören, und es gibt Video- und Fernsehfilme, in denen diese Erfahrungen (gerade die Erfahrungen sog. Geburts-Primals) festgehalten und jedermann zugänglich sind. Natürlich kann man sich nicht *vorstellen*, was es heißt, einen Geburtsprimal zu haben (oder den Primal eines Ereignisses aus den ersten Lebensjahren). Mehr noch als jede andere Primärerfahrung liegt der Zugang zu unserer Geburt jenseits unseres alltäglichen Vorstellungsvermögens. Es wird hier ein Bereich aktualisiert, der lange vor der Sprache liegt und der zunächst einmal auch keine emotionalen Qualitäten hat, sondern der in besonders drastischer Form reine »körperliche Betroffenheit« wiedergibt. Nehmen wir ein Beispiel für eine derartig frühe Erfahrung:

> »Eine Patientin, die ich Sabine nennen will, war mit starken Kopf- und Rückenschmerzen in die Therapie gekommen. Als ihr Therapeut zu ihr kam, lag sie auf dem Boden in der Ecke. Ihr Gesicht war zur Wand gekehrt, ihr Rücken zum Therapeuten, und sie stöhnte leise vor sich hin. Der Therapeut wartete einige Zeit, aber Sabine blieb abgekehrt und stumm liegen. Nur ihr Körper krümmte sich mehr und mehr, und zwar so, daß der Kopf sich in den Nacken drückte, die Schultern sich ebenfalls nach hinten zogen, während der Bauch sich nach vorn wölbte. Die Bewegung wirkte so, als würde Sabines Körper in der Mitte gewaltsam nach vorne gedrückt und an Kopf und Beinen festgehalten, wie man einen Bogen spannt.
> Sabine begann zu stöhnen und stöhnte lauter und lauter.
> Der Therapeut mußte sich schwer gegen sie lehnen, um nicht weggeschoben zu werden. Sabine drückte sich ein Stück vorwärts, bis sie mit dem Kopf gegen die gepolsterte Wand stieß, so

daß sie nun in der Ecke des Raumes eingeklemmt lag, das Kissen im Rücken. Dann drückte sie sich heftig mit den Füßen gegen Wand und Kissen, wobei sie laut stöhnte und vor Atemnot rot im Gesicht wurde. Der Druck ihrer Muskeln kam anfallsartig und ging wieder, kam und ging und dies für etwa eine Viertelstunde. Schließlich während einer Phase besonders starker Muskelspannung begann Sabine krampfartig zu husten, als ob die Luft aus den zusammengepreßten Lungen gestoßen würde. Dieser Hustenanfall endete in der längsten und schwersten Welle von Anspannung und Atemnot, dann atmete Sabine tief ein, drehte sich auf den Rücken und entspannte sich. Bis zu diesem Moment, ca. 20 Minuten lang, hatte weder sie noch der Therapeut ein Wort gesprochen.

S.: Vorher hatte ich das Gefühl, als würde ich im Rückgrat durchgebrochen. Und als du noch dagegen gedrückt hast... Es war, als wäre ich in einem viel zu engen Raum, der mich furchtbar zusammendrückte, immer so in Wellen, weißt du. Scheußlich... Dabei war mir kotzübel, und ich bekam keine Luft, und trotzdem kämpfte ich, aber es wird nicht besser. Ich weiß, daß es von meiner Geburt kommt, aber es wird einfach nicht besser. Das geht nun schon Tage so, wann hört das endlich auf? Da kommt es schon wieder. Scheiße...

Sabine stöhnt laut auf und dreht sich zur Wand, dann fängt sie an zu husten. Ähnliche Gefühle wie vorher erfassen ihren Körper von neuem. Der Therapeut bleibt neben ihr sitzen. Für Sabine dauert es noch Wochen, bis (vorläufig) ihre Geburtsgefühle wieder verschwanden. In diesen Wochen änderte sich in Sabines Leben mehr als jemals zuvor in der Therapie, und sie gewann Zugang zu Gefühlen und Erkenntnissen, die völlig verdrängt gewesen waren. Ihre ganze weitere Therapie setzte sich nach dieser Zeit auf einer anderen emotional klareren und körperlich bewußteren Ebene fort« (Hemminger, 1977, S. 8 f.).

Im Gegensatz zu dieser Früherkrankung sieht ein Primal, der eine Episode aus einer viel späteren Zeit thematisiert, so aus:

»Den Patienten will ich Gert nennen, er befindet sich in einer Einzelsitzung mit seinem Therapeuten. Er liegt auf dem gepolsterten Fußboden des Raumes, der Therapeut sitzt schräg hinter ihm. Gert hat eben davon erzählt, wieviel Streit es in seiner

Familie gab. Der Therapeut bittet ihn, eine bestimmte Situation zu nennen, und Gert nennt als Beispiel die täglichen Abendmahlzeiten der Familie.

T.: Beschreib' mir, wie es war. Sag' mir, wo jeder sitzt und was er tut. Versetzt dich hinein, so gut es geht.

G.: Rechts neben mir sitzt mein Bruder, links an der Schmalseite mein Vater. Mir gegenüber sitzt meine Mutter, sie teilt immer das Essen aus... (...) Irgend jemand redet die ganze Zeit über, es ist nie ruhig. Oft ist irgendein Streit, meist schimpft mein Vater auf meinen Bruder, er bekommt den meisten Mist ab.

T.: Was fühlst du dabei?

G.: Ich weiß nicht...

Gert beginnt, unruhig den Kopf zu bewegen. Der Therapeut nimmt den Kopf sanft zwischen die Hände, ohne die Bewegung zu behindern. In Gerts Augen erscheinen Tränen, während er sich um die Erinnerung bemüht.

G.: Es ist seltsam... Es kommt mir vor, als schaut niemand mich an – niemand am Tisch, kein Mensch schaut mich an. Sie sagen Sachen zu mir und tun mir weh, aber anschauen tut mich keiner. Nur wenn sie ganz böse sind, dann...

T.: Was hättest du gerne?

Gert wird jetzt sehr unruhig, sein Atem wird schnell und flach.

G.: Sie sollen mich anschauen...

T.: Sag' es ihnen.

Gert folgt dem Vorschlag, er spricht zuerst leise, dann wird es lauter und bricht zuletzt in unkontrollierte Schreie aus.

G.: Schaut mich an... Schaut mich doch an! Nein, nein, nein! Schaut mich nett an! Nicht so, Mama! Sei nett! Nett.

Gert wälzt sich auf dem Fußboden und krümmt sich immer wieder in einer embryonalen Position zusammen. Er weint abgehackt, in lauten, tiefen Schluchzern, und dazwischen schreit er immer wieder die Bitte an seine Mutter heraus, doch nett zu sein. Er bietet das Bild tiefster Verzweiflung und unerträglicher körperlicher Qual. Tränen und dünnflüssiger Speichel laufen über sein Gesicht. Die Augen hält er geschlossen, aber trotzdem hat man den Eindruck, als blicke er in eine bestimmte Richtung. Schließlich beendet ein Anfall von Brechreiz den Weinkrampf; Gert würgt einige Male, erbricht aber nichts. Darauf liegt er erschöpft auf dem Boden, sein Atem geht noch immer schnell und flach, er wirkt nicht entspannt. Er versucht, das Geschehene zu erklären:

G.: Ich sehe immer das Gesicht meiner Mutter vor mir...Wie sie nie, nie lacht. Immer schaut sie, als sei sie böse auf mich. Das Gesicht schwebt immer über mir wie ein Mond.

Die Erklärung bringt den Schmerz von neuem empor. Gert beginnt wieder zu weinen. Er schreit und bittet seine Mutter, ihn doch lieb zu haben. Einige Male streckt er verzweifelt die Arme aus und faßt nach einem imaginären Gesicht, dieser Versuch führt jedesmal zu wilden Schreien und konvulsiven Zuckungen, die erschreckend anzusehen sind.

Nach einer Viertelstunde ist auch dieser Anfall vorüber, und Gert wirkt völlig erschöpft. Er atmet langsam und tief und spuckt große Mengen dünnflüssigen Speichel und Bronchialschleim aus, dazu putzt er seine völlig verstopfte Nase. Einsichten und Erinnerungen strömen geradezu aus ihm heraus, sie drehen sich alle um die ständige Aggressivität, die in seiner Familie offen zutage trat, und seinen Schmerz darüber, daß er bei seiner Mutter keine Geborgenheit fand« (Hemminger, 1977, S. 2 ff.[4]).

An diesem zweiten Beispiel wird sogleich sichtbar, was die Folge eines Primals ist: Dadurch, daß die Erlebnisse der Frühzeit gefühlt werden, werden sie zu einer *bewußten* Erfahrung des Patienten. Er kann sie in der Regel noch im Primal oder sofort danach mit seinen sonstigen Erfahrungen (insbesondere mit seinen Symptomen) in einen Zusammenhang bringen. Und von diesen »connections«, in Verbindung mit den dabei auftretenden Gefühlen, gehen starke Wirkungen aus, die die körperliche Befindlichkeit und die alltäglichen Reaktionsweisen des Patienten einschneidend verändern.

Fassen wir zusammen: Es ist das Ziel der Therapie, den Patienten Primärerlebnisse fühlen zu lassen. Der Therapeut hat die Aufgabe, durch die Abwehr des Schmerzes und die Abwehr der Gefühle, die im Patienten vorhanden sind, hindurchzustoßen und diese Qualitäten in unmaskierter, unverzerrter und unsymbolischer Form beim Patienten zum Vorschein treten zu lassen.

Die Schwierigkeit besteht darin, daß der Patient die Abwehrprozeduren, die er ein Leben lang vor seine Gefühle stellen mußte, nicht leichthin aufgeben kann. Es stellt sich die Frage: Wie geht der Therapeut vor?

2.3. Techniken der Primärtherapie

Zunächst die Therapiesituation. In den meisten primärtherapeutischen Instituten verläuft die Therapie nach ähnlichen Mustern. Der Patient befindet sich eine kurze Zeit (ein oder zwei Tage) in einer Isolationssituation mit der Auflage, alle (Schmerz-)Abwehrhandlungen zu unterlassen. Er darf nicht rauchen, trinken, Tabletten nehmen, fernsehen, masturbieren, lesen o. ä. – oft bekommt er Hinweise etwa der Art, sich seine alten Kinderphotos anzuschauen, über seine Familie nachzudenken etc.

Hier und im Folgenden werden nur die Hauptlinien skizziert, die jedoch nicht schematisch genommen werden dürfen. So gibt es (nach einer sorgfältigen Anamnese) eine Reihe von Patienten, die ihrem Schmerz bereits so nahe sind, daß sie vor der Therapie nicht isoliert werden. Im Gegenteil, Isolation würde ihren Schmerz so potenzieren, daß sie unfähig wären, ihn in dieser Massivität zu fühlen. Oder: Die Einnahme von schmerzlindernden Drogen ist grundsätzlich verboten, es gibt jedoch Ausnahmen dahingehend, daß bei vorheriger starker Schmerzüberlastung ein Teil der Schmerzen sediert wird, damit ein anderer Teil ungehindert passieren kann. Ernstzunehmende Primal-Institute unterscheiden sich von wildwüchsigen Therapieformen dadurch, daß vor der Therapie sehr genau untersucht wird, zu welchen Formen des Schmerzes und der Gefühle der Patient bereits Zugang hat, und daß ihm nicht irgendwelche starren Modelle übergestülpt werden.

Nach der Isolationssituation folgt eine dreiwöchige Intensivphase, während derer der Patient täglich eine oder mehrere Sitzungen mit dem Therapeuten hat. In dieser Zeit hat der Therapeut nur diesen einen Patienten und ist ganz für ihn da. Nach diesen Initialwochen folgen wöchentliche Gruppensitzungen (mit vier oder fünf Patienten und einem oder zwei Therapeuten). Auf Wunsch erhält der Patient auch hier noch Einzelsitzungen mit dem Therapeuten. Nach etwa einem oder zwei Jahren ist die Therapie beendet; das heißt jedoch nicht, daß der Patient danach keine Urerlebnisse mehr hat. Er ist jedoch so weit, er hat soviel Zugang zu seinen Gefühlen, daß er den Therapeuten nicht mehr (oder nur noch in Ausnahmefällen) benötigt. Nach wie vor hat er sich mit seiner

Geschichte auseinanderzusetzen, er kann jetzt allerdings die volle Tiefe und Erfahrungsbreite selbst handhaben, seine »Gefühle gehören ihm«, er hat unmittelbar Zugang zu ihnen. Niemand muß ihm helfen, sie hervorzuholen.

Das Setting ist etwa folgendermaßen: Der Patient liegt in einem gepolsterten, schallisolierten Raum auf der Erde, der Therapeut sitzt neben ihm, so daß er jede Körperbewegung und jedes Mienenspiel direkt beobachten kann. Wie schon gesagt, besteht die Aufgabe des Therapeuten darin, den Patienten an seine Gefühle (und seine Schmerzen) heranzuführen. Er kann das nur tun, indem er die Abwehr des Patienten (darüber später mehr) durchstößt. Gewöhnlich geht jede Handlung vom Patienten aus, und der Therapeut versucht, die Handlung weiterzuverfolgen. Gibt der Patient einen Fingerzeig, etwa der Art: »Ich war heute morgen sehr wütend über M.«, so könnte der Therapeut antworten: »Laß deine Wut kommen« oder »Sag' es M.«, oder er spürt, daß der Patient selbst schon einen Schritt weitergehen kann, und er läßt ihm Zeit, so daß der Patient sagen kann: »Es war wie zu Hause, auch dort hat mich Klaus, mein Bruder, immer so geärgert« ... und hier kann dann der Therapeut ansetzen: »Wie war das da?« und »Fühl' die Situation zu Hause«.

Derartige Interaktionsverläufe lassen sich natürlich hier nur sehr grob skizzieren. Sie sind immer unmittelbar mit der Situation verbunden, und insofern kann es keine »Therapieanweisungen« geben, nach denen Therapeuten verfahren könnten. Es gibt für diese Therapie nur einen Maßstab, und das sind die Gefühle des Patienten. Nur diese zählen, und nur diese sind es, die den Verlauf der Therapie bestimmen. Jede andere Form, in der der Therapeut die Marschrichtung vorgibt und den Patienten verlassen will: »Ruf deine Mammi« oder »Schrei es raus«, wird als »Mock-Therapie« und als gefährlich deshalb bezeichnet, weil sie nur ein weiteres Glied in der Kette der dem Patienten zugefügten Verletzungen darstellt. Derartige Therapeuten haben in der Regel an diesen Stellen ihre eigenen Probleme, die der Patient stellvertretend für sie lösen soll: Sie treiben den Patienten sozusagen in ihren eigenen Schmerz. Insbesondere das Schreien hat es manchen Therapeuten angetan (mittlerweile existiert sogar eine eigene »Schreitherapie«, vgl. Casriel, 1975); anfangs war auch Janov der Überzeugung, daß der Schrei (Primal Scream) ein wichtiges Therapeutikum darstellte. Doch diese Phase ist inzwischen überwunden, es gibt Patienten, von denen man monatelang keinen Schrei hört, dennoch sind ihre Fortschritte rapide. Ebenso gilt es, die Mock-Vorstellung, jeder Patient müsse schnellstens an seinen Geburtsvorgang herange-führt werden, als falsch zu entlarven. Auch hierbei wird überse-hen, daß nicht der Geburtsvorgang *an sich* traumatisierend ist, sondern nur dessen gesellschaftlich produzierte besonders drasti-sche Form. Es gibt Patienten, deren Geburtsverläufe sehr natürlich abliefen und für diese gibt es keine Geburtsprimals.

All diese Beispiele sollen nur einen Sachverhalt illustrieren: daß die Primärtherapie für einen Patienten ein erstes Mal eine Situa-tion darstellen könnte, in der es ihm gestattet ist, einzig und allein *seinen* Gefühlen nachzugehen (und nicht denen von Vater, Mutter, Lehrer, Vorgesetztem oder Therapeuten) und in der er einen The-rapeuten hat, der ihm dabei hilft, seine Gefühle zu fühlen.

Insofern ist auch der Vorwurf der Suggestion, der der Primärthe-rapie oft gemacht wird, nicht aufrechtzuerhalten. Die Quintes-senz dessen, was der Therapeut tut, ist: bei jedem Gefühl und bei jedem Schmerz, den der Patient zu fühlen beginnt, zu sagen: »Ja, das stimmt, ja, das bist du!« und sodann fortzufahren: »Mach weiter, was ist da noch?«

Natürlich ist auch diese Beschreibung nur eine sehr vereinfachte Darstellung der Vorgänge, die im Therapieverlauf stattfinden. Das kann nicht anders sein, da jede Therapie ihren eigenen Struktur-prinzipien (die im Sozialisationsverlauf des einzelnen begründet liegen) entsprechend verläuft.

So gibt es, anders als im psychoanalytischen Prozeß, keine Deu-tungen. Das ist auch deshalb vollkommen unnötig, da in (fast) jedem Primal das Thema offen zutage liegt. Der Patient weiß ge-nau, was passiert, welcher Sinn und welches Gefühl dahinterlie-gen. Darin verliert jede Deutung ihr Substrat. Ebensowenig wird in der Primärtherapie mit Übertragungen gearbeitet. Selbstver-ständlich gibt es auch hier das Phänomen, daß der Patient im Therapeuten bestimmte Interaktionsfiguren vorfindet und diese ihn unbewußt an historische Vorbilder in seiner Sozialisation ge-mahnen. Doch der Therapeut weist diese Bilder sofort von sich weg auf ihren Ursprung hin, und der Patient kann das, was er an dem Therapeuten nur symbolisch (d. h. stellvertretend) bearbeiten könnte, mit den Elternfiguren direkt abmachen. In der Regel liegt gerade in den Übertragungen ein guter Anknüpfungspunkt für den Patienten zu fühlen, woher das kommt, was er dem Therapeuten in die Schuhe schieben will. (Und der Therapeut läßt sich in der Tat nur so lange etwas aufbürden, solange er nicht seine eigenen unbewußten Bedürfnisse und Wünsche restlos gefühlt hat.) Nicht zuletzt das Übertragungsphänomen ist somit ein Prüfstein für eine erfolgreiche primärtherapeutische Ausbildung: Erst in dem vollen Bewußtsein seiner eigenen Wünsche und Bedürfnisse kann der Therapeut es ehrlich genug ablehnen, für den Patienten »Pappi« oder »Mammi« sein zu wollen. (Eine Problematik, die sich durch alle Helferberufe zieht.) Eigene Gefühle nicht gefühlt zu haben kann hier bedeuten, aus einem unbewußten Gefühl heraus dem Patienten das *ersetzen* zu wollen, an dessen Verlust der Patient erkrankte – nach primärtherapeutischer Logik ist aber nicht der Ersatz die Aufhebung der Krankheit, sondern das volle Bewußtsein des Verlustes. Es ist bekannt, daß der Psychoanalytiker seinen Patienten ebenso (zur Stabilisierung seines psychischen Gleichgewichtes) braucht wie dieser ihn und daß der Analytiker in dem Phänomen der Gegenübertragung in jedem Patienten ein Stück der eigenen Vergangenheit aufarbeitet.[5] Diese Vorgehensweise lehnt die Primärtherapie ausdrücklich ab. Nun gibt es auch in der primärtherapeutischen Interaktionsbeziehung (wenn auch selten) Momente, in denen der Patient beim Therapeuten ein »Gefühl« auslöst, so daß dieser selbst eine Sitzung nötig hätte. Doch auch diese Situation kann in der Offenheit des primärtherapeutischen Settings bewältigt werden, indem der Therapeut seinem Patienten das Gefühl mitteilt und dieses ggf. in einem Nebenraum selbst herausläßt, um es eben nicht an dem Patienten (in welcher Form auch immer) auszuagieren.

Noch ein Wort zur »Empathie«. Dieser Begriff – in der Psychoanalyse ein Schlüsselbegriff – meint das Einfühlen oder Mitfühlen dessen, was im Patienten vor sich geht. In der Primärtherapie stellt dieser Vorgang eines der wichtigsten Vehikel dar, mit denen der Therapeut wahrnehmen kann, was beim Patienten passiert. Da große Teile des Interaktionsspiels beim Patienten körperlich ablaufen (und auch nicht mitgeteilt werden), hat der Therapeut außer seinen Sinnen (Auge, Nase, Ohr) noch ein anderes wichtiges Erkenntnisinstrument zur Verfügung: seinen eigenen Körper. So ist es nicht übertrieben, wenn Primärtherapeuten von sich behaupten, sie nehmen den Patienten wahr an den Bewegungen und Gefühlen des *eigenen Körpers*. Manchmal spürt der Therapeut das Bauchflattern des eigenen Patienten, lange bevor er es sieht, daran, daß sein eigener Bauch flattert. Und er erkennt die Gefühle, die beim Patienten dahinterliegen (natürlich nicht inhaltlich, sondern nur der Form nach) in ihrem Kern daran, daß er seine eigenen Gefühle, die mit seinem Bauchflattern verbunden waren, lange vorher schon gefühlt hat. Darin eigentlich liegt der Vorsprung, den der Primärtherapeut vor seinem Patienten hat.

Bevor der Leser Gelegenheit erhält, sich an einigen Beispielen annähernd vorstellen zu können, was ein Primärerlebnis ist, seien noch zwei Dinge geklärt.

Zum einen: Obwohl es den Anschein haben könnte, als sei der Zustand eines Primals vergleichbar mit dem eines »Anfalls« (oder einer zutiefst unkontrollierten Situation), sei hier deutlich festgehalten, daß der Patient an keiner Stelle das »hier und jetzt« verläßt. Nur, das, was er aktuell im »dort und damals« wiedererlebt, ist so tiefgreifend, daß die Realität darüber vollkommen unwichtig wird. Insofern verschwindet die Realität vollständig im Gefühl (und im Fühlen) des »Damals«. Dennoch: Der Patient ist bei vollem Bewußtsein und könnte seinen Primal an jeder Stelle abbrechen (obwohl er das, außer in Gefahrensituationen – von innen oder von außen – niemals tun würde).

Zum anderen: Es gibt während des Primals (im Gegensatz zur Situation vorher und nachher) keine Kommunikation von seiten des Patienten zum Therapeuten hin. Der Patient ist so total in der damaligen Situation, daß alle sprachlichen Äußerungen direkt mit den damaligen Interaktionspartnern stattfinden. Und auch hier ist die Sprache auf ein sehr einfaches Vokabular begrenzt (Ausländer verfallen in ihre »Mutter«sprache, auch wenn sie diese seit Jahrzehnten nicht mehr gesprochen haben und das bewußt auch gar nicht tun können), das jedoch die Gefühle und Ereignisse sehr präzise wiedergibt. Man erkennt die Primärsituation (im Gegensatz zur Situation der Abwehr davor) am ehesten daran, daß die Patienten in ihr fast immer in der direkten Rede ihre Gefühle artikulieren. Wendungen wie »Ich glaube, daß ... « oder »Es ist so, als wenn ... « zeugen davon, daß der Patient erst einmal über Gefühle *redet*, sie aber noch nicht fühlt. Solche Sätze werden ihm vom Therapeuten systematisch weggenommen. Insofern ist auch noch an der Sprache des Patienten abzulesen, auf welcher Stufe des Primärprozesses er sich befindet.

Es kann für die Primärtherapie insgesamt festgehalten werden, daß *Sprache* und *Sprechen* nicht zu den Essentials ihrer Arbeit gehören. Natürlich ist die Sprache wichtig, wo es darum geht, das Gefühl, das jahrelang von den sonstigen Lebensäußerungen abgespalten war, herauszubringen; sie ist Hilfsmittel für das Gefühl – hat aber mit dem Gefühl selbst nichts zu tun.

2.4. Beispiele

Das zeigt sich auch an drei Beispielen, die ich im folgenden deshalb in voller Länge wiedergebe, weil in ihnen die Dynamik eines Primals sehr viel anschaulicher dargestellt werden kann, als das eine wissenschaftliche Erklärung jemals vermag.

Als erstes noch einmal ein Beispiel für eine sehr frühe Primalerfahrung (ein Geburtsprimal). Man muß sich dabei klarmachen, daß hier jemand eine Erfahrung im nachhinein in Worte kleiden will, die all das, was in der Situation passierte, deshalb nur unvollständig wiedergeben kann, weil der Patient sozusagen seine *Erwachsenen*worte in die *Säuglings*situation hineintragen muß.

»Nach den Worten meiner Eltern kam ich drei Wochen zu früh zur Welt.

Heute morgen bin ich mit Schmerzen im Nacken und in den Schultern aufgewacht. Meine linke Hand war teilweise gelähmt; ich konnte meine Finger nicht bewegen. Während ich noch im Bett lag, konnte ich im Innern meines Kopfes ein knirschendes Geräusch hören – als wenn mein Kopf unter zu hohem Druck stände. Nach und nach konnte ich meine Finger wieder bewegen, doch ich fühlte mich erschöpft und verspürte eine leichte Übelkeit. (...) Der Druck im Nacken und in den Schultern verstärkte sich – wie auch die Übelkeit. Ich legte mich auf den Boden und begann zu zittern. Meine Hände und Arme, Füße und Beine schlugen unkontrolliert um sich (als wäre ich ein Hampelmann). Meine Glieder fühlten sich an, als seien sie schwerelos. Ich wußte nicht, was mit mir geschah. Ich tauchte tiefer in diese Gefühle ein, und die Krämpfe und das Um-sich-Schlagen nahmen zu. Ich war ein winziges Etwas, das seine richtige Form noch nicht gefunden hatte, doch ich bewegte mich, wurde unbarmherzig durch und durch geschüttelt. Ich fühlte mich ein wenig erleichtert darüber, daß nach Monaten der Lähmung etwas in Bewegung geraten war. Nach etwa einer

Stunde erhob ich mich vom Wohnzimmerboden und torkelte in das schalldichte Zimmer in den Primalraum. Ich versank immer tiefer in mein Geburtserlebnis. Jetzt fühlte ich mich noch kleiner, als ein primitives Etwas, wie ich es auf Bildern vom Fötus im Alter von sechs oder sieben Monate gesehen hatte. Ich fühlte mich so klein wie eine Ratte. Doch es geriet etwas in Bewegung. Ich hatte kein eigenes Ich mehr. In meinen Gefühlen war ich sie. Sie hatte die Krämpfe, sie zitterte und versuchte, mich mit Gewalt zur Welt zu bringen. Ich wollte das nicht, verspürte Haß dabei! Aufruhr! Schreie! Ich hatte mich immer nur als sie gefühlt. So jedenfalls empfand ich es, als die Krämpfe einsetzten. In diesem Augenblick erfuhr ich etwas Neues über sie. Bis dahin hatte ich sie nur von der Nabelschnur her gekannt, die mich mit ihr und der warmen Flüssigkeit verband, in der ich gelebt hatte. Nun war ich gezwungen, sie von den äußeren Grenzen meines Ichs her zu betrachten, und doch war mir bei allem Zittern und bei allen Krämpfen nicht klar, wo ich anfing und sie begann oder wo ich begann und sie anfing. Doch warum mußte ich diese Erfahrung machen? Warum? Ich fragte nicht danach! Die Krämpfe und das Zittern verstärkten sich, und mir ging auf, daß ich mich akzeptieren und fühlen mußte, wenn ich überleben wollte. Nun gut, wenn ich ich sein mußte, dann blieb mir nichts anderes übrig, als ins Freie zu gelangen. Ich mußte ich sein, doch ich wollte es nicht. Als ich wie eine rauhe See aufgewühlt war, ohne die Möglichkeit, meine Bewegungen zu kontrollieren, empfand ich Panikgefühle und völlige Hilflosigkeit. Ich schrie und schrie – diesmal, damit sie auf mich aufmerksam würde. Ich rief Lydia, die an der Tür saß, zu: ›Weißt du, was mit mir los ist?‹ Sie antwortete: ›Ich habe keine Ahnung.‹ Ich brüllte: ›Du hast keine Ahnung, hast wirklich keine Ahnung? Unglaublich!!‹ Mich überkam das Gefühl, daß meine Mutter keine Ahnung hatte, was vor sich ging, was damals mit mir geschehen war. Ich wurde heftig durch und durch geschüttelt, und sie konnte mich nicht fühlen, konnte nicht fühlen, was vor sich ging. Unglaublich! Sie konnte nicht einmal ihren eigenen Körper fühlen. (Sie stand unter Medikamenten.) Ich hatte Angst, ich müßte sterben. Ich mußte ich selbst sein, wenn ich am Leben bleiben wollte. Ich mußte ins Freie gelangen, mußte von da an mein eigener Herr sein. Ich schrie und schrie. Jetzt war ich es selbst, wirklich ich, der herauskam. Ich fühlte meinen Nacken und meine Schultern, und ich war immer noch ein winziges, unentwickeltes Etwas. Irgend etwas legte sich um meine Schultern, ich fühlte, wie es mich erwürgen wollte, und dann konnte ich fühlen, wie mein Kopf durch eine Öffnung ins Freie, in die Kälte gelang. Flüssigkeiten drohten mich zu ersticken, Hände legten sich um meinen Nacken. Ein schwerer Atemzug, ein Aufstöhnen – und damit empfand ich einen schrecklichen Schmerz in meiner Brust. Meine Brust ging auf und ab, und bei jeder Bewegung war da dieser schrecklicher Schmerz. Mit den Lungen atmen! Gräßlich! Ich schrie und schrie mit jedem neuen Atemzug. Ich habe dies nie gewollt. Warum muß ich das tun? Es war so schmerzlich, draußen zu sein – lebend, atmend. Ich hatte das Gefühl, nicht Kraft genug zu haben, um dieses Atmen durchzuhalten. Würde ich jemals in der Lage sein, den Schmerz des Atmens zu überwinden, um fühlen zu können, wo ich war, was mit mir geschah? Ich lag lange Zeit da, schreiend, keuchend, in der Hoffnung, es durchstehen zu können, daß die Luft in meinen Körper eindrang, ich fühlte bei jedem neuen Atemzug großen Schmerz in meinen Lungen. (Nach einer Weile hatte ich den Gedanken: ›Ich bin draußen. Ich bin am Leben.‹) Doch ich verspürte weiterhin das Verlangen, dorthin zurückzukehren, wohin ich gehöre.

Nach dem Urerlebnis träumte ich davon, Blumen und Bäume zu betrachten, träumte, ich machte in nächtlicher Luft einen Spaziergang, um die Erde zum erstenmal wirklich zu sehen. (Das Urerlebnis begann gegen 13.30 Uhr, und jetzt war es bereits dunkel.) Das Urerlebnis hatte etwa sieben Stunden gedauert. Ich rief Art an. Er kam an den Telefonapparat. Der Schmerz während des immer schnelleren Atmens verstärkte sich. Doch bei dem Schmerz hatte ich ein Gefühl der Erleichterung, der Erhebung. Ich erklärte Art, ich sei geboren. Er antwortete: ›Es klingt, als wenn du noch drin bist.‹ Er hatte recht (oder war das eine Äußerung, ein Hinweis meiner Mutter?)

Ich taumelte in das Zimmer zurück und versank wieder in Krämpfe, zitterte am ganzen Körper. Ich war wieder im Mutterleib und kämpfte mich nach draußen. Dann wieder die Hände um meinen Nacken, Erstickungsanfälle, die Kälte und das Licht (bei diesem Mal), die Atemzüge und der gräßliche Schmerz des Atmens – ich benutzte zum erstenmal meine Lungen (erfüllt von der Angst: ›Werden sie das aushalten?‹). Ich schrie wieder aus vollem Halse. Das fühlte sich gut an. Ich lag da, hatte das Gefühl, ich wünschte nichts anderes, als mich an das Atmen zu gewöhnen, damit der Schmerz aufhörte. Ich war nur mit dem Versuch beschäftigt, meinen Körper in Gang zu bringen. Später, nach dem Urerlebnis, scherzte ich mit Lydia darüber, wie albern es sei, zu atmen, die Lungen benutzen zu müssen (was für eine verrückte Welt!). Ich betrachtete die Pflanzen und Blumen in der Wohnung und verspürte eine Art kameradschaftlicher Zuneigung zum Lebenskampf« (Janov, 1974, S. 48 ff.).

Es ist anzumerken, daß der Patient seinen Geburtsprimal ohne seinen Therapeuten in seiner eigenen Wohnung erlebte. Der Therapeut (am Telefon) erkannte, daß noch sehr viel Schmerz in der Situation steckte, und teilt *sein Gefühl* dabei mit; er sagt nicht: »Leg dich noch einmal hin«, sondern »Es klingt, als ob du noch drin bist«. Das reicht aus, den Patienten wieder an seinen Schmerz zurückzuführen.

Das zweite Beispiel zeigt, in welcher Form ein bestimmtes Symptom (hier Ängste in der Gruppe) im Primal bearbeitet wird und in welche Form hinein es sich auflöst. Es ist dies ein Beispiel für eine später produzierte Leidenssituation.

»Sobald ich auf der Couch lag, erzählte ich Les vom gestrigen Gruppenabend, an dem er nicht teilgenommen hatte. Ich hatte der Gruppe über meine Reaktionen berichtet. Ich erklärte, wie sehr es immer schon mein Wunsch gewesen sei, meine Angstreaktion in allen Gruppensituationen zu verstehen. Zum Beispiel war ich, kaum daß ich gefragt wurde, ob ich etwas sagen wollte – mit anderen Worten, als ich aus meiner sicheren Anonymität herausgerissen wurde –, auf der Stelle in Schweiß ausgebrochen, mein Hals verkrampfte sich, so daß ich kaum noch sprechen konnte und kaum noch Luft bekam, ich fühlte mich allgemein so unwohl, daß ich einer Ohnmacht nahe war. Meine Reaktionen auf Situationen dieser Art habe ich immer schon als verwirrend empfunden, denn sie stellten sich selbst dann ein, wenn ich in einer Gruppe war, die ich ausgesprochen gern mochte, oder wenn ich mit mehreren Leuten zusammen war, die ich einzeln gut kannte und mochte, so daß es, wenn wir zu mehreren waren, gewiß keinen Grund für Angstgefühle gab. Kurz gesagt, das war für mich gesellschaftlich wie beruflich ein entsetzliches Handikap. (...) Nachdem ich Les von meiner gestrigen Angstreaktion erzählt hatte, schlug er mir vor, ich solle versuchen, eine sehr frühe Situation aufzuspüren, bei der ich in einer Gruppensituation ein ähnliches Gefühl gehabt hatte.

Ich schwieg eine Weile, und dann erzählte ich Les plötzlich von einem ganz sonderbaren und starken Gefühl, das ich einmal in meiner Jugend in einer Gruppensituation empfunden hatte und das mir aus irgendeinem Grund seither in all den vielen Jahren alle paar Monate wieder in Erinnerung kam. Ich erzählte ihm weiter, daß sich das in Köln ereignet hatte, ich war damals etwa elf oder zwölf Jahre alt und war in einer feiernden, fröhlichen, fast hysterischen Menschenmenge eingekeilt... Ich ließ mir damals keine Gelegenheit entgehen, an festlichen öffentlichen Veranstaltungen teilzunehmen, denn in meinem Elternhaus herrschte ständig eine beklemmende, erdrückende Atmosphäre tiefster Niedergeschlagenheit, Bitterkeit und der Mißstimmung. Ich freute mich immer auf Karneval, Paraden, Feste und Feiertage; und da das in die frühe Zeit der Naziherrschaft in den Dreißigern fiel, hatten all diese Feierlichkeiten einen ausgeprägten antisemitischen und ultranationalistischen Unterton...

Ich war mir all dessen nur vage bewußt, und für mich waren das die einzigen Gelegenheiten, bei denen mir das Leben aufregend und herrlich erschien... Ich marschierte dann selig mit oder stand eingeklemmt in der ausgelassenen Menge, genoß den verrückten Lärm, das Dazugehörigkeitsgefühl, die Nähe zu der warmen, pulsierenden Menschenmenge um mich her und war sonderbar erregt von dem intimen, warmen Körperkontakt, den ich in meinem Elternhaus, das bar jeglicher Liebe war, nie erlebte...

In einer solchen Situation durchzuckte mich plötzlich, ohne jede Vorwarnung, wie ein schmerzhafter elektrischer Schlag, die eisige, glasklare Erkenntnis, daß ich mich inmitten einer Phantasie, einer gefährlichen Illusion befand, daß ich nicht wirklich dazugehörte. Ich weiß noch genau, daß sich das auf einer der Hauptstraßen, auf der Hohestraße in Köln ereignete. Gerade noch hatte ich mich in einem wahren orgiastischen Freudentaumel befunden, die gewaltige Menschenmasse stieß mich hin und her, preßte mich gegen die üppigen Hintern stark parfümierter Frauen, und im nächsten Augenblick fühlte ich eine eisige Klaue nach meinem Herzen greifen, mit der glasklaren Erkenntnis, daß ich diesen Menschen gleichgültig war, daß sie mich gern hätten sterben sehen, wenn sie gewußt hätten, daß ich Jude war! Die Musik schmetterte ohrenbetäubend weiter, und ich wurde noch immer mitgetragen, wie ein hilfloser Embryo in der Umarmung des vibrierenden, ruhelosen Menschengewühls, doch ich wußte plötzlich, daß meine Sicherheit in meiner Anonymität lag und daß mein Dazugehörigkeitsgefühl ein entsetzlicher gefährlicher Tagtraum war... Ich war zutiefst verwirrt und gelähmt von dieser plötzlichen, unerträglichen Sicht der Wirklichkeit, daß diese Menschen geeint waren in ihrem starken Haß auf mich, aus Gründen, die ich nicht ganz verstand, außer daß sie etwas damit zu tun hatten, daß meine Eltern Juden waren...

Ich sagte Les, das sei alles, was ich von jenem Tag noch erinnerte. Als hätte der Tag nur aus diesem einzigen Augenblick bestanden... Wie nicht anders zu erwarten, drang Les in mich, ich solle zu dieser Szene zurückkehren und mich diesem Gefühl völlig hingeben... Ich stürzte sofort in einen Abgrund qualvoller Verzweiflung... Ich bin zurück in dieser Begebenheit, wie von einer starken Vakuummaschine angesaugt... Ein Gefühl unerträglicher Schmerzen scheint mein Herz in Stücke zu reißen... Ich schluchze, ich weine, und schließlich schreie ich: ›Es ist niemand da... nie ist jemand da... in dieser ganzen beschissenen Welt! Niemand hört zu... niemand kümmert sich um mich... niemand liebt wirklich‹, und ich werde unverständlich, auch mir selbst, und versinke einfach in Tränen und nicht endendes Leid. Schließlich merke ich, daß ich mich ein wenig beruhige, und ich höre Les sehr ruhig fragen: ›Wer ist nicht da...?‹ ›Niemand‹, bricht es aus mir hervor, und ich wiederhole dieses eine Wort mit zunehmender Intensität, als hätte ich mich daran festgebissen...

Les bleibt beharrlich: ›Wer ist es, wer ist nicht da...?‹ Ein Sturm entsetzlichen, grauenhaften, mörderischen Schmerzes steigt aus meinem Innern auf; höher und höher, und nichts kann ihn zurückhalten, bis er schließlich aus meiner Kehle in einer wahrhaft ungeheuerlichen Kette schneidender Schreie explodiert. Ich erinnere davon nur wenig, nur daß es endlos so weiterzugehen schien und daß mein ganzer Körper mit jeder Faser und jedem Nerv daran beteiligt zu sein schien, sich grotesk in Krämpfen wand und mit der Agonie pulste... Am erstaunlichsten ist, daß ich mittendrin von einem wachsenden

Bewußtsein erfaßt wurde, daß ich irgendwo im Innern gleichzeitig ruhig, sogar glücklich war und das Ganze mit einer gewissen ›wissenschaftlichen‹ Neugier beobachtete, erstaunt über das unglaubliche Maß explosiver Kraft, das all die Jahre in meinem Organismus gesteckt haben mußte… Ich hatte eindeutig das Empfinden, daß mein Schreien nicht nur aus der Kehle kam, sondern unmittelbar aus meinen Knochen, dem Gewebe und der Haut hervorbrach… Mit der Zeit enthielten die Schreie mehr und mehr zusammenhängende Sätze. ›Mami… Mami… wo warst du immer… warum bist du nie, nie, nie zu mir gekommen… hab mich lieb… oh, bitte, hab mich lieb… nimm mich in die Arme… halt mich fest…‹

Kontrolle ist noch völlig unmöglich, mein Körper wird von hysterischen Schreien geschüttelt. Ich bin entsetzt über meine Unfähigkeit, die Intensität dieser Szene zu mäßigen, und frage mich, ob das wohl mein Ende sein wird.

Nach langer Zeit finde ich mich dort liegen, erschöpfter, als ich es je für möglich gehalten hätte, und ich merke, wie mein Verstand allmählich wieder zu funktionieren beginnt, mit einer sonderbaren, nie gekannten, unglaublichen Klarheit… Ich beobachtete das mit zunehmendem Erstaunen, als schaute ich zum ersten Mal in einen besonderen, geheimen, lang verborgenen Bereich meines Gehirns… Leicht und schwerelos fließend entfaltet sich die wohlgeordnete, Schritt für Schritt zusammengetragene Erklärung über Wesen und Ursprung eines meiner stärksten Angstsyndrome! Ich bin so überrascht und erfreut, es ist wie ein Rausch… Mein Gesicht verzieht sich zu einem Grinsen, und dann lache ich mit unglaublicher Erleichterung…

›Was ist los?‹ will Les wissen.

Ich stehe auf, weil ich jetzt einfach nicht stilliegen kann, und sage: ›Les, plötzlich verstehe ich meine unerklärlichen Ängste vor Gruppen und meine ständige Einsamkeit und Niedergeschlagenheit… Ich bin so überwältigt von einem neuen Gefühl von Verständnis und Einsicht, das sich in meinem Kopf zusammenbraut, daß ich kaum weiß, wo ich anfangen soll.‹

Ermutigt durch Les fahre ich langsam und vorsichtig fort: ›Noch vor wenigen Augenblicken habe ich mit jeder Faser meines Seins in verzweifeltem Verlangen nach meiner Mutter geschrien. Ich war mir meines Hierseins, hier auf dieser Couch, nur verschwommen bewußt… Nein, ich war unmittelbar wieder zurück in meiner Kindkeit... Ihr Kommen erschien mir wirklich in jeder Beziehung als Frage von Leben und Tod... Aber diese widerliche, gefühllose, gleichgültige Frau kam nicht, sie kam nie, nie, nie. Selbstverständlich gab es viele Gründe dafür. Erwachsenen-Gründe, vernünftige Gründe, praktische Gründe... Sie überschatteten mein unerträglich schmerzhaftes Verlangen nach ihrer Aufmerksamkeit... Jedes Mal starb ich ein wenig, verlor ich etwas mehr Hoffnung, bis ich schließlich ganz aufhörte zu weinen. Um zu überleben, wurde ich ein braver Junge, meine wirklichen Bedürfnisse und Schmerzen drängte ich tief in mich hinein, so daß sie sogar vor mir selbst verborgen waren... Mit dieser Vorstellung kämpfte ich mich durch meine frühe Kindheit, gefährlich über Schrecken und völliger Verzweiflung hinwegbalancierend. Ich schaffte das nur, weil ich irgendwo in mir noch nicht alle Hoffnung aufgegeben hatte. Irgendwann, irgendwie würde später einmal ein Wunder geschehen und Erlösung kommen. Liebe, Zärtlichkeit, Fühlen, das Gefühl, gewollt zu sein, all das würde kommen... Tagträume, der kleine Junge fuhr fort, auf diese Dinge zu warten, und schrie innerlich nach Hilfe, Tag für Tag, und Jahr für Jahr, und äußerlich war das nur daran zu merken, daß ich immer und jederzeit bedrückt und traurig war... Alle Menschen rückten immer von mir ab, sie mieden mich, denn ich troff buchstäblich vor Traurigkeit und Einsamkeit...‹

Das ersehnte Wunder trat natürlich nie ein, bis ich eines Tages die herrliche Wärme und das beglückende ›Dazugehörigkeitsgefühl‹ in Menschenmengen, im Gewühl der Masse entdeckte... Ich war auf der Stelle davon gefesselt, und mit Hingabe frönte ich diesem neuen Hobby, diesem neuen Zwang, mit wohliger Selbstaufgabe in die warme, kraftvolle, lebensprühende ›Mutter-Masse‹ zu versinken. Mein unbewußtes Selbst muß in seiner animalischen Logik wohl argumentiert haben: Fleisch ist Fleisch, Haut ist Haut, und Gefühle sind Gefühle...

Ich hatte ein wirksames linderndes Mittel für meinen Schmerz gefunden, ein großartiges Beruhigungsmittel. (...) Bis zu jenem bereits beschriebenen Vorfall in der Hohestraße... Plötzlich erkannte ich die Bedeutung der fröhlichen, mitreißenden Marschmusik, die von dem Jubel kündete, jüdisches Blut von arischen Schwertern tropfen zu sehen. Plötzlich war mir mein Jüdischsein als wirkliche Tatsache bewußt. Ich wurde plötzlich von meinen fröhlichen ›Spielgefährten‹ verstoßen, sie haßten mich. Auf dem Höhepunkt meines euphorischen Glücks durchzuckte die jähe Erkenntnis der Gefahr und der Dummheit meiner Täuschung mein zehn- oder zwölfjähriges Gehirn, unerwartet und mit unerträglicher Deutlichkeit.

Damals starb ich wirklich; was von meinem wahren Selbst übriggeblieben war, entzog sich für immer. Seitdem war ich mir selbst immer fremd... Oft habe ich seither in einen Spiegel geschaut und diesen traurigen, gequälten Fremdling angestarrt, nicht richtig wissend, was ich mit ihm anfangen sollte. Ich schleppte mich einfach so dahin, mit der Lustlosigkeit, Hoffnungslosigkeit und Gleichgültigkeit eines Verdammten... Wie ein Gammler in der Gosse habe ich gelegentlich um ein wenig Pseudoliebe gebettelt, ein wenig Pseudoglück erlebt oder mit anderen todkranken Menschen herumgesessen, kraftlos um etwas kämpfend, was keiner von uns zu geben hatte und was keiner von uns die Kraft zu nehmen hatte...
Und meine Furcht, meine Ängstse in Gruppensituationen? Schließlich hatte sich meine Sterbeszene in einer Gruppe abgespielt... Und wer würde sich dem Tod des Verstoßenwerdens wieder und wieder aussetzen?« (Janov, 1976, S. 37 ff.).

Es geht aus diesem Beispiel nicht hervor, ob der Patient bereits seine Gruppenängste überwunden hat oder ob dazu noch weitere Urerlebnisse notwendig waren. In jedem Fall hat er gefühlt, welche Ängste in Wahrheit hinter seinen Gruppenschwierigkeiten stecken – in der Regel ist diese Erfahrung ausreichend, das Symptom aufzulösen.

Unser letztes Beispiel entstammt nicht so sehr einer direkten Primalsituation als vielmehr den Gefühlen, die sich bei jedem, der derartige Situationen oft erlebt hat, zu idealtypischen »Erziehungsbildern« verdichtet haben.

»Schmerz im Alter von eineinhalb Jahren
Mein Kinderbett steht unter dem Fenster. Ich bin bei Morgengrauen vom Licht der aufgehenden Sonne wach geworden. Ich bin allein. Ich bin mutterseelenallein. Ich bin hier, und ich bin von meiner Mami getrennt. Meine Mami und ich, wir können uns nicht sehen. Ich schlafe in meinem Zimmer, und Mami und Papi schlafen in ihrem Zimmer. Ich schlafe allein, und ich bin

einsam. Ich schlafe allein und habe niemanden, den ich berühren kann, und niemand berührt mich. Mein Verlangen nach Körperkontakt tut mir weh. Ich würde vor Schmerz schreien, aber man hat mir gedroht, ich solle still sein... mir befohlen, still zu sein... mich abgerichtet, still zu sein. Ich öffne meinen Mund und stopfe ihn mit meinem Daumen. Warum hat man mich verbannt? Wie kann das sein? Was ist geschehen? Was habe ich falsch gemacht? Ich bin noch nicht so weit, daß ich allein sein kann. Allein sein ist, ein eigenständiger Mensch sein. Ich bin Teil meiner Mami und meine Mami ist ein Teil von mir. Ich empfinde Schmerzen. Wenn meine Mami wüßte, was für Schmerzen ich habe, würde sie sich um mich kümmern. Sie würde mich mit ihren Händen berühren, und ich wäre glücklich. Hingebungsvoll drücke ich meine Scheiße in die Windeln. Jetzt wird Mami kommen und meine Windeln wechseln. Ich werde ihre Berührung spüren. Meine Mami wird zu mir herabschauen und lachen. Meine Mami wird sagen, daß ich ein lieber kleiner Junge bin. Meine Mami und ich werden zusammensein, und es wird keinen Schmerz mehr geben. Ich stehe in meinem Kinderbett, die Hände am Gitter festgeklammert, und horche in die Stille hinein. Kein Laut von meiner Mami zu hören. Ich zittre in der Morgenkälte, und ich bin einsam. Ich weiß, meine Mami ist da draußen, ich weiß, wo ihr Zimmer ist. Man muß durch meine Tür raus, dann den Flur entlang, vorbei am Wandschrank, am Badezimmer, und dann die nächste Tür öffnen, und das ist dann das Zimmer von meiner Mami, mit seinem großen Bett und dem Spiegel an der Schranktür. Mamis Bett ist immer warm. Ich horche. Ich höre nur Stille. Mamis Bett ist groß und warm. Mami und Papi liegen in dem Bett. Das Bett hat wunderbare Gerüche.

Ich klettre über das Gitter vom Kinderbett und gleite auf den Boden. Ich werde Mami und Papi überraschen, und sie werden lachen. Ich kichere vor mich hin, während ich über den Flur auf ihre Tür zueile. Ich halte die Luft an, als ich ihre Tür öffne. Ich kann das sanft schnurrende Schnarchen von Papi und das gleichmäßige Ticken der Uhr hören. Ich gehe zum Fußende vom Bett. Ich kann den süßen, beruhigenden Duft meiner Mami und den etwas schärferen Geruch von meinem Papi riechen. Ich kann ihre Umrisse unter den Bettdecken sehen. Ich unterdrücke mein aufgeregtes Lachen. Hat es je einen herrlicheren Anblick gegeben als diesen? Werden sie nicht überrascht sein? Werden wir nicht alle vereint sein? Werden wir uns nicht alle liebhaben?

Ich klettre auf das Bett und krabble langsam und still zwischen ihren schlafenden Körpern hoch. Papis Schnarchen wird lauter. Jetzt kann ich Mami atmen hören. Ich schiebe die Decken beiseite, nur ein kleines bißchen, und lasse mich in den schmalen Spalt zwischen Mami und Papi gleiten. Die Wärme umgibt mich wie eine Umarmung. Das Gefühl der Sicherheit, des Heimkehrens ist berauschend.

Ich habe das Zentrum des Universums gefunden.

Ich schaue auf meine Mami. Ich fühle die Wärme aus ihrem Körper aufsteigen. Ihre Augen sind geschlossen, und sie atmet durch den Mund. Ich stecke meine Finger zwischen ihre Lippen. Meine Mami murmelt im Schlaf und schüttelt den Kopf. Ich lache und schubse meine Finger etwas höher, an Mamis Nase.

›Billy, zum Donnerwetter!‹

Ich lache laut los. Meine Mami ist wach, und jetzt werden wir uns liebhaben. Die offene, noch immer blutende Wunde der Trennung wird geheilt werden, und – aber meine Mami ergreift meine Hand und schlägt sie. ›Mach das nie, nie, nie wieder!‹

Ich beginne zu weinen. Mein Papi erwacht aus seinem Schlaf. ›Was ist los?‹

›Billy ist zu uns ins Bett gekommen.‹

›Hol ihn der Teufel!‹

Mein Papi sieht mich mit seinen verschlafenen Augen an, und ich schaue durch meine Tränen zu ihm zurück. Ich will, daß mein Papi mich liebt. Ich will, daß mein Papi mit seiner lauten Lache lacht und mich mit seinen großen Händen auf seiner Brust hält und mich seinen aufregenden, komischen Backenbart fühlen läßt. Mein Papi verzieht sein Gesicht und wendet sich von mir ab. ›Himmel, was stinkt der. Schaff ihn hier raus!‹

Meine Mami faßt mit ungeduldiger Bewegung nach meinen dreckigen Windeln.

›Billy, du bist ein böser Junge. Was ist los mit dir? Warum hast du nicht gewartet und bist aufs Töpfchen gegangen? Geh sofort in dein Bett zurück und bleib dort, bis wir dich rufen. Verstanden? Wenn ich auch nur ein einziges Wort von dir höre, dann setzt es was hinten drauf.‹

Ich verlasse Mamis warmes Bett und gehe weinend in mein Zimmer zurück. Ich klettre in mein Bett, lege mich aber nicht hin. Ich steh da und starre die Tür an und halte mich am Gitter fest. Ich lutsche am Daumen und warte auf meine Mami.

Der Dreck in meinen Windeln verliert seine Körpertemperatur, er wird unangenehm, kalt und feucht. Ich verstehe nichts.

Ich bin fünf und identifiziere den Feind

Ich bin allein. Ich bin zur Strafe auf mein Zimmer geschickt worden, weil ich mit den Töpfen und Pfannen gespielt und sie auf dem Küchenboden liegengelassen habe. Meine Mami sagt, ich bin ein böser Junge. Ich liege auf dem Rücken in meinem Bett und schaue zur Zimmerdecke. Ich versuche, in den Rissen an der Zimmerdecke ein Gesicht zu entdecken. Ich suche nach dem Gesicht meiner Mami. Meine Mami liebt mich nicht. Meine Mami hat mich bei den Schultern gepackt und mir mit der Rückseite einer Haarbürste den Hintern versohlt. Ich habe versucht, mich mit meinen Händen zu schützen, und jetzt tun mir die Finger weh. Ich möchte, daß meine Mami nett zu mir ist. Ich möchte, daß meine Mami mich liebt. Ich möchte, daß meine Mami mich behutsam berührt. Ich möchte, daß meine Mami den Schmerz wegmacht. Ich möchte, daß meine Mami mich auf ihren Schoß nimmt. Ich möchte, daß meine Mami mich in ihren Armen hält und mir sagt, daß ich gut rieche und daß sie mich mehr als alle anderen liebt. Ich möchte, daß meine Mami mir sagt, daß ich der beste kleine Junge auf der ganzen Welt bin. Aber meine Mami liebt mich nicht. Meine Mami sagt, ich bin ein böser, unordentlicher Junge. Der Feind bin ich« (Janov, 1976, S. 50ff.).

In allen drei Beispielen sieht man, worum es geht. Eine traumatische Erfahrung der Frühzeit wird mit allen körperlichen und emotionalen Begleiterscheinungen wiedererlebt. Das Dahinterliegende, das, was gefühlt wird, ist der Schmerz. Und zwar der Schmerz, der auch damals die Situation beherrscht hat, der damals ebensogroß war, wie er heute im Primal erlebt wird.

Es gibt einen wichtigen Unterschied zwischen damals und heute: Der kindliche Organismus hatte nicht die strukturellen Möglichkeiten, diesen Schmerz zu durchleben (zu durchleiden), die der erwachsene Organismus heute hat. Diese Differenz ist überhaupt ein Grund dafür, daß ein Erwachsener seinen Kindheitsschmerz fühlen kann. Befände sich sein Organismus heute in der gleichen fragilen und abhängigen Position, in der das Kind damals steckte, so würde das Urerlebnis nur schwer hervorzuholen sein. Ich sage ausdrücklich »*ein* Grund«, denn es gibt noch einen anderen, viel gewichtigeren Grund dafür, daß der Erwachsene heute den Primärschmerz durchleben kann: Er hat (zumindest nach außen hin) die Möglichkeit, sich in eine Situation einzulassen, in der er fühlen *darf*. Das aber war damals nicht möglich. Im Gegenteil, Eltern haben alles getan, um ihren Kindern diese Gefühle und diese Schmerzen wegzunehmen, und sie tun das heute nach wie vor. Daß Kinder nicht geliebt werden, dürfen sie – auch und gerade wo sie es fühlen – nicht nach außen bringen. Wenn sie ihren Schmerz fühlen und weinen, werden sie dafür bestraft, sie seien böse. Und wenn ihnen der Hals wehtut von den nichtgeweinten Tränen und den nichtgesagten Worten, so werden ihnen die Mandeln herausoperiert. Das ist der wichtigste Grund dafür, daß Gefühle der Kindheit nicht gefühlt werden können. Diese Gründe (und tausend andere mehr) führen dazu, daß der unerträgliche Schmerz, der nicht herausgelassen werden kann, abgespalten werden muß. Es ist unerheblich, wie man diesen Prozeß nennen will: Abspaltung (Primärtherapie), Verdrängung (Psychoanalyse) oder Desymbolisierung (Interaktionstheorie); diese Begriffe meinen denselben Vorgang, nur jeweils in einem anderen theoretischen Begründungszusammenhang.

Faktum ist, daß gesamtorganismische Vorgänge in einen Bereich einwandern, der dem Bewußtsein nicht mehr zugänglich ist. Es gibt mittlerweile sogar im Bereich der Neurophysiologie Hinweise darauf, über welche elektrochemischen Bahnungen diese Abspaltprozesse vorgenommen und in welchen Arealen und nach welchen Hierarchien diese Leistungen aufbewahrt werden (vgl. Kapitel 3). Für unsere Diskussion ist wichtig, daß die vordem nur theoretisch abstrakt begründeten Vorgänge (des ersten Kapitels) der Schmerzspeicherung von Früherfahrungen ganz offenkundig auch im Bereich der Reproduzierbarkeit liegen, das heißt, es existiert die Möglichkeit, sie wiederzuerleben. Es sind, neurophysiologisch gesprochen, bereits von diesen Früherfahrungen Engramme gebildet worden, und diese Engramme sind unter bestimmten Bedingungen ekphorierbar.

Werfen wir zuerst einen Blick auf die Bedingungen, die es verhindern, daß jene Früherfahrungen wiedererlebt werden. In der Primärtherapie werden diese Bedingungen unter dem Begriff der »Abwehr« behandelt. Allgemein gesprochen, wird zunächst einmal alles unter diesen Begriff gefaßt, *was das Fühlen verhindert*. »Abwehr« ist für die Primärtherapie eine gesamtorganismische Leistung, die dafür zu sorgen hat, daß im Körper aufgehäufte Schmerzerfahrungen nicht ins Bewußtsein treten. Das kann leicht mißverstanden werden. Da »Bewußtsein« in der Primärtherapie nicht den Sinn hat, der diesem Begriff in anderen Theoriesystemen zukommt, heißt »Bewußtwerdung« nicht etwa ein *Wissen* um bestimmte Dinge, sondern entschieden mehr. Ebenso wie die Begriffe »Neurose« und »Abwehr« gesamtorganische Vorgänge beschreiben, so muß auch der Begriff »Bewußtsein« als solcher gesehen werden.

»Bewußtsein hat keinen ›Sitz‹, es ist nirgends exakt lokalisiert, noch ist es gleichbedeutend mit Bewußtheit oder Wahrnehmung. Es ist ein anhaltender Zustand des gesamten Organismus – und nicht lediglich eine Angelegenheit des Gehirns – mit fließenden Verbindungen zwischen den verschiedenen Gehirnstrukturen. Ein bewußter Mensch ist jemand, dessen Körper und Gehirn in Harmonie miteinander arbeiten, ohne daß ein Bereich des Gehirns von irgendwelchen anderen Bereichen isoliert ist. Ein bewußter Mensch ist jemand, dessen Körper uneingeschränkt auf Gedanken reagiert, und umgekehrt – jemand, der fühlt, was er denkt, und denkt, was er fühlt. Bewußtsein ist nicht ein Phänomen nur des Gehirns, in dem das Cerebrum wie in einem Glaskasten sitzt, losgelöst von seinen entsprechenden Gegenstücken im Körper. Bewußtsein ist ein Zustand des Gesamtorganismus. Es ist gleichbedeutend mit Denken, das wie Bewußtheit oder Wahrnehmung ein augenblicksgebundener Prozeß ist, der immer einen Inhalt hat. Wenn dieser Inhalt unmittelbar auf einen unbewußten Prozeß bezogen ist, bezeichne ich dieses Phänomen als ›Bewußtsein‹. Wenn der Inhalt ohne Beziehung oder nur symbolisches Derivat unbewußter Prozesse ist, bezeichne ich dieses Phänomen als ›Bewußtheit‹. Gemeinhin benutze ich den Begriff ›Bewußtheit‹, um nichtverknüpfte Gedankenabläufe zu kennzeichnen, und ich benutze den Begriff ›Bewußtsein‹, wenn diese Abläufe voll verknüpft sind. Ich benutze ›Bewußtsein‹ in ganz anderem Sinne als dem sonst üblichen. Denn meiner Ansicht nach kann ein Mensch schlafen und dennoch bewußt sein oder wach und dennoch sehr unbewußt sein – in dem Sinne wie Neurotiker und Psychotiker unbewußt sind. Neurotiker können ein großes Maß an Bewußtsein haben, das heißt wahrnehmen und registrieren, aber per Definition nicht vollends bewußt sein. Das ist so, weil Neurosen und Psychosen (die ich im weiteren als ›psychische Krankheiten‹ bezeichnen werde) veränderte Bewußtseinszustände sind« (Janov, 1977, S. 15 f.).

Es ist wichtig, diese beiden Bereiche noch einmal herauszustellen. Der Begriff »Bewußtsein«, wie er in herkömmlichen Theoriesystemen verwendet wird, ist bei Janov identisch mit dem Begriff »Bewußtheit« (engl. awareness), während es den Begriff »Bewußtsein« (engl. consciousness), der sich auf den Gesamtorganismus bezieht, in anderen Theoriesystemen in dieser Form nicht gibt.

Zustand des Gesamtorganismus meint nach Janov auch, daß auf jeder Stufe der Kindheitsentwicklung »Bewußtsein« eine jeweils andere Ausprägung erhält. So verfügt bereits der Embryo über »Bewußtsein«, auch wenn er über sich noch nichts weiß. Sofern innerhalb seiner Körperprozesse noch der ungehinderte Fluß der Nervenendungen in die Zentralsysteme gegeben ist, ist dieser Bereich »bewußt« im Sinne der Definition. Ganz abgesehen davon, daß auch hier wieder Prozesse beschrieben werden, die nichts spezifisch Menschliches umgreifen, zeigt sich die Brauchbarkeit eines derartig gefaßten Begriffes auch an folgendem: Der Begriff Bewußtsein wird vollständig herausgelöst aus jeder metaphysischen Dimension, er wird nicht mehr als *Leistung* irgendwelcher komplexer Systeme (die erst heranreifen müssen) beschrieben, sondern als ein allen lebenden Organismen innewohnendes Prinzip. Im Sinne Janovs existiert Bewußtsein bereits auf der einfachsten zellularen Ebene.

»Man hat diesbezügliche Untersuchungen mit Würmern (Planaria) angestellt, in denen man die Würmer zunächst trainierte, auf Licht zu reagieren, dann wurden sie jeweils in zwei Hälften geschnitten und einen Monat später wuchen den kopflosen Hälften neue Köpfe nach. Die mit neuem Kopf erinnerten sich fast genauso gut wie die anderen. Der Versuchsleiter schloß daraus, daß die Erinnerung in den einzelnen Zellen gespeichert wurde und nicht nur im Gehirn. Was für Planaria zutrifft, könnte für alles organische Zelleben gelten. Daraus folgt, daß Bewußtsein völlig neu betrachtet werden müßte – als ein *totales* System von Körper und Geist« (Janov, 1977, S. 247).

Dieses »Bewußtsein« auf der Ebene der Zellen hat nicht nur Konsequenzen im Bereich niedrigster Lebewesen; es gilt für menschliches Zellgewebe gleichermaßen:

»Konkreter, wenn bei Patienten in der Primärtherapie im Zusammenhang mit Primals, die ein physisches Geburts- oder Kindheitstrauma betreffen, Druckstellen und Blutergüsse aus jener Zeit wieder auftreten, dann sind fraglos Schleusensysteme am Werk. Ähnlich, wenn ein Primärpatient in einem Primal eine Mandeloperation wiedererlebt und dabei einen entzündeten, blutenden Pharynx hat, dann hat irgendeine Form von Schleusung diese Reaktion in potentieller oder latenter Form vormals zurückgehalten. Andersherum gesehen stellt sich die Frage: *Wo* waren derartige Verletzungen, *bevor sie wiedererlebt* wurden? Und wie sind sie in den Zellen gespeichert? Primärtherapeutische Phänomene wie diese sprechen überzeugend für ein Bewußtsein *auf der Ebene der einzelnen Zellen* und für starke Schleusensysteme, die bei einer Neurose verhindern, daß wir dieses Bewußtsein wahrnehmen. Primärtherapie ist keine Psychotherapie, sondern eine *psychophysische* Therapie, die Zugang selbst zu zellularen Aufzeichnungen früher Schmerzen hat« (Janov, 1977, S. 147).

Den Zustand, in dem bestimmte Ereignisse vom Bewußtsein abgespalten sind, nennt die Primärtherapie »unbewußt«. So gesehen hat auch das »Unbewußte« nichts Mythologisches (oder Archetypisches) mehr an sich, das – aus dem Dunkel des Es oder des Uterus oder gar der Vorfahren kommend – irgendwann einmal zu »Bewußtsein« werden soll, sondern es bedeutet ein Stück »Ausgliederung«. Ein anderes Unbewußtes gibt es nicht. Körperprozesse des Embryonen können beim Vorliegen überstarker Reizerfahrung bereits im Uterus zu einer »unbewußten« Erfahrung werden. Und dahinter liegt nicht mehr verborgen als die *Abtrennung* eines Teils der Erfahrungen von einem anderen Teil der Erfahrungen.

»Abwehr«, um zu unserem Ausgangspunkt zurückzukehren, ist in diesem Zusammenhang nichts anderes als der Versuch des Gesamtorganismus, diese Abspaltung der Schmerzerfahrung um jeden Preis aufrechtzuerhalten. Alle organismischen Äußerungen, die dieser Funktion dienen, werden dem Begriff ebenso zugerechnet wie alle Formen, in denen der Erwachsene (in einer ungleich erweiterten Palette) seinen Schmerz untenzuhalten trachtet. Dabei sind Äußerungsformen dieses Prozesses unglaublich vielfältig. Im Grunde genommen kann die Lebensform eines jeden Menschen als hochgradig von seiner Abwehr diktiert beschrieben werden. Das mag zunächst übertrieben anmuten, es zeigt sich jedoch bei Primärpatienten, die den größten Teil ihrer Abwehr aufgeben konnte, daß sie gewichtige Teile ihres Lebensumfeldes (Berufe, Hobbies, Ideologien, Wohn- und Urlaubsverhalten, Freunde etc.) vollkommen neu organisieren. Dieser Punkt sei hier jedoch nur am Rande festgehalten.

Nun gibt es Stimmen, die behaupten, Abwehr (oder besser: Abwehrmechanismen) seien notwendig, um in dieser Gesellschaft ein erträgliches Leben führen zu können. Dieses Argument macht aus der Not (die meisten Abwehrfiguren bisher nicht durchbrechen zu können) eine Tugend (daher seien sie wohl notwendig) – es wäre identisch mit der Behauptung, *psychische Deformationen* seien notwendig, um in dieser Gesellschaft existieren zu können. Man muß sich klarmachen, daß der Begriff der Abwehr nur die Rückseite der Medaillen »Neurosen«, »Psychosen« und »Krankheit« wiedergibt. »Abwehr« heißt nämlich ebenso: Ein Schmerzpotential (das an ein konkretes Geschehen – an eine Szene gebunden ist), das von den übrigen Geschehnissen abgespalten ist, nistet sich unbemerkt und für das Individuum nicht mehr durchschaubar in andere Lebensäußerungen ein. *Hier setzt es sich als das durch, was in der Psychopathologie als »Symptom« bezeichnet wird.* An dem zitierten Beispiel der »Gruppenangst« wird das deutlich. Die ungeheure Schmerzerfahrung »Die Mutter ist nie für mich da«[5a] mischt sich über die Vermittlungsebene »Karnevalserlebnis« in alle für den Erwachsenen wichtigen Gruppenerfahrungen als ein gesamtorganismisch (Schweiß, verkrampfter Hals, nahe Ohnmacht) besonders starkes Angstpotential. Anders als die Psychoanalyse sieht die Primärtherapie den Zusammenhang zwischen neurotischem Symptom und Abwehr sehr viel direkter. »Neurose« ist in *sämtlichen* ihrer Erscheinungsformen eine symbolisierte Form der dahinterliegenden Schmerzerfahrung. Damit ist das neurotische System selbst zu einer Form der Abwehr geworden, einer Abwehr des ursprünglichen Ereignisses (bzw. mehrerer Ereignisse – die Determination zieht sich entsprechend den Körperorganisationen des Kindes über mehrere Entwicklungsebenen.) Mehr noch: Neurose ist zu einer lebenswichtigen Operation geworden – sie stellt für das Kind die einzige Möglichkeit dar, eine erdrückende Situation buchstäblich zu überleben. Natürlich existieren daneben noch Formen der Abwehr, die, gleichsam als flankierende Maßnahmen, verhindern sollen, daß frühe Schmerzerfahrungen spürbar werden: Rauchen, Trinken, Drogen, Medikamente, Süßigkeiten, aber auch übertriebene Formen von Essen, Sexualität, Arbeit, Hobbies etc. (Betätigungen also, die gemeinhin nicht unter den Begriff des »neurotischen Symptoms« gerechnet werden).

Primärtherapie, so hatten wir gesagt, heißt in diesem Kontext, Zugang zu den abgespaltenen Gefühlen zu schaffen, heißt, die oben beschriebenen Abwehrfiguren, die diese Zugänge blockieren, zu überwinden. Konsequenterweise bekommen die Patienten denn auch die Anweisung, all diese Formen der Abwehr bereits einen Tag vor ihrer Therapie aufzugeben (in der Regel reicht das aus, die Abwehr total zu durchlöchern). Anders formuliert, Primärpatienten werden auf diese Weise unausweichlich in ihren Schmerz getrieben. Das mag auf den ersten Blick grausam (oder gefährlich) anmuten. Die Frage stellte sich (für fast jeden Patienten): Woher weiß ich, daß ich diesen Schmerz aushalten kann, daß ich nicht in die Psychose abgleite? Und in der Tat berichten eine Reihe von Primärpatienten, daß sie *in ihren Primals* das sichere Gefühl hatten, jetzt psychotisch zu sein (ein oft wiederkehrendes Phänomen ist beispielsweise das Gefühl, das gesamte Gehirn stünde in Flammen). Es hat sich bei allen diesbezüglichen Erfahrungen bisher jedoch eher das Gegenteil herausgestellt, je mehr Schmerz gefühlt wird, um so geringer ist die Möglichkeit für ein reales Abgleiten in die Psychose.[6]

Das verwundert deshalb nicht, weil Psychose eine genau entgegengesetzte Dynamik aufweist. Psychose ist sozusagen die Ultima ratio der Abwehr, den Schmerz im Griff zu halten. Aus diesem Grund werden an Janovs Instituten auch eine Reihe – wenn auch nicht alle – von Psychotikern behandelt (vgl. dazu die Fallbeschreibung von Ted dem Psychotiker, in: Janov, 1976, S. 143).

Noch etwas ist eminent wichtig: In anderen Wissenschaftsrichtungen wurde der Begriff »Neurose« oft diskutiert als eine »Veranstaltung« des *Gehirns* (des Geistes, der Seele, des Gemüts etc.), also mehr oder weniger als eine Krankheit der Vorstellungen, Wahrnehmungen, die keine (oder nur unter dem Etikett »psychosomatisch« eine) gesamtkörperliche Dimension hat. Das psychoanalytische Modell, das die Neurose ebenso wie die psychische Entwicklung des Menschen zwar innerhalb eines Instanzenmodells (von Es, Ich, Über-Ich) behandelt – also auch zunächst einmal im Kopf ansiedelt –, hat noch am ehesten die körperlichen Bestandteile in der Entstehung dieser Erkrankung gesehen. In ihrem Phasenmodell (oral, anal, phallisch) ist die körperliche Beteiligung schon tief enthalten, dennoch liegt das Schwergewicht ihrer Arbeit und ihrer Erkenntnisse im psychischen Bereich. Anders in der Primärtherapie. Sie kennt weder Psyche noch Soma. Der Begriff »Neurose« benennt hier in jedem Fall eine schwere gesamtorganismische Störung. Und das nicht aus theoretischen Erwägungen: Es hat sich in den primärtherapeutischen Behandlungen gezeigt, daß jede Form der Neurose (und das beinhaltet die gesamte Palette der klassischen Neuroseformen: Zwangs-, Angst- und Konversionsneurosen ebenso wie Perversionen und viele Kriminalitätsformen und die »exogenen« Psychosen) die gleichen gesamtorganismischen Grundlagen in sich trägt: nämlich ein unerträglich großes Quantum an körperlichem Schmerz. Anders gesagt: Jede dieser Formen stellt sich dar als eine *spezifische* Verarbeitungsform aufgrund *spezifischer* Schmerzszenarios. Und es hat sich ebenso gezeigt, daß in dem Wiederbeleben und Wiedererleben der schmerzhaften Ereignisse, bis hinunter zur Geburt, die gesamte Palette der eben aufgeführten Symptomformen verschwindet. Mit dieser Erfahrung setzt sich die Primärtherapie in Widerspruch zu sämtlichen anderen bisher bekannten Therapieformen. Sie behauptet von sich, (fast) jede der im Sozialisationsverlauf entstandenen »psychophysiologischen« Erkrankungen nach dem gleichen Rezept behandeln und heilen zu können. Mehr noch, sie behauptet, daß die überhaupt möglichen Störungen alle nach dem gleichen Muster einer überstarken Traumatisierung verlaufen. Diese Traumatisierung sei rückholbar, und *in dem Zurückholen liege die Heilung.* Das Wörtchen »fast« muß erläutert werden. Einerseits ist klar, daß Primärtherapie die vollständige Zerstörung von Gewebe nicht ungeschehen machen kann. Eine

Amputation z. B. ist nicht zu heilen, wenn auch die mit der Amputation verbundenen Symbolisierungen und Symptombildungen aufgehoben werden können. Darüber hinaus kann der Grund für die Amputation gefühlt und (oft) der Schmerz und die Absurdität eines derartigen operativen Eingriffs (z. B. bei einer Mandeloperation) dem Bewußtsein zugänglich gemacht werden.

Andererseits gibt es Persönlichkeitstypen, die der Heilung allein deshalb nicht zugänglich sind, weil so ziemlich ihr gesamtes System aus Abwehr besteht – sie haben in der Regel auch keinen Leidensdruck. Dazu ein kurzer Abschnitt aus einem Interview, das die schwedische Journalistin Hedda Waldenstrom am Primal Institute aufgenommen hat:

>»Hedda: Glauben Sie, daß jeder mit Primärtherapie zu behandeln ist?

Art (Arthur Janov): Nein, Psychopathen sind sicherlich mit Primärtherapie nicht zu behandeln. Was dann dabei herauskommt, ist ein integrierter Psychopath. Was wir nicht heilen können, sind die Schwindler und Betrügertypen. Wie zum Beispiel Richard Nixon. Nixon ist nicht behandelbar. Zuerst mal würde er niemals erkennen, daß er Schmerzen verspürt, außer du hast ihn etwa zehn Jahre auf der Matte und haust ihm seine Abwehr kaputt. Doch sogar dann noch würde er die Therapie in seine Schwindelideologie einbauen. Weißt du, es gibt solche Leute. Leute, die alle Extremformen in den Rahmen ihrer Psychopathie integrieren können. Deshalb kannst du Psychopathen nicht ›knacken‹. Es ist das ›Gebrauchtwarenhändler-Syndrom‹. Ich behandle kaum Verkäufer oder Geschäftsleute, weil ich glaube, daß sie per definitionem Psychopathen sind.

Hedda: Was ist Ihre Definition eines Psychopathen?

Art: Oh, sie sind ohne Bewußtsein. Typen, die schwindeln und betrügen (Hustle-and-con kind of guys), glatte Burschen. Solche, die manövrieren, manipulieren und überall die Spuren ihrer Zerstörung hinterlassen.

Hedda: Was fühlt ein solcher Typ von sich selbst?

Art: Der fühlt überhaupt nichts. Alles, was er weiß, ist Lügen und Betrügen.

Michael (Holden): Ein Psychopath ist z. B. jemand, der ein Auto stiehlt und den es nicht weiter kümmert. Er empfindet keine Schuld darüber. Und das ist es, was wir mit Bewußtseinslosigkeit bezeichnen. Eine Person, die kein Gefühl von Schuld entwickelt, egal was sie auch tut. Sie befindet sich die ganze Zeit auf einer hohen Ebene vorsätzlichen Intrigantentums. (...)

Hedda: Ich glaube fast, daß ich über eine andere Sache rede. In Schweden ist ein Psychopath ein Krimineller und...

Art: Nein, wissen Sie, nicht alle Kriminellen sind Psychopathen.

Hedda: Stimmt.

Art: Aber die vom Typ Nixons sind es. Sie können Millionen Menschen töten, ohne auch nur mit dem Auge zu blinzeln.

Michael: Zum Beispiel im Vietnam-Krieg.

Hedda: Gibt es noch andere Leute, die unbehandelbar sind?

Art: Psychose ist nicht behandelbar, es sei denn, es gelingt, sie mit Drogen in einen Zustand zu bringen, in dem man mit ihnen kommunizieren kann. Doch was noch wichtiger ist, sie müssen genügend Ich, um einen Freudschen Begriff zu verwenden, übrighaben. Genügend Stärke in ihrem Leben. Irgendwo etwas Positives, das es ihnen ermöglicht, den hochkommenden Schmerz zu integrieren. Falls ihr gesamtes Leben aus nichts als Schmerzen besteht, dann wird alles, was hochkommt, sie zerstören.

Michael: Und dann werden sie so zerbrechlich sein wie ein ein oder zwei Wochen altes Kind. Sie haben kein symbolisches Sub-System, das diesen Schmerz begreifen könnte. Es ist wie manchmal in der Primärtherapie, daß es am Anfang sinnvoll ist, die Abwehr einer Person zu stärken, bevor wir ihr Zugang zu ihrem Schmerz verschaffen. Weil für manche Leute dieser Zugang zum Schmerz desintegrierend ist.

Hedda: Was Sie jetzt aber wirklich gesagt haben, ist, daß die einzige Psychotherapie, die wirklich hilft, nicht jedem wirklich hilft.

Art: Ja, das ist richtig. Sehen Sie, wir machen Ihr Leben nicht. Wenn Sie das schlimmste Leben hatten, das überhaupt möglich ist, kann ich Ihnen Ihre Kindheit nicht zurückgeben. Wir machen hier kein Voodoo und auch keine Zauberei. Was wir tun können, ist, zu helfen, Ihren Schmerz zu fühlen, aber nur wenn Sie genügend Ich-Kräfte haben, ihn auch fühlen zu können. Die meisten Menschen auf der Welt können das. Doch wenn sie sehr gut funktionieren und wenn sie nicht das Gefühl haben, im Elend zu stecken, wofür brauchen sie dann eine Therapie?«

(Journal of Primal Therapy, Vol. IV, No 1, 1977, S. 94 f., Übersetzung von mir, P. O.).

Kehren wir noch einen Moment zu dem Begriff der *Heilung* zurück. Ich habe den primärtherapeutischen Prozeß der Heilung (= Aufhebung der Neurose) beschrieben als einen Vorgang, der an das *Zurückholen* der alten Traumatisierung (mit allen körperlichen Begleiterscheinungen, wobei auch das Fühlen dessen, was da passiert, ein körperliches Phänomen ist) gebunden ist. Es stellt sich die Frage, was eigentlich in diesem Zurückholen das »Aufhebende« ist.

Die Antwort findet sich erst, indem wir uns noch einmal vergewissern, was in der Traumatisierung (damals) passierte. Ich habe im ersten Kapitel gezeigt, daß ein überstarkes Reizquantum in der Reaktion des Kindes nicht vollständig abgeführt werden konnte und daraufhin in abgespaltener Form im Körpersystem des Kindes steckenblieb. Dieses »Steckenbleiben« ist sozusagen das »Wesen« des Begriffes »Krankheit« – es bildet (verbunden mit dem Spezifikum der Situation) eine Interaktionsform. Allerdings eine Interaktionsform, die von den übrigen Interaktionsformen abgespalten ist (an anderer Stelle habe ich diese abgespaltenen Interaktionsformen »Matern« genannt; vgl. Orban, 1976, S. 55).

Heilung ist in diesem Kontext das Phänomen, bei dem der ehedem abgespaltene, d. h. *unterbrochene* Vorgang der Bearbeitung jener früheren traumatischen Reizfülle wiederaufgenommen wird. Das heißt, Heilung beginnt an der Stelle, an der die *Reaktion* auf den traumatischen *Reiz* an dem Punkt wiedereinsetzt, an dem sie vorher unterbrochen war, *und* endet in dem Moment, in dem der ursprüngliche Reiz-Reaktions-Zirkel zu Ende geführt ist, in dem Moment, in dem das gesamte Reizquantum in der Reaktion abgeführt ist. Dieses in der Beschreibung sehr einfache Modell hat freilich für die Realität ungleich dramatischere Auswirkungen. Zunächst einmal liegt darin, daß das Individuum an die *Szene* herangeführt werden muß, in der sich die damalige Abspaltung vollzog. Diese Szene ist in *jedem Fall* ein Moment des Leidens. Die gesamte Qual der damaligen Situation ist mit allen Begleiterscheinungen aktuell präsent und heischt danach, zu Ende geführt zu werden. Diesen Prozeß, der – bezogen auf ein damaliges Ereignis oder Ereignisbündel – einen Anfang hat (die ursprüngliche Situation der Abspaltung), einen Verlauf (das Durchleiden des Reizes in der Reaktion) und ein Ende (die vollständige Abfuhr der Schmerzquanten aus dem System), nennt die Primärtherapie einen *Primal*.

Dabei ist es beileibe nicht so, daß innerhalb *einer* therapeutischen Sitzung jeweils ein damaliges Ereignis bewältigt wird. Oft benötigt eine bestimmte Szene mehrere Primärereignisse; in besonders krassen Fällen kann eine Szene Dutzende, ja Hunderte von Primärereignissen auslösen, bis sie vollständig bearbeitet ist. Das ist abhängig davon, welchen Schmerz der Patient bereits zulassen kann und welchen Schweregrad an Schmerz das ursprüngliche Ereignis hatte. Wir sehen, der Zusammenhang zwischen Neurose und Heilung liegt darin, daß ein ursprünglich gestoppter Prozeß weitergeführt wird. Wichtig ist, daß sich für diesen Zusammenhang eine enge Wechselwirkung zwischen *Leiden* und *Heilung* ergibt. Ja, es ist das Verdienst der Primärtherapie, daß sie auf den Prozeß des Leidens (in seiner Wichtigkeit für die Phylo- und Ontogenese) aufmerksam gemacht hat.

So verwirrend es auf den ersten Blick klingen mag, Leiden ist beides: Anzeichen dafür, daß etwas zerstört worden ist, *und* das einzige Vehikel für den Prozeß der Heilung. Darin liegt nun kein Moment von Quietismus – es ist nicht gefordert, auszuhalten und zu leiden. Im Gegenteil, *Leiden ist ein aktiver Prozeß*. Und ich rede an dieser Stelle nicht etwa nur vom primärtherapeutischen Behandlungsverlauf. Die »dialektische Einheit von Leiden und Heilung« (Holden) gilt für jede Lebenssituation. Dafür ein Beispiel:

»Im November 1975, als der Sohn eines Patienten sechs Jahre alt war, schloß ein Freund die Kofferraumtür eines Wagens und klemmte zwei Finger des Sohnes dabei ein. Die Finger waren zwar nicht gebrochen, doch sie waren ziemlich gequetscht, und der Sohn weinte und schrie in großer Verzweiflung etwa zwanzig Minuten lang. Danach hörte er auf zu weinen, weil er ganz offenkundig nicht mehr konnte. Zwei Tage später, am späten Vormittag, war er sehr irritiert und aufgeregt. Als ob von einem Zwang getrieben, setzte er sich mit Papier und Bleistift an den Tisch, hielt den Bleistift in der verletzten Hand und versuchte heftig, ein Quadrat und andere geometrische Figuren zu zeichnen. Als er dies versuchte, tat er seiner Hand immer mehr weh, und er wurde zunehmend enttäuschter und wütender über seine Unfähigkeit zu zeichnen. Er geriet immer mehr außer sich und schrie schließlich: ›Ich kann nicht zeichnen! Ich kann nicht zeichnen! Ich kann nicht zeichnen!‹ Dann, in einem tobenden Anfall von Schmerz, fiel er vom Stuhl, auf dem er saß, umklammerte sein rechtes Handgelenk und schrie: ›Meine Hand, meine HAND!!‹ Sofort danach fiel er in ein totales Primärereignis, wälzte sich auf dem Boden und zuckte in verzweifeltem Schreien und Weinen. Sein Primärereignis – über einen Schmerz, der zwei Tage lang ungeheilt blieb – dauerte etwa zwanzig Minuten. Danach war er vollkommen ruhig und erschöpft und sagte mit einer sehr überrachten Stimme: ›He, meine Hand tut überhaupt nicht mehr weh!‹ Danach heilten die Wunden an seinen Fingern mit einer ungewöhnlichen Schnelligkeit und waren vier Tage nach seinem Primärereignis kaum mehr sichtbar« (Holden, 1977, S. 15 f.).

Das Kind hat eine überstarke Traumatisierung seiner Hand erfahren, die in der ersten *Reaktion* (Weinen und Schreien) nicht hatte abgeführt werden können. Nach etwa zwanzig Minuten wurde der Schmerz unerträglich, und der Prozeß stoppte. An dieser Stelle fand dann die Abspaltung statt mit dem Ergebnis, daß der Heilungsprozeß sistiert wurde. Zwei Tage später wurde das Ereignis noch einmal thematisiert, und in der darauffolgenden Reaktion (wieder Schreien, Weinen, Auf-dem-Boden-winden) gelang es, das Ereignis vollständig abzuführen. Daraufhin erfolgte eine Heilung auch des zerstörten Gewebes in ungewöhnlich kurzer Zeit.

Es muß natürlich gesehen werden, daß der geschilderte Verlauf nur deshalb in dieser Idealform ablaufen konnte, weil das betroffene Kind Hilfe von außen erhielt. Hilfe insofern, als der Vater in diesen Verlauf der Heilung eben *nicht* eingriff. Er konnte es ertragen, daß dieser Schmerz der Schmerz seines Kindes war, und so sah er keine Veranlassung, das Kind aus dem Schmerz herauszuholen, wie es normale Eltern mit großer Sicherheit getan hätten. Es ist eine primärtherapeutische Erfahrung, daß Eltern normalerweise ein derartiges Ereignis deshalb nicht ertragen können, weil sie in dem Schmerz ihres Kindes unmittelbar an einen großen Teil ihres eigenen ungelösten Kindheitsschmerzes herangebracht werden. Insofern unternehmen sie alles, ihr Kind aus dieser Situation herauszuführen. Üblicherweise verläuft dieser Prozeß dann so, daß der kindliche Organismus bei diesem (sehr schmerzhaften) Versuch, eine Heilung herbeizuführen, zusätzlich noch bestraft (also noch einmal traumatisiert) wird.

Ich will die Erörterung der primärtherapeutischen Ergebnisse jetzt abbrechen. Sehr vieles muß ungesagt bleiben, einiges wird in den nachfolgenden Kapiteln noch ergänzt. Insgesamt ging es mir darum, an einem Modell *konkreter* Erfahrungen zu zeigen, daß Früherfahrungen beim Kinde gebildet und gespeichert werden und daß sie unter bestimmten Bedingungen wieder abgerufen werden können. Weil dieses Modell sehr neu ist und zunächst einmal auf ungläubige Ablehnung gestoßen ist (ohne daß die meisten der Kritisierten es freilich ausreichend zur Kenntnis genommen haben), sah ich mich genötigt, es ausführlicher darzustellen, als ich das getan hätte, wenn es ein allgemein bekanntes Modell wäre.

Halten wir noch einmal fest, was die ersten beiden Kapitel erbracht haben. Ich hatte gezeigt, daß die erste Phase der Menschwerdung bestimmt ist durch Interaktionsbeziehungen, die an vielen Stellen den Charakter von Traumatisierungen haben. Ich habe weiterhin gezeigt, daß diese Schmerzerfahrungen im Körpersystem des Kindes ihre Spuren hinterlassen, daß sie zu »Interaktionsformen« werden, die den Gesamtorganismus des Kindes in starker Weise beeinflussen, *und* daß diese Interaktionsformen in einem geeigneten therapeutischen Setting noch einmal erlebt werden können und sich dann in *neuer Form* auf den Organismus auswirken. Es wird Kenner der Interaktionstheorie etwas verwirren, wenn ich sage, daß die *Interaktionsform* wiedererlebt wird. Bisher war der Begriff Interaktionsform ja für das »Wesen« psychischer und organismischer Strukturen reserviert, und was hervorgetrieben werden konnte, waren allenfalls Derivate dieses Wesens, also das, was an realen Interaktionen aus diesen Interaktionsformen gespeist wurde. In der Tat ist das, was alltäglich passiert, ebenso wie das, was der Psychoanalytiker in seiner Praxis zu hören und zu sehen bekommt, etwas Abgeleitetes. Das jedoch, was sich auf dem Boden des primärtherapeutischen Raumes ereignet, ist eine Wiederkehr des damaligen Ereignisses mit allen dazugehörigen Begleiterscheinungen. Es gibt hier nichts mehr, was dahinterliegt. Es ist keine Information über etwas Damaliges, es ist auch keine Wiederkehr des Verdrängten, es ist das Damalige im Original. Es ist sogar mehr als das. Es ist das zu Ende geführte

Damalige. Es ist sozusagen das Original in zeitlicher Verschiebung.

Im nächsten Kapitel werde ich zu zeigen versuchen, welcher Möglichkeiten sich der Organismus bedient, um diese Vorgänge in der eben beschriebenen Form ablaufen zu lassen.

3. Zur Physiologie
der Interaktionsform

Während im ersten Kapitel abstrakt ein Modell skizziert wurde und im zweiten empirische Erfahrungen in das Modell integriert wurden, sollen in diesem Kapitel sehr viel konkreter die neurophysiologischen Grundbedingungen der geschilderten Vorgänge hergeleitet werden. Dabei kommt es nicht so sehr darauf an, daß jedes Detail der vorliegenden Aussagen in ein neurophysiologisches Konstrukt eingelassen wird (das ist beim heutigen Stand dieser Wissenschaft auch nicht möglich – schon gar nicht kann es von dem Autor, der Soziologe ist, geleistet werden), sondern wichtig erscheint mir, auf die Stellen in neueren physiologischen Arbeiten hinzuweisen, die eine derartige Sichtweise unterstützen.

Der Grund ist folgender: Die bisherigen Arbeiten über Probleme der Sozialisation haben sich im wesentlichen um den gesamtkörperlichen Rahmen nicht gekümmert. Daß jedes Kind einen Körper hat und daß jede psychische Verletzung erst einmal eine körperliche Verletzung ist, hat den Sozialisationsforscher bisher wenig interessiert. Er hatte zwei Modelle und entschied sich je nach Gusto für ein Strukturmodell von »Es, Ich und Über-Ich« oder für ein »Stimulus-Response«-Modell (wenn er nicht in ein Rollentheorie-Modell verfiel) – bei diesen Modellen aber bleiben die Grundvoraussetzungen für das, was körperlich möglich und notwendig ist, ungeklärt. Es ist die Absicht dieses Kapitels, einige Grundvoraussetzungen des eben skizzierten Interaktionsmodells herzuleiten.

Ein kurzer Überblick soll zunächst zeigen, auf welche Weise der Entwicklungsvorgang organischen Lebens zu denken ist. Ich gehe dabei aus von den Grundbedingungen einzelliger Organismen (etwa einer vielzitierten Ur-Zelle). Es ist heute bekannt, daß für einen derartigen Organismus (wenigstens) drei Grundbedingungen gelten müssen. Er muß seinen eigenen Bauplan gespeichert haben (zusammen mit bestimmten Stoffen, die die Anordnungen des Bauplans abrufen können); er muß eine Hülle aufweisen, mit deren Hilfe er sich eindeutig gegen außen abgrenzen kann; er muß eine Offenheit nach außen bewahren, durch die der Energieumsatz gewährleistet wird. Wir wissen heute, über welche Wege diese Erfordernisse erfüllt werden: Den Bauplan bildet das RNS-Molekül (die einzelnen Verwirklichungsschritte werden durch Enzyme festgelegt) und die Hülle, welche beide Forderungen nach Abgegrenztheit und Offenheit zugleich erfüllt, besteht aus einem semipermeablen Membrangewebe, das nach qualitativen Gesichtspunkten (der Molekularstruktur) Stoffe aus der Außenwelt in die Zelle hineinfiltern kann. Dabei ist entscheidend, daß diese Hülle gleichsam eine *Erkenntnisleistung* vollführen muß; sie muß nämlich auswählen können, welche Stoffe zur Aufrechterhaltung der Zelle dienen und welche ihr gefährlich werden können.[7]

Es ist dies ganz sicher eine Leistung, die sich später in der Funktion des ›Geschmacks‹ auf komplizierterer Ebene niedergeschlagen hat. Wir sind, wie Ditfurth notiert,

> »gewissermaßen ›biologische Opportunisten‹, die gelernt haben, aus der Not eine Tugend zu machen: ›Süß‹ ist für uns aus dem einzigen Grund ein angenehmes Geschmackserlebnis, weil Zucker biologisch für uns notwendig ist« (Ditfurth, 1976, S. 45).

Und er fügt eine Bemerkung hinzu, die unser zweites Kapitel um einen wichtigen Aspekt ergänzt:

> »Was damit über so elementare leibliche Gefühle wie die mit dem Geschmack verbundenen gesagt ist, gilt für alle anderen emotionalen Regungen auch. ›Gefühl‹ ist immer der Widerschein einer grundsätzlich autonomen, außerhalb der psychischen Ebene selbständig ablaufenden biologischen Funktion« (a. a. O.).

Lassen wir dies zunächst so stehen und nehmen diesen Faden an einer späteren Stelle wieder auf.

Welchen Weg legte diese Ur-Zelle, in der sich gleichsam alle Eigenschaften des Lebendigen in einem Raum zusammengeschlossen befinden, in ihrer weiteren Entwicklung zurück?

Nun, es kam zu einem Zusammenschluß mehrerer dieser Zellen, zu einem Zellhaufen und damit zu neuartigen Organismen. Im Verlauf der Evolution erfolgte innerhalb dieser mehrzelligen Organismen eine gewisse Spezialisierung der einzelnen Zellen (die jetzt schon nicht mehr getrennt existieren konnten). Gewisse Zelltypen übernahmen Fortbewegungsfunktionen (bildeten Geißeln aus), andere übernahmen Wahrnehmungs- oder Fortpflanzungsfunktionen etc. Dennoch, und das gilt bis zum heutigen Tag für *jede* Zellform, blieben die beschriebenen Grundfunktionen erhalten. Mehr noch, es stellte sich heraus, daß durch das Hinzutreten eines Zellkerns (den die Ur-Zelle nicht unbedingt besessen haben muß) jede einzelne Zelle eine Art Speicher (»Gedächtnis«?) angelegt hat, dessen Funktion es war, bestimmten Formen der Gefährdung auszuweichen bzw. sich bestimmten Formen von positiven Ereignissen zuzuwenden. Zu diesem Zweck aber mußte der Kern Merkprogramme entwickeln und speichern. (Das kann bei der einzelligen Amöbe sehr gut beobachtet werden.)

Wenn auch die verschiedenen Funktionen bei Mehrzellern jetzt arbeitsteilig von speziellen Zelltypen vorgenommen wurden, so bleibt doch die Tatsache bestehen – und das ist der Kern unseres Arguments –, daß in jeder einzelnen Zelle gleichsam die Ausgangsbedingung für alle Funktionen weiterhin vorhanden ist. Auch an den Stellen, an denen die einzelne Zelle schon lange nicht mehr lebensfähig ist (wenn man sie aus ihrem Verband herauslöst), trägt sie potentiell alle für das Leben notwendigen Eigenschaften in sich.

Während der weiteren Entwicklung organischer Lebensformen differenzierten die arbeitsteiligen Zellformen immer mehr, und es bildeten sich Zellen aus, die speziell die Aufgabe hatten, »Informationen« von anderen Zellgruppen zu übernehmen und zu koordinieren (verbunden mit der Aufgabe, die Ergebnisse dieser Koordination an andere Zellgruppen weiterzuleiten): Es bildete sich die *Nerven*zelle. Im Gegensatz zu den Einzellern, die keine besondere »Bahnung« für die Übermittlung ihrer Information benötigten (denn die Zellflüssigkeit führte das innerhalb der Zelle sehr wirkungsvoll durch), durchlaufen bei Mehrzellern mit Nervensystem diese Informationen feste Bahnen und teilen ihre »Botschaften« über bestimmte Vermittlungsschritte hinweg ihrem Empfänger, der Nervenzelle, mit. Im Zusammenhang mit der Konstruktion der Nervenzelle entstand allmählich ein System, das diese Nervenzellen miteinander verband; die Anfänge des *Nervensystems* bildeten sich. In Abbildung 1 wird sichtbar, wie dieser Nervenverband (in einer heute noch existierenden Form) aussehen kann. Gerade bei dieser primitiven Form eines Wurms (eines Plattwurms), der schon ein Nervensystem mit dem Koordinationszentrum »Gehirn« ausgebildet hat, haben die Neurophysiologen die erstaunliche und von mir schon referierte Eigenschaft festgestellt, daß die Lernprozesse dieses Wesens nicht etwa dadurch entfallen, daß der Teil mit dem Gehirn abgetrennt wird:

> »Diese Tiere haben eine erhebliche Regenerationsfähigkeit. Schneidet man sie in verschiedene Teile, ist es möglich, daß sich alle Teile wieder zu vollständigen, wenn auch erst kleineren Würmern entwickeln. Es heißt nun, daß wenn der Ausgangswurm trainiert wurde, die Ergebnisse dieses Trainings noch in allen regenerierten Teilwürmern nachgewiesen werden könnten – selbst in dem Wurm, der aus dem hinteren Ende des Ausgangswurms stammt« (Barnett, 1971, S. 57).

Gehirn   Nervenstrang

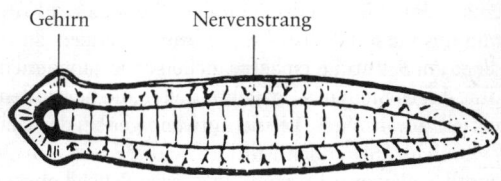

Abb. 1. Erläuterung im Text

Abgesehen davon, daß bei einem derart primitiven Organismus bereits »Lernleistungen« zu verzeichnen sind, unterstützen die Experimente mit dieser Wurmart unsere These, daß »Informationen« nicht allein in den Hirnarealen gespeichert werden, sondern ebenso in den Teilen, auf die die Information zuerst traf.

Auf welche Weise Lernleistungen[8] intrazellular gespeichert werden, darüber gibt es bis heute keine plausible Vorstellung. Doch setzen wir unsere Argumentation fort. Der Schritt von einer Ansammlung von Nervenzellen bis zum Zentralnervensystem (ZNS) und zu dem, was wir »Gehirn« nennen, ist nur ein vergleichsweise kurzer. Dabei muß gesehen werden, daß »Gehirn« hier noch nichts anderes heißt als eine Ansammlung von Nervenzellen, die in systematischer Weise eine Koordination der vegetativen Vorgänge übernimmt. Es entstand der Teil, der heute als »Hirnstamm« bezeichnet wird und der der Regelung allgemeiner Lebensvorgänge, wie Atmung, Temperatur, Verdauung, Stoffwechsel, Sekretion, Wasserhaushalt etc., dient. Dieser Hirnteil, auch Reptilienhirn genannt (weil bei Reptilien dieser Teil überwiegt), ist auch beim Menschen weiterhin vorhanden. Er wird hier freilich von anderen Systemen überwölbt – dennoch erfüllt er heute wie damals die gleichen Funktionen. Sein Vorhandensein bildet ein weiteres Beweisstück für die These, die wir schon für die Zelle herausgestellt haben, daß Basisfunktionen des Lebendigen ihre einmal als sinnvoll herausgebildeten Mechanismen beibehalten. Es ist, halten wir das nebenbei fest, auch der Teil, der bei der Embryonalentwicklung des Menschen als erster zu funktionieren beginnt. Und es ist ebenso der Teil, der aus diesem Grunde als erster Traumatisierungen zu registrieren in der Lage ist. Das heißt aber auch: Traumatisierungen dieser Periode sind unmittelbar solche des vegetativen Systems – und von daher oft lebensbedrohend. (Sie bedrohen eben die lebenswichtigen Vorgänge wie Körpertemperatur, Sauerstoffzufuhr usw.) Es ist heute erwiesen, daß Mütter, die während der Schwangerschaft rauchen, ihren Kindern weniger sauerstoffhaltiges Blut zur Verfügung stellen. Diese Kinder sind in statistisch auffälliger Weise kleiner und leichter bei der Geburt als Kinder von nichtrauchenden Müttern – und das ist nur die nach außen sichtbare Form der Traumatisierung. Welche internen Prozesse hier wirksam werden, so daß das körperliche Wachstum des Kindes davon betroffen ist, können wir nur ahnen.

Doch zurück zur Entwicklung des Nervensystems. Der Hirnstamm ist also beschäftigt mit der Koordination der lebenswichtigen Vorgänge; es ist überlebensnotwendig, daß dieser Teil des Nervensystems daher auch die Daten der Außenwelt sehr genau auf ihren Zusammenhang mit den lebenswichtigen Anforderungen des Organismus überprüfen kann. So verordnet er z.B. bei manchen Tieren »Winterschlaf« (d.h. ein Zurücksinken sämtlicher Körperfunktionen), wenn die äußeren Temperatur- oder Sonnenstandsbedingungen anzeigen, daß der Wärmehaushalt oder die Futterbeschaffungszeiträume (einer Tageslänge) bedrohlich abnehmen.

In diesem Teil liegen, wie wir später sehen werden, auch wichtige Zentren der Schmerzvermittlung (Abspaltung), weil die Schmerzregulation einer überstarken Reizfülle auf dieser Ebene gleichsam die wichtigste Überlebensforderung ist. So ist es auch kein Zufall, daß schon kleinere Verletzungen dieses Hirnteils mit absoluter Sicherheit tödlich sind. (Während eine Schußverletzung des Großhirns relativ große Überlebenschancen bietet, hat der sog. »Genickschuß« traurige Berühmtheit dadurch erlangt, daß er die einzige Körperstelle betrifft, bei der eine Verletzung sofort zum Tode führt.) In der weiteren Evolution des tierischen Lebens zeigte sich, daß dieser Hirnteil zunehmend erweitert wurde durch Strukturen, die auch andere Funktionen übernehmen konnten. Spezies wuchsen heran, die immer differenzierterer Interaktionen mit ihren Artgenossen fähig wurden. Zur Koordinierung dieser Programme, die jetzt ganzheitliche Verhaltensweisen wie Brut, Paarung, Rudelhierarchien und neuartige Gefahrensituationen umfassen mußten, reichte der vergleichsweise primitive Hirnstamm nicht aus. Eine neue Struktur bildete sich simultan an diesen Erfordernissen heraus: das Zwischenhirn oder »limbische System« (auch Paleosäugetier-Gehirn genannt).

Es ist wichtig, festzuhalten, daß beim hirnstammvermittelten Verhalten eine unmittelbare Einheit mit dem Körpersystem besteht. Das heißt, dieses System stellt einen direkten Rekurs auf sämtliche Körpervorgänge dar – ja, es ist die direkte Koordination und Abbildung aller im Körper ablaufenden Prozesse an einer Stelle gebündelt. Dieses System läßt keine Möglichkeit, etwas darzustellen, denn es ist die Darstellung selbst. *Es gibt hier keine Abbildungs- und Erinnerungsfunktionen und auch keine Gefühle in Abwesenheit der Realsituation*, dennoch gibt es eine Speicherung der Ereignisse. Dieser Speicherung aber fehlt die Möglichkeit, ihren Speicher abzurufen – außer die Realität präsentiert die *gleiche Situation noch einmal*. Das ist der Grund, warum primitive Hirnstammtiere »lernen« können. Sie können sich das Labyrinth des Forschers *nicht vorstellen*, sie können nur dann gemäß einer einmal gemachten Erfahrung reagieren, wenn sie der gleichen Erfahrung noch einmal ausgesetzt werden.

Das »limbische System« jedoch, das wie eine dicke Schale über dem Hirnstamm liegt, bildet ein erstes Mal so etwas wie eine zweite Ebene, in der Informationen des Hirnstammes (also Informationen aus dem Körper) in andere Impulse umformuliert werden. Grob gesprochen werden hier Grundbedürfnisse des Körpers dargestellt in einer Weise, die wir heute als »emotional« bezeichnen würden. Tiere mit (nur) einem Hirnstamm haben keine »Emotionen«, keine Planungsprogramme (wie Brutpflege, Paarungsverhalten etc.) – sie kennen nur die direkte Zielgerichtetheit oder die direkte Vermeidung (alles Verhalten erfolgt gleichsam reflexhaft). Tiere mit einem Zwischenhirn haben sehr viel komplexere Verhaltensstrategien. Und – das ist der zentrale Punkt – sie haben im Zwischenhirn ein zweites System, das die Erfordernisse und Vorgehensweisen des ersten Systems (des Hirnstammes) ein erstes Mal darstellen kann. Nun darf man sich auch diese Darstellung noch nicht vorstellen als »Repräsentation« oder als Erinnerungsbild, sondern sie liegt vor eben als ein komplexeres Programm, das abläuft, sobald bestimmte »Auslösereize« vorliegen. Der Unterschied ist der, daß bei hirnstammvermittelten Reaktionsweisen die Reaktion unmittelbar auf den Reiz folgt und der Reiz der Reaktion immer eindeutig in einem Eins-zu-eins-Verhältnis entspricht, während beim zwischenhirnvermittelten Verhalten der Reiz oft die Form eines »Auslösers« (also wesentlich geringere Intensität) haben kann, der eine ganze Kette von Verhaltensweisen zur Auslösung bringt.

> »Im Zwischenhirn existieren offensichtlich nicht, wie in der Hirnrinde, die Ausgangspunkte zur Erregung bestimmter einzelner Muskeln, sondern komplexe, fest in sich geschlossene ›Schaltkreise‹ von Nervenbahnen, die immer nur zur Gänze erregt werden können, wobei die Erregung eines bestimmten Schaltprogramms das Auftreten eines ebenso bestimmten Verhaltensmusters zur Folge hat. (...) So beschränkt die Zahl der Programme auch ist, ihre Zusammenstellung ist bei jeder Tierart so beschaffen, daß sie dem Individuum die Bewältigung der in seiner natürlichen Umwelt artspezifisch vorkommenden Aufgaben ermöglicht. Auf dem Niveau eines ›Zwischenhirnwesens‹ geht der Kreis dieser Aufgaben über Schlafen, Futter- oder Beutesuchen, Körperpflege und Verteidigungsreaktionen, den sexuellen Verhaltensbereich und die Brutpflege kaum hinaus, wobei bei einzelnen Arten noch spezielle Leistungen – Beispiel: Zugvogelorientierung – hinzukommen mögen« (Ditfurth, 1976, S. 142 f.).

Man hat das Vorliegen dieser Schaltkreise schon seit langem dadurch belegen können, daß man in das Zwischenhirn bestimmter Tiere feine Elektrodendrähte einführte, wobei die Tiere dann auf Knopfdruck (bei dem ein geringer Strom fließt) ihre verschiedenen Programme vorführten. Nun darf natürlich auch hier das nach außen sichtbare Verhalten nicht gleichgesetzt werden mit dem, was die Tiere bei einer elektrischen Reizung dieser Areale *empfin-*

den, also mit dem, was im Zwischenhirn tatsächlich wahrgenommen wird. Es gibt, wie oben schon angedeutet, Hinweise darauf, daß die Auslösung dieser Programme verbunden ist mit starken emotionalen Qualitäten. (Und auch der äußere Eindruck, den die Tiere bieten, ist der einer sehr großen Gefühlsaufwallung.)

> »Die besten Beweise für die Rolle des limbischen Systems beim emotionalen Verhalten können abgeleitet werden aus klinischen Beobachtungen. Neuronale Reizungen in oder nahe am limbischen Cortex des Temporallappens lösen in der Regel ein weites Spektrum von intensiven affektiven Gefühlen aus. Die grundlegenden und generellen Affekte sind gewöhnlich verbunden mit einer Bedrohung der Selbst-Erhaltung. (...) Dabei beinhalten die grundlegenden Affekte solche von Hunger, Durst, Übelkeit und Gefühlen, die mit den Ausscheidungsorganen verbunden sind. Die spezifischen Affekte beinhalten unangenehme Geschmäcke und Gerüche und körperliche Sensationen wie Schmerz und Kribbeln. Unter den generellen Affekten sind Gefühle der Angst, des Terrors, Traurigkeit, Alleinsein, Vertrautheit, Unvertrautheit und (allerdings selten) Zorn. Das Gefühl der Angst wird gewöhnlich in der Magengegend wahrgenommen und hinterläßt den Eindruck, als stiege es durch die Brust in den Hals hinauf. Wie ich an einem anderen Ort (1952) herausgestellt habe, sind die generellen Affekte gewöhnlich ›frei flottierend‹, insofern als sie nicht mit bestimmten Personen oder Situationen verbunden sind« (MacLean, 1975, S. 80, Übersetzung von mir, P. O.).

Interessant an dieser Aussage ist, daß im limbischen System, losgelöst von Personen und Situationen, sozusagen *reine Gefühlszustände* repräsentiert sind. Hier geht es also nicht um eine Art Gedächtnis im üblichen (prädikatenlogischen) Sinne, etwa: »Sachverhalt a hat die Eigenschaft b« oder »Person a unternimmt b«, sondern freigesetzt werden reine Gefühlszustände wie »Angst, Traurigkeit, Einsamkeit, Panik« etc. Es kann daraus gefolgert werden, daß im Gegensatz zum hirnstammvermittelten Verhalten (Reaktion folgt auf Reiz direkt) im Zwischenhirn zuerst einmal ein *Gefühl* ausgelöst wird, das dann mit der Auslösung von (oft aus sehr vielen Schritten bestehenden) Verhaltensprogrammen Hand in Hand geht. Natürlich sind diese Gefühle nicht losgelöst (oder gar unabhängig) von den Basiserfordernissen des Überlebens, die weiterhin im Stammhirn vermittelt werden. Sie bilden nur eine zweite Ebene, auf der diese Grunderfordernisse der ersten (Hirnstamm-)Ebene in erweiterter Form, als Gefühlszustände, *abgebildet werden.*

In der Skizze in Abbildung 2 wird dargestellt, welche Ausdehnung der limbische Cortex (schwarz) bei verschiedenen Tierarten im Gegensatz zum Großhirn (weiß) hat.

Abb. 2. Größe des lim-
bischen Cortex im Ver-
hältnis zum Großhirn
bei verschiedenen Tier-
arten. Obere Reihe: Sei-
tenansicht. Untere
Reihe: Seitenansicht im
Schnitt (nach: Mac-
Lean, 1975, S. 76)

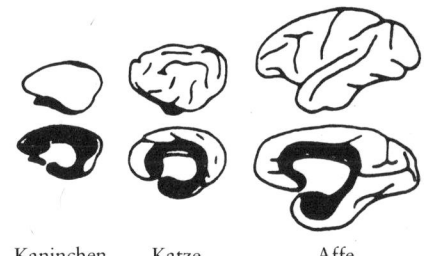

Kaninchen   Katze   Affe

Es ist in diesem Zusammenhang nicht unerheblich, daß sämtliche Sinnesdaten, die aus der Außenwelt an den Organismus herangebracht werden, in einer direkten Verbindung zum limbischen Cortex stehen. Es gibt die These, daß z. B. die Augen ursprünglich nicht die Funktion hatten, die Realität abzubilden:

»Es zeigt sich nämlich, daß keineswegs alle von der Netzhaut unserer Augen ausgehenden Nervenfasern zu jenem ›Feld‹ der Großhirnrinde ziehen, das als ›Seh-Rinde‹ bezeichnet wird, weil dort die Verarbeitung der Netzhautsignale zu unseren optischen Wahrnehmungen erfolgt. Ein kleiner Teil endet bereits im Zwischenhirn.

An der Endstelle dieser Fasern liegt eine kleine Zusammenballung von Nervenzellen – ein ›Kern‹, wie die Hirnforscher das nennen –, welche die von der Netzhaut hier eintreffenden Meldungen sammeln, in irgendeiner noch unbekannten Weise verarbeiten und anschließend bezeichnenderweise an die Hirnanhangdrüse, die alle Hormondrüsen unseres Körpers steuert, sowie an bestimmte vegetative Zentren und andere Stellen des Zwischenhirns und Stammhirns leiten, über deren Funktion wir heute noch nichts wissen. Um was für Meldungen von der Netzhaut es sich handelt, ist vorläufig noch weitgehend unbekannt. Daß diese Meldungen mit dem ›Sehen‹ nichts zu tun haben, ergibt sich jedoch mit Sicherheit schon aus der Endstation, an der sie hier im Zwischenhirn eintreffen« (Ditfurth, 1976, S. 159 f.).

Ziehen wir die Ergebnisse zusammen: Im Verlaufe der Geschichte des Lebendigen entwickelte sich aus einem Einzeller ohne Nervensystem, der auf die Reize aus der Realität nur direkt reagieren konnte, im Verlauf der Jahrmillionen eine große Zahl vielzelliger Lebensformen, die ihre eigene Komplexität und die Komplexität der Realität zunehmend besser dadurch beherrschen lernten, daß sie spezifische Systeme ausbildeten, Reize aus der Außenwelt (und der Innenwelt) immer komplexer zu verarbeiten. Das führte bis zu dem Punkt, an dem Reize in einem eigenen und völlig neuartigen System in Gefühlszustände überführt wurden. Mit diesem Transfer war das erste Mal so etwas gegeben wie eine Umformulierung und Darstellung der Außenwelt im Kopf des Tieres (und des Menschen, denn für ihn gilt dieses System gleichermaßen), wenn auch in einer Form, die mit einem konkreten Gedächtnis noch nichts zu tun hatte. Was festgehalten wurde, waren eben die Gefühlszustände, die aus der Realität vermittelt wurden (so als ob das Tier die Realität ständig abfragt: »Fühlst du dich gut an oder nicht?«). Es wird sofort klar, daß die repräsentierten Qualitäten schon wesentlich mehr mit dem Begriff der »Psyche« zu tun haben als die vormaligen Reiz-Reaktions-Ketten. Doch auch hier dürfen wir uns nicht täuschen lassen: Das, was sich auf der zweiten Ebene herstellt, ist unabdingbar festgemacht an den vegetativen Lebensäußerungen und -anforderungen der ersten Ebene. Insofern ist die zweite Ebene nur eine Interpretation der ersten. Die Entstehung der Psyche als die Entstehung der Gefühle zu lokalisieren wäre ebenso ein Fehlschluß wie der, der die Entstehung somatischer Erscheinungsformen eindeutig in die erste Ebene verbannt. »Psyche« ebenso wie »Soma« ist das Ganze.

Noch etwas muß klargestellt werden: Nach dem bisher Gesagten könnte die Vermutung aufkommen, im limbischen System (und gleichlaufend im Hirnstamm) säßen phylogenetische Qualitäten, also beispielsweise die Universalie »Angst«. Wird das diesbezügliche Areal mit der Elektrode gereizt, so wird eben das Gefühl »Angst« ausgelöst. Das ist nicht der Fall. Die genannten Areale sind nämlich nur die Aufbewahrungsstätten für konkrete (d. h. tatsächlich stattgefundene) Ereignisse. Insofern bedeutet Auslösung von »Angst« immer schon: das Auslösen einer Situation, die im Leben des Individuums schon einmal stattgefunden haben muß. Im übertragenen Sinne kann gesagt werden: Ein Wesen, das ein *erstes* Mal mit einem schmerzhaften Reiz konfrontiert wird, hat davor keine Angst – wohl aber danach.

Der gerade beschriebene Sachverhalt, daß eine spätere Hirnstruktur sich über eine frühere schiebt und damit die frühere Form komplexer gestaltet, erlebte die Evolution einige Millionen Jahre später noch einmal. Sukzessive entwickelte sich nämlich über dem limbischen System eine neue Struktur: das »Großhirn« (der Neocortex oder das Säugetier-Gehirn). Simultan mit der Entstehung sehr viel entfalteterer Wahrnehmungsweisen[9] entstand nun endgültig ein Bereich, in dem Wahrnehmungen ganzheitlich gespeichert und abgerufen werden konnten. In diesem Hirnsystem liegt nun der Aufbewahrungsort für konkrete Ereignisse und Zusammenhänge. Und nicht nur das, auch alle körperlichen Funktionen und Sinnesleistungen sind in den Hirnregionen des Neocortex punktuell lokalisiert. Anders als im Hirnstamm, in dem ganzheitlich die lebenswichtigen vegetativen Vorgänge vermittelt werden, und anders als im limbischen System, in dem ebenfalls ganzheitlich die komplexen Verhaltens- und Gefühlsprogramme als integrierte Schaltungen vorliegen, existiert im Neocortex eine Ausdifferenzierung einzelner Körperstellen und einzelner Wahrnehmungsmuster. Hier besteht erstmals die Möglichkeit, »Welt« als eine einzelpunktförmige Entität aufzuschlüsseln.

Wieder gilt das vorher Gesagte: Ebensowenig, wie das limbische System unabhängig ist vom Hirnstamm, so ist auch der Neocortex unabhängig vom Hirnstamm und vom limbischen System. So liegt eine der wichtigsten Funktionen des Neocortex darin, die Impulse aus den beiden ersten Systemen in konkrete Handlungen zu überführen. Dabei ist der Vorteil dieser Hirnstruktur der, daß die ablaufenden Reiz-Reaktions-Ketten jetzt einen gewissen Alternativspielraum – und d. h. auch Entscheidungs- (und beim Menschen) Planungsspielraum – bekommen. Die Reaktionen erfolgen nicht mehr blindwütig (Hirnstamm) oder *rein* emotional (limbisches System), sondern es kommen jetzt auch Auswahlmöglichkeiten ins Spiel. Doch natürlich hat die »Freiheit« der Entscheidung ihre Grenzen. Das Großhirn ist nicht etwa der Hort der

»Rationalität« als eine Struktur, die in Unabhängigkeit ihre Entscheidungen treffen könnte. Ihre Abhängigkeit von den ersten beiden Systemen ist so total, daß beispielsweise keine Entscheidung *gegen* diese beiden Systeme getroffen werden kann. Nur insofern sich die Handlungen im Einklang mit beiden Systemen befinden (und d.h., sie sind aus ihnen gespeist), ist eine Wahl zwischen alternativen Vorgehensweisen möglich. Das kann bei einer derart starren Verbindung der Ebenen untereinander auch gar nicht anders sein. Das wichtigste Ergebnis einer derartigen hirnrevolutionären Betrachtungsweise liegt m.E. jetzt darin, daß *jede* Handlung und jede Wahrnehmung eine Verbindung zu allen *drei* Systemen aufweist. Mehr noch: Es gibt durch die drei Systeme hindurch eine Form der Determination (der eindeutigen Bestimmung) für jede Handlung, so daß eigentlich die Richtung (erstes System) und die Stärke (erstes und zweites System) so sehr festgelegt ist, daß für die Ausführung (drittes System) nur noch ein sehr begrenzter Spielraum übrigbleibt. Dabei erscheint es so, als ob gerade beim Menschen mit der differenziertesten Großhirnaktivität das limbische System eine besondere Dominanz aufweist.

> »Hirnforscher sprechen von der ›faszinierenden Aktivität des limbischen Systems‹, von den ›Mysterien des limbischen Systems‹. Die meisten davon glauben, daß die Evolution des emotionalen Gehirns die Säugetiere in die Lage versetzte, sich über das vorprogrammierte Verhalten der Reptilien hinwegzusetzen. Paradoxerweise wurde beim Menschen das limbische System auch dann noch komplexer, als sich der Neocortex – das neue Gehirn – schon entwickelte. Es war, als ob das Erdgeschoß neu eingerichtet wurde zu einer Zeit, als schon ein neues Geschoß dazugebaut wurde« (Ferguson, 1975, S. 57, Übersetzung von mir, P. O.).

Ferguson zeigt ebenfalls auf, in welcher Art die Funktion des Hirnstammes vom limbischen System beeinflußt wird:

> »Das limbische Gehirn ist offensichtlich eine Liaison zwischen dem alten Reptilienhirn, das die sogenannten autonomen Reaktionen kontrolliert, und dem modernen Gehirn, dem Neocortex. Seine Fähigkeit, das autonome Nervensystem zum Guten und zum Schlechten zu modifizieren, erscheint als der Schlüssel

für Krankheit und Gesundheit. Limbische Strukturen können den Metabolismus, den Sauerstoffverbrauch, den Durst und den Appetit beeinflussen. Sie können das Herz verlangsamen oder beschleunigen, den Blutdruck verringern oder steigen lassen. Sie können die Sexualhormone beeinflussen, spontane Ovulationen herbeiführen und beim Manne Erektionen auslösen. Sie können die Heilung erleichtern und die Widerstandsfähigkeit des Körpers erhöhen, sie erleichtern oder blockieren das Lernen und die Gedächtnisleistungen; sie können den Kampf-oder-Flucht-Mechanismus in Gang setzen oder stillstellen, können die Sinneswahrnehmungen verstärken oder blockieren, die motorische Fähigkeit steigern oder verlangsamen, eine starke Erregung oder Schlaf herbeiführen« (Ferguson, 1975, S. 62).

Das steht nicht im Widerspruch zu dem, was ich vorher dargestellt habe. Die erste Ebene gibt ihre Überlebensansprüche an die zweite weiter, dort werden sie als emotionale Qualitäten sichtbar und *vermitteln* diese Ansprüche sowohl ans Großhirn (das für Realisationsmöglichkeiten zu sorgen hat) als auch *zurück* an den Hirnstamm, der daraufhin seine Systeme zu einem gezielteren Arbeiten veranlassen kann (Herzrate beschleunigt etc.).

Und ebenso wie das limbische System Impulse des Hirnstamms weitergibt (und vice versa), gibt auch das Großhirn (das vom limbischen System beeinflußt wird) an eben dieses System übergeordnete Impulse zurück:

»Ohne Zweifel schickt der Neocortex aufs Geratewohl Botschaften über das limbische System in alle Richtungen. Angst oder Ärger im Neocortex aktiviert ganz offensichtlich das limbische Gehirn, welches dann die autonomen Funktionen aufreizt. Resultat: Magengeschwüre, Herzbeschwerden, erhöhter Blutdruck und chronische Erschöpfung« (a. a. O.).

Damit scheint festzustehen, daß es wechselseitige Prozesse der Beeinflussung aller drei Systeme gibt; während die aufsteigende Reihenfolge (Hirnstamm → limbisches System → Neocortex) im Sozialisationsprozeß ontogenetisch bestimmt wird, ist die absteigende Reihenfolge eher Ausdruck der aktuellen Prozesse. Wir werden später sehen, auf welche Weise diese Vermittlungen vonstatten gehen.

Der Neocortex weist noch eine besondere Spezifität auf: Er ist in sich geteilt. Diese Lateralität ist nicht etwa von zufälliger Bedeutung; ganz abgesehen davon, daß in jeder Hälfte des Gehirns die entgegengesetzte Hälfte des Körpers repräsentiert ist (getrennt durch die anatomische Mittellinie des Körpers), ist diese Spaltung – zumindest bei den Primaten – auch eine in der Sache. Es sind in beiden Hirnhälften jeweils unterschiedliche Strukturelemente engrammatisiert. Physiologen sprechen von der »dominanten Hirnhälfte« (linke Hirnhälfte – rechte Körperseite) im Gegensatz zu der weniger dominanten Hälfte (rechte Hirnhälfte – linke Körperseite).[10] Während (beim Menschen) in der linken Hirnhemisphäre eher die diskursiv-rationalen und intellektuellen Fähigkeiten und Operationen (z. B. Sprache) repräsentiert sind, liegen in der rechten Hirnhälfte ganzheitliche musisch-emotionale (also eher präsentative) Symboloperationen. Das ist im Alltag nicht weiter von Bedeutung und auch nicht auffällig, da beide Hirnhälften durch einen großen Verbindungssteg von Nervenfasern (dem corpus callosum) miteinander verbunden sind. Man könnte sagen, daß der Bereich der Denotationen (also die reine Sprachlichkeit) links im Hirn gelegen ist, während der Bereich der Konnotationen (also der Bereich der emotionalen Wortbedeutungen) eher in der rechten Hälfte aufbewahrt liegt. Sichtbar wird dieses Phänomen daran, daß an der Stelle, an der die linke Hirnhälfte eine Gestörtheit widerspiegelt, z. B. bei der Artikulation von Sprache (etwa Stottern), diese Störung sich oft nicht in den rechten Bereich hineinzieht, so daß der Betreffende fähig ist, ohne Sprachschwierigkeit zu singen (rechte Hälfte). Oder: Die *Worte* »Ich bin ja so allein« lösen andere Emotionen aus als ein Lied (rechts) des gleichen Titels. (Es sei hier nur nebenbei festgehalten, daß in der Lateralität einer der Gründe für die Wirksamkeit der Schlagerindustrie liegen dürfte.)

Daß in der Lateralität noch ein weitreichenderes Phänomen verborgen liegt, wurde erst vor einigen Jahren entdeckt. Auf der Suche nach einer wirksamen Methode bei der Bekämpfung der Epilepsie trennte man bei schwerstgestörten Epileptikern den Verbindungssteg zwischen beiden Hälften durch. Diese Durchtrennung milderte die epileptischen Anfälle in der Tat, doch es stellte sich ein zusätzliches Faktum heraus: Nach der Durchtrennung des corpus callosum wußte die linke Körperhälfte buchstäblich nicht mehr, was die rechte tat. Das Bild einer nackten Frau, das der rechten

Gesichtshälfte dargeboten wurde, kam in der linken Hirnhälfte nicht an: Der Patient konnte links nicht sagen, was er rechts gesehen hatte. Als emotionale Qualität war ihm die Projektion des Frauenbildes unheimlich, und er flüchtete (da er damit nicht fertig wurde) in sprachliche Ausflüchte: »Was für eine komische Maschine Sie doch haben. Dr. Spery!« (vgl. dazu Hoppe, 1975, S. 924).

Diese split-brain-Experimente wurden als Beleg dafür genommen, daß zwei Ebenen des Bewußtseins existieren (vgl. Ornstein, 1976) und daß diese beiden Ebenen auch voneinander abgetrennt werden können. Nun ist dazu nicht immer eine derartige Operation (genannt »Kommissurotomie«) erforderlich. Dem Psychoanalytiker Hoppe fiel die Ähnlichkeit zwischen den beschriebenen Vorgängen und überstarken Blockierungen im Sprachverhalten psychosomatischer Patienten auf (diese konnten in statistisch auffälliger Weise nicht mehr über Gefühle sprechen). Hoppe bezeichnete in einem Gedankenmodell die neurotische Struktur dieser Patienten als eine »funktionelle Kommissurotomie«. Das bedeutet, der Kern der Neurose erschiene hier als eine Blockade der Erregungsleitung zwischen den beiden Hirnhälften, die die Sachvorstellungen mit den Affektvorstellungen zu verbinden hätte. Im Modell der Interaktionstheorie finden wir dieses Modell wieder als die Abtrennung der »bestimmten Interaktionsform« (affektiver Gehalt) von der symbolischen Interaktionsform, wobei ein total emotionsgeleertes »Zeichen« als Sprachhülse (links) verbleibt. Es ist nicht unwesentlich, daß die drei Hirnteile, deren Entwicklung ich gerade hergeleitet habe, in ihrer Grundstruktur heute für alle (evolutionsgeschichtlich) neueren Säugetiere, unter Einschluß des Menschen, dieselbe Funktion haben. Von winzigen Ausnahmen abgesehen, erklärt sich die Sonderstellung des Menschen nicht aus der hirnanatomischen Struktur. Anders gewendet: Der evolutionäre Schritt vom limbischen System zum Neocortex ist ein wesentlich größerer als der vom Schimpansen zum Menschen. Es ist hier noch nicht der Ort, die Übergangsstelle zur Struktur menschlicher Interaktionsformen zu benennen, hier sei zunächst festgehalten, daß sich mit Ausnahme der Registratur sprachlicher Äußerungsformen im linken Großhirnteil eine Differenzierung der Primaten untereinander aus der Hirnentwicklung *nicht* ergibt. An dieser Stelle soll der sehr kursorische Abriß der *Entwicklungsgeschichte* neuraler Strukturen abgebrochen werden. Zusammengefaßt ergibt sich eine Differenzierung dreier

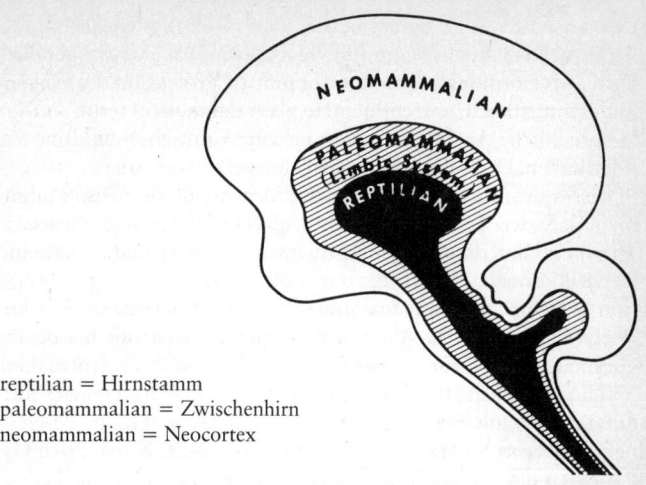

reptilian = Hirnstamm
paleomammalian = Zwischenhirn
neomammalian = Neocortex

Abb. 3: Erläuterungen im Text

Hirnteile, die die Koordination des Lebens zu übernehmen in der Lage sind (wobei es in einem System noch Aspekte der Lateralität gibt). Es war dies der Versuch einer Erklärung, die MacLean unter dem Titel »Triune Brain« (dreieiniges Gehirn) in die Diskussion eingeführt hat. Eine schematische Darstellung dieser form- und funktionsgenetischen Hierarchie zeigt Abb. 3.

> »In seiner Evolution entwickelte sich das Hirn der Primaten entlang der Linien dreier Basismuster, die charakterisiert werden können als Reptilien, Paleosäugetiere und Neosäugetiere. Daraus resultierte eine bemerkenswerte Verbindung dreier Hirntypen, welche vollständig voneinander in der Struktur und dem Chemismus unterschieden und welche unter evolutionären Gesichtspunkten Äonen voneinander entfernt sind. Es existiert so etwas wie eine Hierarchie eines dreiteiligen Gehirns in einem, oder wie ich es in Kurzform nennen will: ein dreieiniges Gehirn« (MacLean, 1975, S. 74 f.).

Nachdem in einem ersten Durchgang die *Struktur* des Koordinationsorgans sämtlicher Lebensäußerungen dargestellt wurde, werde ich jetzt in einem zweiten Durchgang einige grundlegende Mechanismen der *Funktion* dieser Struktur abzuleiten versuchen. Eine kurze Erinnerung an das Thema aus dem ersten Kapitel sei hier vorangestellt. Es geht im folgenden um die Frage, auf welche Weise können die Interaktionen von der Körperaußenfläche des Organismus – und gleichermaßen die des Körperinnensystems – ihren Weg in die zentralen Registratureinheiten des Gesamtorganismus finden und sich dort als »Interaktionsformen« sedieren? Welche Schaltungen, welche Hindernisse und welche Bevorzugungen gibt es?

Es ist festgehalten worden, daß *jede* Interaktionsbewegung zuallererst als ein Bündel von *Reizen* an den Organismus herantritt. Diese Reize stoßen in *jedem Fall* auf Zellgewebe, das entsprechend seiner physischen Struktur *und* der Qualität des Reizes einen (oder mehrere) Impuls(e) in das Körperinnere weiterleitet.

Somit ist jede Interaktionsbewegung, die von außen auf den Organismus trifft, objektiv eindeutig festgelegt in

a) der Menge des beteiligten Körpergewebes (also ob es eine Stecknadelspitze oder die streichelnde Hand der Mutter ist),
b) der Stärke (und Dauer) des Reizes bzw. der Reizabfolgen (und dazu rechnen auch die begleitenden Reize, z. B. visuelle und akustische Reize oder durch einen Verband von mehreren an verschiedenen Stellen ansetzender Reize),
c) (resultierend aus a) der Beeinflussung des Zellgewebes (also der Frage, ob Gewebe dabei zerstört wird oder nicht).[11]

Entsprechend der Beeinflussung auf der Oberfläche (und auch die Mageninnenseite ist für unsere Diskussion Gewebeoberfläche) tritt eine Reizübermittlung ein, die entlang der Nervenfasern in die Zentralsysteme geleitet wird. Dabei gibt es eine Reihe von Zwischenstationen, bis der vom Reiz ausgelöste Impuls in aufsteigender Reihenfolge die drei Hirnsysteme passiert und in einem Assoziationsfeld (Projektionsfeld) bearbeitet wird. Diese Beschreibung gilt zunächst einmal für einen normalen Reiz bei einem normalen (ausgewachsenen) Primatenorganismus.

Stellen wir uns eine ganz gewöhnliche Situation vor: Eine Mutter nimmt ihr vier Jahre altes Kind auf den Arm und streichelt und liebkost es. Es wird sofort sichtbar, daß an einer derartigen Interaktionssituation eine Unmenge verschiedener Körperstellen (und

Sinnessysteme) des Kindes in verschiedenartiger Weise und Dauer von diesem Vorgang betroffen sind. Dennoch kann der kindliche Organismus (im Normalfall) den gesamten Vorgang in seine Systeme restlos aufnehmen und als eine lustvolle Erfahrung registrieren. Man muß sich nur vorstellen, welche Körperstellen und Sinnessysteme von der Handlung affiziert sind, wie viele Nervenenden gleichzeitig »feuern«, um ein Bild von der Komplexität und Leistungsfähigkeit der Registratureinheiten zu erhalten. Dieses ›Konzert‹ auch nur annähernd theoretisch oder experimentell zu erfassen sprengt bei weitem den Rahmen bisheriger neurophysiologischer Forschung. Es ist im Grunde auch unerheblich, wie diese Simultaneität aller beteiligten Systeme funktioniert. Wichtig ist, diese Möglichkeit der Registratur ist gegeben – mehr noch: Bereits das sechs Monate alte Kind kann herausfinden, daß es bei gleicher Handlung verschiedene »Konzerte« gibt (wenn nämlich eine andere Person als die Mutter es hochnehmen will), oder besser: Es hat das Konzert der Mutter bereits sehr genau in sein Repertoire aufgenommen, und jede Dissonanz wird akribisch wahrgenommen.

Sehr viel interessanter ist die Frage nach den Abweichungen. Verlängern wir unser Beispiel: Die Mutter, die ihr Kind auf den Arm genommen hat, macht mit ihrem Fingerring eine ungeschickte Bewegung und verletzt das Kind leicht am Arm. Sofort sind alle Reizfiguren der vormaligen Handlung überlagert durch einen überstarken Reiz »Zerstörung eines kleinen Stücks Gewebe«. Die ehedem lustvolle Komposition ist mit einem Schlag zu einer schmerzhaften geworden. D. h., eine Verletzung des Körpergewebes an einer Stelle (und sei es an einer winzigen, ein Stecknadelstich reicht) überlagert alle anderen Reizfiguren und zwingt das System, den Reiz auf der Stelle in einer Reaktion (Brüllen und Strampeln) abzuführen. Es ist möglich (und wahrscheinlich), daß dieser Schmerz im System abgeführt werden kann, das Kind beruhigt sich nach einiger Zeit wieder, und das lustvolle Reiz-Reaktions-Spiel der Interaktion kann fortgesetzt werden. Anzumerken ist, daß dieses Ereignis natürlich der vorhandenen Interaktionsform, die sich aus vorherigen Interaktionen der gleichen Art gebildet hat, eben als »Verletzung« angelagert wird. Sie wird als Narbe und Engramm im System aufbewahrt.

Setzen wir das grausame Spiel fort: Die Mutter hält das Kind nicht richtig im Arm, es entgleitet ihren Händen und stürzt zu

Boden. Das lustvolle Spiel verwandelt sich mit einem Schlag in eine Fülle von Traumatisierungen. Auch in diesem Fall versucht das Kind, mit allen Mitteln eine Abfuhr der Reizquanten aus dem System zu bewerkstelligen, es brüllt und strampelt ebenso (oder intensiver) wie vorher – doch auch hier verebben die Reaktionen nach einer bestimmten Zeit, das Kind muß vor Erschöpfung aufhören zu reagieren. Nach einiger Zeit der Erholung erscheint das Kind, als wäre nichts passiert, und dennoch – es ist unsere Behauptung: Gewichtige Reizquanten (als Erregungsqualitäten) sind nicht abgeführt worden, und es besteht auch wenig Aussicht, daß sie später ihren Weg aus dem System finden. Es kommt zu einer Abspaltung. Das Kind ist nicht deshalb wieder friedlich, weil es den Schmerz bewältigt, sondern weil es ihn abgespalten (verdrängt) hat. Diese drei Beispiele sind der Ausgangspunkt für unsere Diskussion. Was ist passiert und welche neurophysiologische Logik liegt zugrunde, das sind die Fragen, denen ich im folgenden nachgehen will.

Zuerst einmal interessiert der Fall des einfachen Lernprozesses (des Beispiels 1). Gesetzt den Fall, es handele sich um einen *ersten* derartigen Interaktionsvorgang bei diesem Kind, so kann angenommen werden, daß die Nervenimpulse über die Zwischenstationen Rückenmark, Stammhirn, limbisches System in den Cortex steigen und dort in bestimmten Arealen die Nervenzellen zu kurzfristigen Veränderungen der chemischen und/oder elektrischen Struktur veranlassen. Es ist heute nicht mehr wahrscheinlich, daß diese Registratur auf elektrochemischem Weg allein erfolgt, deshalb nimmt man an, daß es – ausgehend von dieser Impulsgebung – zu einer Umwandlung der biochemischen Struktur innerhalb der Zelle kommt (etwa durch Erhöhung des RNS-Gehaltes), so daß eine Veränderung der Materie innerhalb der Zelle stattfindet.

Doch nicht diese intrazellulären Vorgänge sollen hier diskutiert werden, diese legen sowieso innerhalb *einer* Zelle nur den punktuellen Anteil der Interaktionsform fest. Die gesamte Interaktionsform besteht aber aus einer großen Anzahl zusammengeschalteter Einzelneuronen. »Lernen« hat also in diesem Kontext mehr zu tun mit dem »Zusammenschalten« von Nervenzellen zu komplexen Verbänden als mit der Aufladung und biochemischen Veränderung der Einzelzelle (obwohl natürlich dieser Vorgang notwendig ist). Es entstehen im Verlauf von »Lernprozessen« also *neue Nerven-*

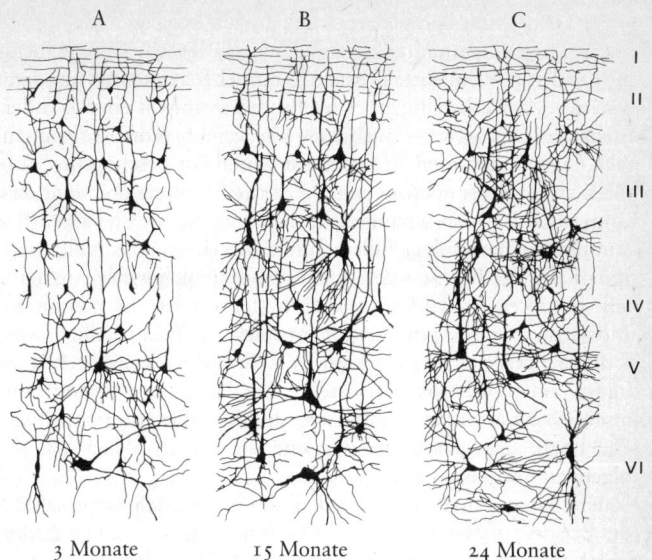

A   B   C

3 Monate   15 Monate   24 Monate

Abb. 4. Cortexstruktur bei einem 3, 15 und 24 Monate alten Kind (aus: Conel. 1939 1963, zitiert nach Birbaumer, 1975, S. 160)

bahnungen, die die einzelnen Zellen miteinander verbinden. Es entsteht ein Verdrahtungsnetz, das einerseits vom Alter der Organismen abhängig ist (vgl. Abb. 4), andererseits jedoch in gewichtigem Maße von dem »Lernangebot«, dem die Individuen ausgesetzt sind. So wurde z. B. im Experiment nachgewiesen, daß Ratten, die in sehr reizaktivem (anregendem) Milieu großgeworden sind, ein signifikant höheres Cortexgewicht hatten als Artgenossen, die isoliert aufgezogen wurden. Von großer Wichtigkeit für unser Thema ist die Tatsache, daß bei diesem Experiment ein anregendes Milieu (also Klettergeräte, Labyrinthe etc.) nur etwa die Hälfte des nachgewiesenen Effektes ausmachten, während die andere Hälfte der corticalen Gewichtssteigerung durch Anregungen der »sozialen Interaktionen« herbeigeführt wurde (vgl. Birbaumer, 1975, S. 159).

Es ist selbstverständlich, daß nicht allein das *Reiz*angebot über die Lernprozesse entscheidet, von ebensolcher Wichtigkeit dürften die Reaktionen des Organismus auf die Entstehung der Speichervorgänge sein. Erst in dieser Einheit existiert ja die »Interaktionsform« (deren Niederschlag in der Tat als ein Lernprozeß interpretiert werden muß).[12]

So ist mein zweites Beispiel (leichte Verletzung) vom ersten nicht grundlegend verschieden. Der Unterschied ist, daß zusätzlich zu der schon gebildeten Form eine »Verletzung« – zusammen mit der Abfuhrreaktion – engrammatisiert wird. Es ist zu vermuten, daß eine einmal derartig gebildete Interaktionsform das Kind jetzt zwingt, auf der Hut zu sein, da ja »Liebkosung« jetzt mit »leichte Verletzung« neural verknüpft ist.

Kommen wir jetzt zum dritten Beispiel. Die Erläuterung dieses Bereiches erfordert eine eingehende Erläuterung eines Phänomens, das wir bisher noch nicht beachtet haben: die Übermittlung und Koordination von Impulsen, die ihrer Intensität nach als »Schmerz« wahrgenommen werden.

Zuerst einmal muß angemerkt werden, daß die einzelnen Nervenbahnen, die an die Körperzellen (der Außenfläche) angeschlossen sind, ihren Weg in die Zentralsysteme nicht in einer Direktleitung zurücklegen können. Auf dem Weg dorthin gibt es eine Reihe von Unterbrechungen, die sog. Synapsen. An ihnen wird die elektro-chemische Reizleitung durch einen winzigen Spalt in ihrer Bahn gehindert. Der Impuls kann an dieser Stelle entweder weitergeleitet *oder* blockiert werden (die Synapse hat damit gleichsam die Funktion eines Schalters); das ist abhängig davon, ob ein Überträgerstoff (ein sog. Neurotransmitter) freigesetzt wird, der die Erregung weiterleitet, oder einer, der den Übersprung verhindert. Dieser Vorgang der synaptischen Reizleitung bzw. -blockierung findet entlang des gesamten ZNS statt. Insbesondere im Gehirn ist der Gesamtschaltplan der einzelnen Nervenzellen auf diese Weise über Synapsen miteinander verbunden. Eine andere Art der Verbindung von Zelle zu Zelle existiert nicht. Das oben beschriebene Prinzip, daß die Speicherung von Lernleistungen im wesentlichen darin besteht, daß immer komplexere Verdrahtungspläne innerhalb der einzelnen Hirnareale entstehen, wird jetzt erweitert durch die Feststellung, daß diese Verdrahtungen mittels synaptischer Anlagerungen (an die anderen Zellen) erfolgen. Das aber beinhaltet auch, daß die Anlagerungen wieder aufgelöst werden können (Lernleistungen also storniert werden können), und zwar dadurch, daß ihre Verbindung mittels der Übertragersubstanz der

Unterbrechung fähig ist. Interessant ist, daß diese Unterbrechung nicht eine solche der *Struktur* ist (das wäre sie nur bei einer Operation wie der schon erwähnten Kommissurotomie oder der Lobotomie, bei der Teile des Frontallappens operativ von den übrigen Teilen abgetrennt werden), sondern eine Unterbrechung der *Funktion* – dadurch, daß gleichsam vom System selbst produziertes Isoliermaterial in die Bahn geschoben wird. Der Unterschied ist deshalb wichtig, weil bei einem solchen Vorgang natürlich immer die Möglichkeit besteht, den einen (blockierenden) Neurotransmitter gegen den anderen (weiterleitenden) auszutauschen und so die Verbindung wieder herzustellen. Die Produktion der Neurotransmitter wird dabei von bestimmten Hirnorganen übernommen, wobei die genauen Gründe, unter welchen Bedingungen welcher Transmitter von welchem System freigesetzt wird, noch zu wenig bekannt sind.

Es kann jedoch davon ausgegangen werden, daß sämtliche Lebensvorgänge, die im menschlichen Organismus ablaufen, von diesen »Schaltersubstanzen« abhängig sind. Greifen wir nur ein kleines Segment, den menschlichen Schlaf, heraus, so kann annähernd klargemacht werden – und es sind auch hier noch längst nicht alle Vorgänge erforscht –, welche Komplexität auch bei der Produktion von Neurotransmittern vorzufinden ist:

»Die verantwortlichen Stoffe sind im wesentlichen Neurotransmitter, also Überträgerstoffe, die primär in der präsynaptischen Endigung lokalisiert sind, wo auch die entscheidenden Syntheseprozesse ablaufen. Ihr Vorhandensein oder Nichtvorhandensein determiniert die nervösen Erregungsabläufe in den entsprechenden Nervenzellverbänden (...) Der Übergang von Wachen in den SWS (slow wave sleep) hängt von der Aktivität der Serotonin (5-Hydroxytryptamin, 5-HT) enthaltenden Neuronen des Raphé-Kerns ab. Serotonin ist ein Monoamin, dessen Aufbau von dem Enzym Tryptophan (TRY) und dem Vorläuferstoff 5-Hydroxytryptophan (5-HTP) abhängt. Die Aktivität des Serotonin führt zum slow wave sleep (SWS). Der Übergang zum darauf folgenden PS (paradoxical sleep) hängt von der Aktivierung Noradrenalin (NA) enthaltender Neurone des Nucleus coeruleus ab. Die Triggerung der Noradrenalinausschüttung hängt auch von der Freisetzung cholinerger Substanzen, speziell des Acetylcholins (ACh) ab, während die Synthese des NA aus

Tyrosin (TRY) → Dehydroxyphenylalanin (DOPA) → Dopamin (DA) erfolgt. ACh wird im Wachzustand und im PS auch im Cortex gehäuft synthetisiert (...). Auf diesen Kreislauf wirken nun eine Reihe von blockierenden Substanzen: Die Gabe von Para-Chlorphenylalanin (PCPA) blockiert die Synthese des Serotonins und führt zu totaler Schlaflosigkeit. Wird der Abbau von Serotonin durch Monoaminoxydase (MAO) gehemmt (durch Monoaminoxydasehemmer, MAOI), so kommt es zum Anstieg von SWS und Unterdrückung von PS. Atropin hemmt die Ausbildung von PS, ebenso wie die Blockade der NA-Synthese durch Alpha-Methylparatyrosin (alpha-MTP), oder durch Disulfiram auf einem etwas fortgeschrittenen Niveau der Synthese. Alpha-Methylhydroxylalanin (alpha-MDOPA) wirkt als ›falscher‹ Transmitter, hemmt ebenfalls den PS« (Birbaumer, 1975, S. 107 f.).

Wie wir sehen, geht es nicht nur um die Frage, ob ein unterstützender oder hemmender Überträgerstoff freigesetzt wird, sondern auch darum, daß an einem bestimmten transmitterproduzierenden Kern eine bestimmte Substanz angreifen kann, so daß dieser Kern daran gehindert wird, einen Überträgerstoff freizusetzen usf. Es ist dabei für unseren Zusammenhang nicht unerheblich, daß ein großer Teil der Produktion der Neurotransmitter (soweit der Bereich der Schaltungen innerhalb des Hirns betroffen ist) im limbischen System erfolgt.

»Neurotransmitter sind im limbischen Hirn konzentriert, und zwar besonders im Hippocampus (...) Norephinephrin (NE) wird bevorzugt durch limbische Stimulation ausgelöst. Es ist nicht nur ein Neurotransmitter, sondern es kontrolliert gleichermaßen die Wachstumshormone. Wie Experimente belegen, fördert es Heilungsprozesse, verringert das Cholesterol, erhöht die Widerstandskraft gegen Infektionen und beeinflußt den Metabolismus. Von allen Zellen des Körpers erweisen sich bestimmte Zellen im Hippocampus als besonders empfindlich gegen einen anderen Neurotransmitter, Acetylcholin (ACh). Geringe Mengen von ACh erregen diese Zellen bis zum Grade eines ungedämpften epileptischen Anfalls. Das schwindelerregende Repertoire des limbischen Systems zeigt sich hieran besonders drastisch. NE tendiert dazu, die Blutgefäße zusammenzuziehen. ACh hingegen erweitert sie. Das limbische Hirn kontrolliert das berüchtigte Streß-Syndrom. Wenn ein Alarm registriert wird, dann wird die Botschaft an den Hypothalamus weitergeleitet und dieser signalisiert der Hirnanhangdrüse, ACTH (das adrenocorticotrope Hormon) auszuschütten. Wenn der ACTH-Gehalt steigt und dabei die Herzrate, den Blutdruck und die Verdauungsproduktion beeinflußt, dann beginnt die Nebennierendrüse ihr Hormon zu produzieren, und dieses arbeitet als Gegenspieler des ACTH. Es ist das limbische Hirn, das die Substanzen reguliert« (Ferguson, 1975, S. 62 f., Übersetzung von mir, P. O.).

Bezogen auf den Kontext unserer vorherigen Diskussion kann gefolgert werden, daß dem Neurotransmitter die wichtige Funktion zukommen könnte, einzelne Felder von anderen Feldern abzutrennen. Ich habe schon gezeigt, daß es eine Abtrennung bestimmter Hirnareale von anderen Arealen durch einen operativen Eingriff gibt. Das Phänomen der »Neurose« als die Aufspaltung dieser Areale in einem »funktionalen« Sinne war ebenfalls schon zur Diskussion gestellt; daß dieser Prozeß der Abspaltung durch das Freisetzen bestimmter Neurotransmitter (an punktuellen Gedächtnisneuronen) bewerkstelligt werden könnte, ist allein darin zu vermuten, daß es die Möglichkeit gibt (z. B. in der Therapie oder durch Drogen, Hypnose, Elektrodenreizung etc.), diese Blokkaden wieder aufzuheben. Das heißt, die Unterbrechung bestimmter Felder von anderen Feldern kann nicht als *endgültige* Loslösung von Verbindungen begriffen werden. In einem solchen Fall bestünde keine Möglichkeit mehr, Zugang zu den abgetrennten Bereichen zu erhalten, Unbewußtes könnte *nie* bewußt werden. Dadurch aber, daß diese Möglichkeit prinzipiell gegeben ist (und das hat die Psychoanalyse schon vor Jahrzehnten herausgefunden), liegt der Schluß nahe, daß Unterbrechungen dieser Art sich des raffinierten Arrangements biochemischer Übertragungen bedienen.

Wenden wir uns jetzt einem Phänomen zu, das mit diesen Übertragungen in einem engen Zusammenhang steht. Neurotransmitter beeinflussen als weiterleitende (oder hemmende) Substanzen *alle* Impulse, die von außen an das System »Organismus« herangetragen werden.[13] Nun interessieren uns hier nicht so sehr »Lernleistungen« schlechthin, sondern – wir sind ja noch bei unserem

dritten Beispiel – nur diejenigen, die für den Organismus besonders schmerzhaft sind. Ich habe diese Prozesse beschrieben als
solche, die den Bestand des Systems gefährden, als solche, deren
Äußerungsformen »Störung« bzw. »Zerstörung« des Systems bedeuten. (In unserem Beispiel der überstarke Schmerz des Kindes,
das auf den Boden fällt.)

Es hat sich gerade an Schmerzerfahrungen gezeigt, daß die Übermittlung von Impulsen doch weitaus komplizierter ist, als es das
relativ einfache Neurotransmittermodell erscheinen läßt. Körpergewebe ist nämlich nicht durch eine einfache Verbindungsleitung
mit den Nervenzellen verbunden, sondern es gibt bereits hier so
etwas wie ein korrespondierendes System. Es gibt unterschiedliche Typen von Nervenfasern, die unterschiedliche Erfahrungs-
modalitäten übermitteln.

»Die Nervenimpulse, die von Rezeptoren im Körpergewebe
aufgenommen werden, gelangen über Nervenfasern zu verschiedenen Bestimmungsorten ins Rückenmark und ins Gehirn.
Jeder somatische Nerv besitzt Fasern von unterschiedlicher Gestalt, und es ist heute bekannt, daß mit zunehmender Größe der
Faser die Geschwindigkeit der Impulsübertragung zunimmt.
Ganz allgemein gesprochen gibt es zwei Arten von Fasern: mye-
linisierte und unmyelinisierte. Die myelinisierten Fasern sind
bekannt als A-Fasern, die unmyelinisierten als C-Fasern. Ihre
Übertragungsgeschwindigkeit reicht von 120 Meter pro Sekunde (für die dickste A-Faser) bis zu einem Meter pro Sekunde
(für die dünnste C-Faser). Darüber hinaus gibt es bei den A-
Fasern bestimmte Untergruppen, die alpha, beta, gamma und
delta genannt worden sind. (...) Auf der Suche nach bestimmten Fasergruppen, die ausschließlich auf sehr intensive Stimu-
lierungen ansprechen, haben Burgess und Perl kürzlich eine
spezialisierte Form von A-delta-Fasern entdeckt, die nur Impulse übertragen, wenn die Haut tatsächlich beschädigt worden
ist (durch Quetschen etc.). Ähnliche Studien (von Bessou und
Perl) haben ergeben, daß viele C-Fasern mit schmalem Durchmesser dann Informationen übertragen, wenn die Haut durch
Druck oder Hitze beschädigt wird; einige dieser Aufnahmefa-
sern haben eine hohe Schwelle und reagieren nur, wenn die
Haut verletzt ist, während andere eine weit größere Reaktions-
breite haben und bereits dann mit beachtlich hohen Frequenzen

feuern, wenn die Reizintensität von einem schwachen zu einem unangenehmen Grad ansteigt« (Melzack, 1973, S. 84, Übersetzung von mir, P. O.).

Der Unterschied zwischen den verschiedenen Fasern besteht also in der Geschwindigkeit der Reizübermittlung und darin, daß verschiedene Schmerzerfahrungen in verschiedenen Fasern weitergeleitet werden. Das heißt, ein bestimmter Anteil des Schmerzes wird in einer bestimmten Faser übertragen, während ein anderer Anteil mit einer anderen Geschwindigkeit eine andere Faser entlangläuft usf., und das gilt nicht nur für verschiedene Schmerzreize, sondern auch bei nur einem Ereignis. Der Schmerz wird damit gleichsam in zwei (oder mehrere) Teile aufgespalten.

»Forscher wie Bishop haben herausgefunden, daß ein unangenehmer Reiz (z. B. ein Schlag mit dem Hammer auf den Daumen) zwei ›Schmerzen‹ produziert (einen schnellen, scharfen und einen langsamen, dumpfen), weil es unterschiedliche Reihenfolgen der Geschwindigkeiten von A-Fasern und C-Fasern gibt. Falls der sog. zweite Schmerz von der Übertragung durch die C-Faser herrührt und wenn einige Fasern bereits auf leichte Berührung der Rezeptoren reagieren (. . .), dann mag man sich fragen, warum es keine Berichte über eine ›zweite Berührung‹ gibt. In der Tat gibt es neuerdings Belege dafür, daß die verschiedenen Durchmesser der Fasern, die durch verschiedene Reize stimuliert werden, uns zwei Arten von Schmerzen, zwei Wärmearten, zwei Kältearten und drei Berührungsarten bescheren. Weiterhin gibt es eine große Anzahl Rezeptor-Faser-Einheiten, die ›multiple Spezifikationen‹ übertragen: Jede davon reagiert auf taktile, thermale *und* unangenehme Reize« (Melzack, 1973, S. 85, Übersetzung von mir, P. O.).

Es ist somit nicht wahrscheinlich, daß die unterschiedlichen Fasern *speziell* die Funktion der Schmerzleitung haben; sie übertragen auch viele andere Reizfiguren. Doch es besteht die begründete Vermutung, daß sie aus Gründen der Reizabwehr (und damit der Schmerzabwehr) überhaupt entstanden sind. Beide Fasergruppen treffen nämlich im Rückenmark (im Dorsalhorn) wieder aufeinander, und dieses Areal hat die Möglichkeit, *die Reizweiterleitung in die anderen Systeme zu unterbinden.* Dieses Areal funktioniert nach Melzacks Worten wie eine »Schleuse« (gate), die geöffnet oder geschlossen werden kann. Hier erhält die Aufspaltung des Schmerzes auf einmal ihren Sinn darin, daß der schneller vorangetriebene Impuls die Schleuse schließen kann, noch bevor die Masse des Schmerzes (in der langsameren Faser) sie erreicht hat. Es ist dies ein Zusammenhang, den Melzack (zusammen mit Wall) als die »Schleusen-Kontroll-Theorie« des Schmerzes folgendermaßen formuliert hat (vgl. auch Abbildung 5):

»Die Grundannahme dieser Theorie besteht darin, daß ein neuraler Mechanismus im dorsalen Horn des Rückenmarkes sich wie eine Schleuse verhält, welche den Fluß der Nervenimpulse von den peripheren Fasern ins Zentralnervensystem verringern oder heraufsetzen kann. Der somatische Input wird überprüft durch den moderierenden Einfluß einer Schleuse, bevor er Schmerzwahrnehmungen und -reaktionen hervorruft. Der Grad, in dem die Schleuse die sensorische Übertragung herauf- bzw. herabsetzt, wird bestimmt durch die relative Aktivität in den dickeren (A-beta) und dünneren (A-delta und C-)Fasern und durch absteigende Einflüsse aus dem Gehirn. Wenn die Summe der Informationen, die die Schleuse passieren, einen kritischen Punkt erreicht, dann werden die neuralen Gebiete, die für Schmerzerfahrungen und -wahrnehmungen zuständig sind, aktiviert. (...) Das konzeptuale Modell, das der Schleusen-Kontroll-Theorie des Schmerzes unterliegt, basiert auf folgenden Annahmen:

1. Die Übertragung der Nervenimpulse von den afferenten Fasern in die Rückenmark-Überträgerzellen (T) wird beeinflußt durch einen spinalen Schleusenmechanismus (SG) im dorsalen Horn.

2. Der spinale Schleusenmechanismus wird beeinflußt durch die relative Summe der Aktivitäten in den Fasern mit großem Durchmesser (L) und den Fasern mit kleinem Durchmesser (S): Aktivitäten in dicken Fasern tendieren dazu, die Übertragung zu hemmen (sie schließen die Schleuse), während die Aktivitäten in den dünnen Fasern dahin tendieren, die Übertragung zu unterstützen (sie öffnen das gate).

3. Der spinale Schleusenmechanismus wird beeinflußt durch Nervenimpulse, die vom Gehirn herabsteigen. (...)« (Melzack, 1973, S. 153 f., Übersetzung von mir, P. O.).

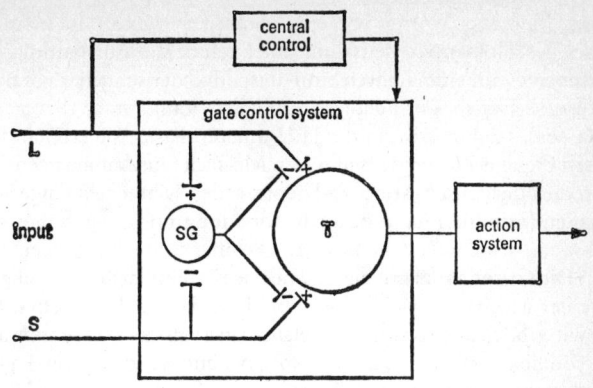

Abb. 5. »Schleusen-Kontroll-Theorie« (nach: Melzack, 1973, S. 154)

Dieser Schleusenmechanismus im Rückenmark ist freilich nur der *Anfang* einer Kette von Schleusungsprozessen, die auch in anderen Systemen ihre Fortsetzung finden. Hier liegt nur die erste Schleuse. Das ist deshalb verständlich, weil Reiz-Reaktions-Zirkel bereits auf der Ebene der einfachen Rückenmarksschaltungen (z. B. als Reflexe), die zunächst einmal keine Verbindungen zu höher gelegenen Systemen haben, eine wirksame Schleusung erfordern. Nach dem, was ich vorher über die Dreiteilung des Gehirns dargestellt habe, verwundert es auch nicht, daß Melzack das zweite wichtige Schleusentor in der Formatio reticularis (einem Teil des Hirnstammes) vorfindet (a. a. O., S. 160). Ja, dieser Teil scheint sogar die wichtigste Schleusenfunktion zu übernehmen:

»Der weitreichende hemmende Einfluß dieser Zone wird durch Beobachtungen (Jasper und Koyama) bestätigt, daß Stimulierung eines Feldes in dieser Region die Freisetzung einer großen Menge von Gamma-Amino-Buttersäure (GABA) bewirkt. Diese Substanz wird für einen chemischen Transmitter gehalten, der von hemmenden Neuronen freigesetzt wird. Alle Daten zusammengenommen lassen den starken Eindruck entstehen, daß ein Gebiet in der Formatio reticularis des Hirnstammes existiert, das in der Lage ist, einen sehr machtvollen hemmenden Einfluß auf die Übertragung in allen Ebenen des somatosensorischen Systems auszuüben. Es kann seinen Einfluß nicht nur auf das

Rückenmark-Schleusensystem ausdehnen (entweder direkt auf die T-Zellen oder auf die Substantia gelatinosa), sondern auf jeder synaptischen Ebene, auf der Informationsauswahl und -verarbeitung stattfindet« (a. a. O., S. 168).

Von hier gehen die Impulse schließlich in die beiden anderen Systeme (limbisches System und Neocortex) weiter. Und wie ich vorher schon aufgezeigt habe, werden die Impulse, je höher sie gelangen, zunehmend konkreter. »Schmerz« im limbischen System tritt nicht mehr auf als »gestaltloses Quantum« von Reizen, sondern als ganzheitliches Antriebs- bzw. Vermeidungsverhalten (a. a. O., S. 162). Bis der Schmerz schließlich im Neocortex als ausmachbarer Gehalt (als konkret benennbarer Schmerz) eintrifft, hat er somit seinen Weg durch vier Schleusen zurücklegen müssen. Schematisch zeigt das Abbildung 6.

Es ist interessant und für unseren Zusammenhang als weiteres Belegstück zu verbuchen, daß Melzack von einer ganz anderen Richtung her (von der Schmerztheorie) zu der gleichen Dreiteilung des Gehirns gelangt, die wir schon bei MacLean vorgefunden haben – und die heute noch keineswegs zu den anerkannten Befunden der Hirnphysiologie gehört. Allerdings lokalisiert Melzack dieses System auch noch inhaltlich:

– das erste System (Formatio) lokalisiert den Schmerz als somatisch-perceptive Information,
– das zweite System (das limbische) als motivationale Tendenz,
– das dritte System (Neocortex) als cognitive Information.

»Es wird angenommen, daß diese drei Kategorien der Aktivität miteinander interagieren, um folgende Daten über den bedrohlichen Reiz zu erlangen; eine *perceptive Information* über den Ort, die Schwere und die zeitliche Ausdehnung; die *motivationale Tendenz* in bezug auf die Frage Flucht oder Angriff und die *cognitive Information*, die auf der Analyse der verschiedenartigen Informationen, auf vergangenen Erfahrungen und auf der Möglichkeit beruht, daß das Ergebnis verschiedene Reaktionsstrategien umfaßt. Alle drei Formen der Aktivität können sodann den motorischen Ablauf beeinflussen, der verantwortlich ist für das komplexe Muster der offenen Reaktionen, die für den Schmerz charakteristisch sind« (a. a. O., S. 163).

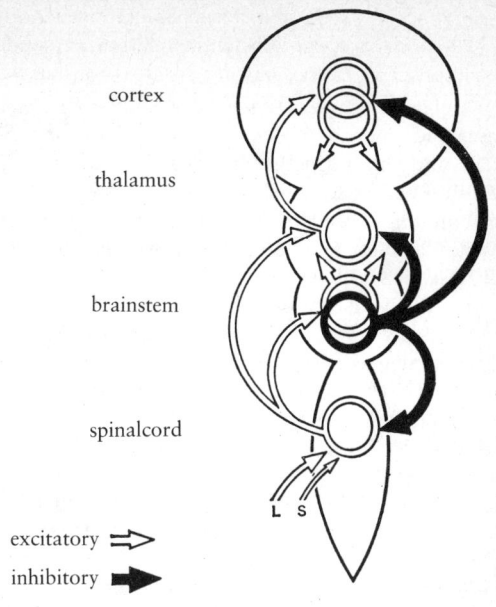

cortex

thalamus

brainstem

spinalcord

excitatory ⇒
inhibitory ➡

Abb. 6. (Aus: Melzack, 1973, S. 169)

Halten wir diesen Fund fest: Schleusung (und das heißt natürlich Abspaltung) von Schmerz kann in einem miteinander interagierenden System auf vier Ebenen stattfinden, im Rückenmark, im Hirnstamm, im limbischen System und im Neocortex. Auf allen diesen Ebenen kann die Übertragung des Schmerzes (und d. h. einer schmerzhaften Erfahrung) so blockiert werden, daß er in den nachfolgenden Systemen nicht mehr ankommt. Er ist »gegated«, d. h., er kann daran gehindert werden, seinen normalen Verlauf durch alle vier Ebenen hindurch bis zur konkreten Wahrnehmung, Lokalisierung und Verarbeitung durchzuhalten. In einem solchen Fall bleibt das »Ereignis« vor dem jeweiligen gate stecken. Es wird sich später (Kapitel 4) zeigen, auf welche Weise es dennoch im System verarbeitet wird.

Wichtig ist, daß auch diese »gate-control«, also das Öffnen und Schließen (oder besser: übertragende oder blockierende Transmitterausschüttungen) der gates abhängig ist von *vorherigen Erfah-*

rungen. Mit anderen Worte, die Lebensgeschichte des Organismus ist gleichzeitig die Geschichte der Produktion dieser gates und der Kontrolle darüber. Es ist eine Binsenweisheit, daß manche Individuen sehr viel mehr Schmerz (Hitze, Kälte etc.) vertragen können als andere. Auch manche Kinder halten sehr viel mehr Schmerz (Prügel, Demütigungen, Liebesentzug etc.) aus als andere – ihre Schleusen sind bereits sehr viel früher geschlossen, so daß ihnen die reale Handlung *scheinbar* nichts mehr ausmacht. Nun ist es so, daß mancher Schmerz nicht ausgehalten werden kann. In einem solchen Fall schließt sich das gate mit Sicherheit. Hier dürfte auch unser drittes Beispiel seine Erklärung finden. Der Schmerz, den diese mit der Mutter assoziierte Handlung hervorruft, ist für ein vierjähriges Kind in jedem Fall eine Überlastung, und – so können wir folgern – es kommt zu einer Abtrennung der problematischen und sehr schmerzhaften Körperstellen, die den Reizen ausgesetzt waren. Und natürlich ist auch die Gesamtsituation in dieser Abspaltung vertreten.

Viele Unfallopfer haben geraume Zeit nach dem Unfall (mit ernsthaften Verletzungen) keine Schmerzen – die gates sind zu. Es gibt Hinweise darauf, daß die gates auch mit Hilfe anderer Methoden beeinflußt werden können. Hypnose und Meditation z.B. scheinen einen hohen Grad an Wirksamkeit über die »gate-control« auszuüben. Insbesondere die Akupunktur ist in diesem Zusammenhang zu erwähnen, da sich an ihr zeigen läßt, daß ein Reiz in den verschiedensten Körperregionen die Schmerzleitung in vollständig anderen Regionen gaten kann. (So kann der Schmerz einer Magenoperation z.B. vollständig abgeschaltet werden, indem jeweils vier Nadeln in verschiedene Regionen des Ohrläppchens gesetzt werden.)

Auch der Gesamtbereich der Drogen (Nikotin, Koffein, Alkohol, Opiate, Pharmaka etc.) ist zu wenig mit der Abtrennung von Schmerzleitungen in einen Zusammenhang gebracht worden. Es scheint jedoch sicher zu sein, daß die Wirkung derartiger Substanzen im wesentlichen darin besteht, die gates an bestimmten Stellen geschlossen zu halten. Wir werden im nächsten Kapitel sehen, daß bestimmte Drogen für bestimmte gates wirksam sind und damit ganz bestimmte Schmerzerfahrungen zurückhalten.

Von großer Wichtigkeit in diesem Bereich ist ein Phänomen, dem Forscher seit Anfang der siebziger Jahre auf der Spur sind. Man hat herausgefunden, daß sich in bestimmten Hirnregionen Nervenzellen befinden, die Rezeptoren für Opiate ausgebildet haben. Da man nicht davon ausgehen kann, daß diese Rezeptoren zufällig entstanden sind und die Natur wohl kaum (wie der Entdecker dieses Phänomens, Solomon Snyder, schlußfolgerte) »Drogenrezeptoren ins Gehirn gepflanzt (hat), damit Morphium-Süchtige ihr Vergnügen haben« (stern, 1977, Heft 41, S. 116), lag die Vermutung nahe, daß der Körper selbst Stoffe produziert, die in diese Rezeptoren passen. Es gelang auch relativ schnell, im Gehirn Substanzen auszumachen, die den Morphinen sehr ähnlich waren. Diese sog. »Endorphine« entpuppten sich als Eiweißstoffe (»Peptide«), die aus nur fünf Aminosäuren bestehen und daher relativ einfach zu synthetisieren sind (vgl. DER SPIEGEL, 1978, Heft 8, S. 169).

»Von der Wirksamkeit der hauseigenen Endorphine haben sich die Forscher mittlerweile in zahlreichen Tierversuchen überzeugt. Dabei werden Mäuse, Ratten und Rhesusaffen dosierte Schmerzen zugefügt. Man setzt etwa eine kleine Maus auf eine 56 Grad heiße kupferne Herdplatte. Gewöhnlich hebt das Tier nach fünf Sekunden die Vorderpfote und leckt sie ab, damit es nicht so weh tut. Wurden jedoch Endorphine gespritzt oder verfüttert, so läßt die Schmerzreaktion lange auf sich warten – zwölf, fünfzehn oder zwanzig Sekunden –, je nach Dosis. Mit der Stoppuhr wird auch registriert, wie schnell eine Maus vor und nach Endorphingabe den Schwanz wegzieht, wenn man ihr mit einem warmen Lichtstrahl nahekommt. Ihren Rhesusaffen klemmen die Baseler Forscher elektrische Kontakte in die Ohrläppchen. Gleichzeitig verbinden sie die Versuchstiere mit einer Apparatur, die auf Tastendruck immer wieder Endorphine freigibt – durch einen dünnen Plastikschlauch direkt ins Blut. Auf diese Weise kann der Affe selbst bestimmen, wieviel Endorphine er braucht, um schmerzfrei und glücklich zu sein« (DER SPIEGEL, a. a. O.).

Freilich tritt auch hier der gleiche Effekt ein, der bei Drogen, die den Schmerz blockieren sollen, immer eintritt: Es folgt relativ schnell eine Phase, nach der das Tier dann süchtig wird. Der Schmerz ist nämlich nur so lange blockiert, solange die Droge real vorhanden ist; sobald die Wirkung nachläßt, muß sie aufs neue verabreicht werden – oder der Schmerz tritt mit aller Macht erneut hervor.

Es scheint also so zu sein, daß einige der im Hirn produzierten Neurotransmitter die Funktion haben, Schmerzerfahrungen abzublocken. Diese Substanzen (Endorphine) haben auf der Ebene der Molekularstruktur eine große Ähnlichkeit mit den Substanzen, die in der Natur als Opiate vorkommen. Aus diesem Grunde können auch Morphiummoleküle an die Rezeptorstellen der Zellen angelagert werden und dort die *gleiche Funktion* ausüben, die eigentlich von den Endorphinen besorgt werden müßte. Nur die strukturelle Ähnlichkeit mit den Endorphinen ist der Grund dafür, daß Opiate überhaupt schmerzabtrennende Funktionen übernehmen können.

Endorphine ebenso wie Opiate könnten somit die Substanzen sein, die den Abspaltungsprozeß von Schmerzerfahrungen für kurze Zeit bewerkstelligen könnten. Sie sind natürliche Substanzen, die eine Unterbrechung zwischen Hirnverbindungen herstellen können, die allerdings instabil sind. Deshalb müssen sie stets aufs neue verabreicht (bzw. produziert) werden. Wo dieser Prozeß versagt, kommt es zu einem Hochdrängen eben der schmerzhaften Erfahrungen, derentwegen sie eingesetzt waren. Der Morphiumentzug mit seinen typischen Begleiterscheinungen kann als ein anschauliches Beispiel für den heraufkommenden Schmerz angesehen werden. Süchtige, die entziehen, befinden sich im Schmerz. (Auch Ratten, deren Hirne vorher mit zwei Endorphinen angereichert waren, zeigten sofort Entzugssymptome, nachdem ihnen Naloxone – ein Opiat-Antagonist – verabreicht worden war. Vgl. Holden, 1977 c, S. 129.)

Bevor ich dieses Kapitel beende, möchte ich noch ein Beispiel dafür anführen, daß die durch Neurotransmitter abgetrennten Erfahrungen auch auf anderen Wegen ins Bewußtsein gehoben werden können. So hat Wilder Penfield (bei Hirnoperationen) bei einigen seiner Patienten mit Elektroden bestimmte Areale des offenen Hirns gereizt; es enthüllten sich dabei atemberaubende Erinnerungen, die die Patienten sogleich in Worte kleideten. Es handelte sich dabei nicht so sehr um Begebenheiten, an die sich der Patient erinnerte, sondern vielmehr um das »Wiedererleben von Momenten der Vergangenheit«.

»Ich sehe den Abfüllbetrieb von Seven-Up.
    Ja, Doktor, jetzt höre ich Menschen lachen – meine Freunde in Südafrika.

Meine Mutter sagt meinem Bruder, daß er den Mantel falsch herum angezogen hat. Ich höre sie gerade reden.‹

Den Patienten erscheinen solche Erinnerungen sehr lebhaft, und für Penfield bilden sie den Beweis, daß das Gehirn einen vollständigen und ununterbrochenen Bericht über den Bewußtseinsstrom aufzeichnet« (Calder, 1972, S. 119).

»Penfield weist nachdrücklich darauf hin, daß eine Rückblende in gespeicherte Lebensgeschichte durch Reizung mit Elektroden bewußt gemacht wird. (...) Es ist kein Zufall, daß Penfield berichtet, Angst sei die durch Elektrodenreizung am häufigsten ausgelöste Emotion« (Janov u. Holden, 1977, S. 45).

Wir sehen, daß die Blockierungen von gespeicherten Daten der Lebensgeschichte auch mit Hilfe von Elektroden, durch die ein schwacher Strom fließt, aufgehoben werden kann.

Auch hier ist noch einmal ein Beleg dafür gegeben, daß Abtrennungen vorgenommen werden, oder besser: daß in jeder Phase des Lebens Speicherungen stattfinden, Prozesse also, in denen die Realität im Kopf der Individuen aufgehoben ist – auch und gerade dann, wenn diese davon nichts wissen wollen.

Auch am Ende dieses Kapitels will ich versuchen, den Stand der Diskussion zusammenzufassen. Es ist zunächst aufgezeigt worden, daß die Ausgestaltung höherer organischer Lebensformen sich entlang von Interaktionsbeziehungen vollzieht. Diese Interaktionsbewegungen haben an vielen Stellen den Charakter von Traumatisierungen, die im organischen System entweder abgeführt werden können oder aber eine Blockierung erfahren, so daß sie innerhalb des Systems »gegated«, d. h. von den übrigen Erfahrungen abgetrennt, steckenbleiben. Der Körper hat, um diese Aufgabe lösen zu können, bestimmte Strukturen ausgebildet, mit deren Hilfe er auf einer jeweiligen Entwicklungsstufe (gebunden an die Hirnhierarchisierung) durch abtrennende Substanzen (Neurotransmitter) diesen Abspaltungsprozeß durchführen kann.

Es ist die Aufgabe des nächsten Kapitels zu zeigen, welche *konkreten* Bedingungen für die Sozialisationsgeschichte spezifisch menschlicher Strukturen gelten und auf welche Weise sich innerhalb der aufgezeigten Struktur das Persönlichkeitssystem der Einzelindividuen herausbildet.

Es soll dargestellt werden, daß Menschwerdung sich nirgends außerhalb dieser phylogenetisch grundlegenden Strukturelemente abspielt, sondern – im Gegenteil – sich als ein Prozeß herausstellt, der in der Bewältigung und Verarbeitung der schon aufgezeigten Überlebensnotwendigkeiten seine Konturen erhält.

4. Sozialisationsprozeß der ersten fünf Lebensjahre

4.1. Darstellung des Prozesses der Sozialisation als Herstellungsprozeß des Körperschemas

In diesem Kapitel soll der menschliche Sozialisationsprozeß der ersten fünf Lebensjahre dargestellt werden unter Berücksichtigung der im dritten Kapitel hergeleiteten Strukturprinzipien. Ebenfalls sollen die im zweiten Kapitel vorgestellten primärtherapeutischen Erkenntnisse in dieses Modell integriert werden, da ich glaube, daß eben diese Erfahrungen wichtige Hinweise über bisher bekannte Sozialisationsauswirkungen enthalten. Insbesondere der Begriff der »Interaktionsform« soll hier wieder aufgegriffen und in einen materialistischen Rahmen bezogen auf den Gesamtprozeß der Sozialisation gestellt werden.

Beginnen wir noch einmal – wie schon im ersten Kapitel – bei den allerersten Lebensäußerungen des Kindes.

Das grundlegend Neue der jetzigen Betrachtungsweise besteht darin, daß gezeigt werden kann, auf welcher Ebene prä-, peri- und postnatal (bis etwa fünf Monate nach der Geburt) ein Fötus bzw. Kleinstkind *nur* reagieren kann: Es ist jene, die im vorherigen Kapitel beschrieben worden ist als die *Ebene des stammhirnvermittelten Verhaltens*. Damit ist jegliche Spekulation über »Es« und »Trieb« zunächst einmal beiseite geschoben. Der Rahmen, innerhalb dessen Verhaltensweisen diskutiert werden können, ist klar abgegrenzt durch die Überlebenserfordernisse, die das System »Fötus« an seine äußere Umwelt stellt. Jede Erfüllung dieser Forderung wird als Erweiterung in das System integriert, jede Versagung als Störung im System verbucht. »Interaktionsform« ist die Schnittstelle dieser Prozesse, die bestimmt ist durch das beiderseitige Eintarieren in einem Spiel von Forderung und Erfüllung (bzw. Nichterfüllung). Sie ist auf dieser Ebene eine Form der Stammhirnengrammatisierung, bei der Körperprozesse (der körperliche Kreislauf von Aktion und Reaktion) *direkt*, d. h. auf der betroffenen Zellebene, und *indirekt*, d. h. auf der Repräsentationsebene des Hirnstammes, zur Einheit der Interaktionsform verschmelzen.

Diese Ebene der Interaktionsform hat verschiedene Spezifika, die im folgenden erläutert werden.

Zuerst einmal: Wie schon ausgeführt, haben die beschriebenen Formen der pränatalen Erfahrungen nichts zu tun mit *Erinnerungen*. Es gibt kein System, innerhalb dessen diese Früherfahrungen erinnert werden könnten. Ich will das erläutern. Der Begriff »Erinnerung« erfordert immer das gleichzeitige Vorhandensein zweier Ebenen. Eine, in der das Ereignis als begriffenes (d. h. der Symbolisierung fähiges) sich festsetzt, und eine andere, in der es (in symbolisierter Form) ins Bewußtsein oder nach außen gebracht werden kann. Dabei meint »Symbolisierung« hier ganz naiv: in irgendeiner Form (als Bild, Vorstellung, in der Mimik, Geste, Sprache etc.) *der Wiederholung fähig*. Wo eine der beiden Ebenen fehlt, kann nicht (oder nicht mehr) erinnert werden. Dort, wo nur die erste Ebene vorhanden ist, die zweite jedoch nicht, müssen wir eine Abspaltung (Verdrängung, Desymbolisierung) vermuten; d. h., Erinnerung ist (aus welchem Grund auch immer) *unterbunden*. Dort, wo die erste Ebene nicht vorhanden ist, und zwar dadurch, daß das Ereignis zu einer Zeit stattfand, als die Symbolsysteme selbst noch nicht ausgebildet waren, ist Erinnerung *unmöglich*.

Dieser Sachverhalt hat lange Zeit große Verwirrung in den Theorien der Mediziner und Psychologen verursacht, da sie aus der Tatsache, daß Erinnerung nicht möglich ist, abgeleitet haben, daß Erfahrungen hier vom Kinde wohl auch nicht wahrgenommen und gespeichert würden. Hinzu kam, daß Erinnerung immer als Großhirnphänomen angesehen wurde und die mangelhafte pränatale Entwicklung dieser Hirnstruktur darauf schließen ließ, daß in der Tat keine Spuren hinterlassen werden.

Doch wie schon gesagt, um Erinnerung geht es ja auf der Ebene der Interaktionsformen auch nicht. Das neocorticale Bewußtsein (und nur dieses kann erinnern) ist nämlich gemessen an den Lebensvorgängen, um die es im Moment geht, von untergeordneter Bedeutung. (Darüber mehr in Abschnitt 3 dieses Kapitels.) Um was geht es also?

Nun, es geht um praktische Erfahrungen, die auf das Körpersystem des Kindes treffen und dieses in entscheidender (und nicht erinnerbarer) Weise beeinflussen – *es geht um den Bereich der Erlebnisse*. Dieser Bereich ist natürlich lange vor der Geburt gegeben, und es findet hier bereits eine körperliche Beeinflussung und Beeinträchtigung des fötalen Organismus statt.

Nehmen wir einen Extremfall:

»Jennifer war zehn Stunden alt und brauchte bereits einen Schuß. Sie schrie. Ihr Körper schüttelte sich im Schmerz und versteifte sich. Sie japste nach Atem und weinte durchdringend. Jennifer wurde geboren und war Methadon-süchtig. Ihr System war durch ihre Mutter schon vor der Geburt mit Drogen zugeschnürt worden, weil diese seit sechs Jahren süchtig war. Etwa zwei Wochen lang mußte Jennifer durch den Entzug. Sie war sehr empfindlich während dieser Zeit, Essen und Schlafen waren sehr schwierig. Schließlich gelang es den Ärzten, sie mit Hilfe des Beruhigungsmittels Thorazine und der ununterbrochenen Pflege durch die Mutter zu entgiften« (Los Angeles Times, zitiert nach Holden, 1977 c, S. 118).

Jennifers Körpersystem war gezeichnet durch eine pharmazeutische Traumatisierung schwerster Art. Der Körper der Mutter hatte ihrem Körper eine Balance verschafft, die mit der Realität, in die Jennifer hineingeboren wurde, nicht übereinstimmte. Jennifer mußte jetzt pausenlos auf diese, aus dem Inneren drängende, traumatische Reizfülle reagieren, um die Schmerzquanten aus dem System zu entfernen. Auch ohne das vorher Gesagte leuchtet unmittelbar ein, daß eine derartige Versagung später nicht mehr erinnerbar ist, da Erinnerung gar keinen konkreten Punkt (keinen konkreten Vorgang) hätte, an dem sie festzumachen wäre. Die Schmerzen des Entzuges stellen sich ja nur dar als aus dem Inneren des Körpers aufsteigende Reizüberflutung, die auf Abfuhr drängt und die sozusagen den Kampf ums Überleben auslöst. Und Jennifer kämpft. Sie schreit, weint, versteift sich, schüttelt sich, ist empfindlich, kann nicht essen und nicht schlafen. Sie *erlebt* eine Welt der totalen Verzweiflung, des totalen Schmerzes. Nach 14 Tagen ist der Kampf vorbei; sie ist, wie die Ärzte sagen, entgiftet. Zumindest scheint es nach außen so. Sie hat überlebt. Doch dieser Kampf – so lautet meine These – hat tiefe Spuren in ihrem Körpersystem hinterlassen, die sie ihr gesamtes Leben mit sich herumtragen wird. Sie wird große Teile ihres späteren Lebens im Hinblick auf diese frühe Schmerzerfahrung organisieren. Wir wissen nicht, wie Jennifers Geschichte weitergeht, doch wir wissen heute (aus der primärtherapeutischen Praxis), wie derartige Erlebnisse ins Körpersystem einwandern, und wir wissen sogar, wie es ist, wenn derartige Erfahrungen noch einmal erlebt (besser: wiedererlebt) werden.

»Wenn der Aufenthalt im Mutterleib unangenehm war, wenn die Mutter unter chronischen Spannungen litt, einen schnellen oder unregelmäßigen Herzschlag hatte, zu abrupten Bewegungen neigte, rauchte, Alkohol trank und Rauschmittel nahm, dann bildet sich bereits im Fötus eine unbewußte Einstellung heraus, Welt und Leben seien unsichere Angelegenheiten, denen man nicht trauen könne. Diese Erfahrung in utero sowie ein schwieriger Geburtsprozeß und falsche Behandlung in den ersten Lebensmonaten verfestigen eine rudimentäre Einstellung gegenüber dem Leben, die ihren Anfang im Mutterleib nahm. Die anfängliche Einstellung wird später in begriffliche Vorstellungen übersetzt, sobald das Kind dazu in der Lage ist; sie kleiden sich in Worte wie ›Man kann niemandem trauen. Die Welt wird von Gemeinheit beherrscht‹. All diese sogenannten paranoiden Gedanken haben einen realen Grund – in der realen Erfahrung des Kindes während seines uterinen Lebens« (Janov, 1974, S. 164 f.).

Ich will noch ein weiteres Beispiel dafür anführen, über welche Wege der Prozeß der körperlichen Beeinträchtigung verläuft und wie die Früherfahrungen darin eingewoben sind. Janov berichtet über seine eigene Primärerfahrung folgendes:

»Ich habe mich oft gefragt, warum die Dunkelheitsangst ein so universelles Phänomen ist; erst seit meinem letzten Urerlebnis habe ich eine Erklärung dafür. Ich werde dieses Urerlebnis ausführlicher erläutern, weil ich glaube, daß es zum Verständnis der Angst vor Dunkelheit beitragen kann. Ich hatte während des betreffenden Tages in einem Swimming-pool gebadet und geschwommen, dessen Wasser ziemlich warm war, und hatte viel getaucht, um festzustellen, wie lange ich es unter Wasser aushalten könnte, ohne Luft zu holen. Nachdem ich eine Zeitlang unter Wasser gewesen war, überkam mich, als ich wieder auftauchte, ein Angstanfall, der mit dem seltsamen Gefühl verbunden war, gleich den Verstand zu verlieren. Ich verspürte einen solchen Druck im Kopf, daß ich glaubte, ihn nicht ertragen zu können – und es schien mir, als könne ich den Atem nicht mehr anhalten. Ich legte mich einige Minuten nieder, um auszuruhen, versuchte mir das Gefühl auszureden und vergaß es schließlich. Am Abend desselben Tages spürte ich, allein in meinem Bett liegend, wie das Gefühl, den Verstand zu verlieren, wieder von mir Besitz zu ergreifen drohte. Ich hatte vor irgend etwas Angst, das ich nicht definieren konnte. Ich lief ins Badezimmer, schaltete das Licht ein und versuchte, die Fassung wiederzugewinnen. Das eingeschaltete Licht beruhigte mich, doch ich wußte nicht, warum; auch war mir in diesem Augenblick nicht klar, daß die eingeschaltete Lampe eine beruhigende Wirkung auf mich ausübte.

Ich legte mich wieder ins Bett, und die Angst verstärkte sich. Dann tauchte ich in das Gefühl ein und ließ mich von ihm forttragen. Schließlich versank ich in ein Geburtsprimal, hatte das Gefühl, ersticken zu müssen, und schnappte nach Luft; mein Gesicht muß dabei rot angelaufen sein. Während des Primals löste sich die Angst völlig auf; ich erlebte ganz einfach die vierstündigen Geburtswehen wieder und bemühte mich, ins Freie zu gelangen. Nach dem Urerlebnis verstand ich die entsetzliche Angst vor der Dunkelheit, die mich in der Kindheit immer wieder überfallen hatte. Ich verstand plötzlich, warum das Licht immer angeschaltet sein mußte, wenn ich schlafen ging. Während des Primals hatte ich das Gefühl, ganz allein einen Kampf auf Leben und Tod bestehen zu müssen, ohne daß jemand mir zu Hilfe kam oder mich tröstete. Als ich schließlich aus dem Geburtskanal ans Licht gelangte, nahm mich jemand auf den Arm und gab mir das Gefühl der Sicherheit. Licht wahrnehmen zu müssen war eine konditionierte, eine bedingte Reaktion; das heißt, mit Licht war für mich das Gefühl von Sicherheit und Wohlbehagen verbunden. In späteren Jahren überfiel mich Angst vor der Dunkelheit, weil die unbewußte Angst, die sich während der Geburt bei mir festgesetzt hatte, wieder auftauchte, wenn ich nachts allein im Bett lag. Als mich während der besagten Nacht Angst überkam, lief ich aufgrund einer eingeschliffenen Reaktion ins Badezimmer und schaltete das Licht ein, ohne die geringste Ahnung zu haben, warum ich das tat. Das Licht stand als Symbol für Ruhe und Sicherheit, die ich empfand, nachdem ich bei der Geburt endlich das Licht der Welt erblickt hatte« (Janov, 1974, S. 195 ff.).

Dieses Beispiel ist auch aus einem anderen Grunde für unseren Zusammenhang wichtig. In ihm wird die Beziehung zwischen einer Früherfahrung und einem späteren Symptom deutlich, und der Prozeß der *Erinnerung* kommt auf eine neuartige Weise ins Spiel. Jetzt allerdings in einer Form, die für Erinnerungen typisch ist. Ordnen wir das Material: Das, was der Erinnerung zugänglich ist, war die »Angst vor der Dunkelheit«. Alles andere war dem Autor nicht bekannt. Eine bestimmte Situation »Luftmangel im Swimming-pool« ließ Reaktionen entstehen, nämlich »Angst, den Verstand zu verlieren« und »Druck im Kopf« – beide Reaktionen waren nicht einzuordnen. Die später aufkommende Angst der gleichen Art konnte erst bewältigt werden, indem Janov eine Lampe einschaltete. Das waren formal die Segmente, die vor dem Primärereignis lagen. (Man muß sicher hinzufügen, daß sich der Körper Janovs durch die bisherigen Primärereignisse sehr viel sensibler gegenüber aufkommenden Gefühlen verhält, als das normalerweise der Fall wäre.) Das Primärereignis selbst (das von diesen Segmenten seinen Ausgang nahm) löste den Gesamtzusammenhang jetzt in der oben zitierten Weise auf. Die damalige Situation, die gleichsam der Produktionsort (oder einer der Produktionsorte) für das Symptom war, wurde *wiedererlebt*. Im Wiedererleben lag gleichzeitig die Auflösung *und* das Verstehen des Symptoms. Von großer Wichtigkeit ist, daß ein Vorgang, der jahrzehntelang jenseits der Erinnerung lag, im Wiedererleben *jetzt auch erinnerbar wird*. Das ist deshalb möglich, weil das Primärereignis (als eine zurückgeholte damalige Erfahrung) *jetzt* auf ein System stößt, das die Möglichkeiten für mehrere Ebenen prinzipiell hat. Darin liegt auch der Grund, daß ein früheres Ereignis (wie z. B. die Geburt) für einen Primärpatienten erinnerbar ist: Er hat es nämlich noch einmal erlebt und kann es *jetzt* einordnen und zu seinen sonstigen Lebensäußerungen in eine Beziehung setzen. Er kann über seine Geburt mit anderen kommunizieren, weil er sie erst gestern (aber nun mit seiner reifen psychischen und physischen Körpersituation) erlebt hat – ein Vorgang, der ihm (wie allen anderen auch) vorher unmöglich gewesen wäre. Traumatisierungen auf dieser Ebene – so müssen wir annehmen – sind zunächst einmal sehr unspezifisch. Sie sind nicht eingebunden in *Geschichten* oder (wie später) in konkrete Szenen; sie bilden sozusagen das *Allgemeine*, ein allgemeines Thema, das später in vielen Variationen auftauchen und in die Gegebenheiten der Welt eingeflochten werden kann. Von besonderer Wichtigkeit ist, daß diese Traumatisierungen zu einem großen Teil stattfinden auf einer Linie, die der Mittellinie des Körpers entspricht. Weite Teile des von dem

Trauma betroffenen Gewebes gehören der Viszera an. Insbesondere der gesamte Atmungstrakt, der Magen-Darm-Trakt und die Region der Wirbelsäule sind – wie die primärtherapeutischen Erfahrungen belegen – die bevorzugten Körperregionen, auf denen Traumatisierungen dieses frühen Lebensalters und die *Reaktionen* auf diese Traumatisierungen sich abspielen. Es ist sicher mehr als ein Zufall, daß es sich dabei um Regionen handelt, die bevorzugt von dem (phylogenetisch ältesten) Hirnteil koordiniert werden, das MacLean als das Paleosäugetier-Gehirn (also der heutige Hirnstamm) beschreibt. Und natürlich ist es kein Zufall, daß gerade dieses Hirnteil schon Monate vor der Geburt voll funktionsfähig ist – erst das ist ja die Voraussetzung dafür, daß die Traumatisierung überhaupt auf einer höheren Ebene registriert werden kann. Natürlich muß dieses Argument umgedreht werden: Eben weil das Stammhirn die erste funktionsfähige Einheit ist, werden in ihm jene frühen Traumatisierungen aufbewahrt. Diese Ebene, die für die ersten Lebensäußerungen des Organismus von großer Bedeutung ist, hat auch für den Bereich der Primärtherapie ihre eigene Dynamik. Patienten, die hierhin gelangen (und das geschieht in der Regel erst nach einigen Monaten, manchmal nach Jahren), berichten, daß ihre Erfahrungen hier ausschließlich aus gesamtorganischen körperlichen Traumatisierungen bestehen. Janov, der diese Ebene die »first line« nennt, berichtet, daß auf diesem Strang eine unmittelbare Beziehung zu psychosomatischen Erkrankungen der folgenden Art vorzufinden ist:

> »Spannungskopfschmerzen, Migränekopfschmerzen, neurotisches Nasenlaufen, neurotisches Niesen, Globus hystericus (Kloß im Halse), Asthma, Hyperventilation (zu starke Beatmung der Lunge), Tachykardie (Herzjagen) bei emotionalem Streß, gastrische Säureübersekretion, gastrische Hypermotilität, einige Arten von gastrischem und duodenalem Ulkus, ulzeröse Kolitis, Diarrhö, Obstipation und vielleicht (idiopathische) Hypertensions gehören zu den viszeralen Störungen; sie umfassen einen großen Teil jener Krankheiten, die Menschen einen Arzt aufsuchen lassen« (Janov und Holden, 1977, S. 94).

Diese von »first-line-Traumata« induzierten Symptome sind auch von der Psychoanalyse schon als »psychosomatische Erkrankungen« in einen frühen Bereich der Menschwerdung verwiesen wor-

den. Diese Vermutung findet ihre Logik darin, daß dem Kleinstkind keine andere Möglichkeit des Reagierens zur Verfügung steht
als eben die viszerale Aktivität der »anatomischen Mittellinie des
Körpers« (Janov). Denken wir uns den Fall, daß der Organismus
Hunger hat. Ein Erwachsener wird (ebenso wie ein vierjähriges
Kind) gegen diesen Hunger selbständig etwas zu unternehmen
wissen. Nicht jedoch das zwei Monate alte Kind. Es hat keine
andere Möglichkeit als

> »eine erhöhte Produktion von Magensäure oder verstärkte ga-
> strische Muskelkontraktionen, aber wenn der Säugling dann
> noch immer keine Nahrung, keine Milch erhält, dann kommt es
> zu einer ›viszeralen Attacke‹. Mit Sicherheit werden Hunger,
> Durst, Atemstörungen, übermäßige Wärme oder Kälte oder
> auch Schmerz von einem Säugling als ausgesprochen widrig
> und unangenehm erlebt. Es zeichnet sich mithin das Prinzip ab,
> daß Säuglinge auf aversive Reize nur mit Schreien und viszeraler
> Motilität reagieren können« (Janov, 1977, S. 95).

Der Schmerz auf der »first-line« ist rein körperlicher Schmerz.
Auch die Abwehr (die Reaktion gegen diesen Schmerz) ist rein
körperlicher Natur. Doch nicht allein der abgetrennte Schmerz
bildet das, was (auch schon auf der first-line) das Unbewußte genannt werden kann. Viel entscheidender ist, daß mit dem Schmerz
auch gleichzeitig Teile des Körper*bedürfnisses* dieses Kindes in
den Bereich der Abspaltung (des Unbewußten) hineingezogen
werden. Der Säugling muß also auch Teile seiner Bedürfnisse –
eben weil sie nicht befriedigt werden und deshalb ständig neuen
Schmerz produzieren – in diese erste Schicht des Unbewußten
eingehen lassen. Insofern sind es nicht nur die Schmerzen des Kindes, die aus dem bewußt erfahrbaren Körpersystem des Kindes
ausgeblendet werden, sondern ebenfalls wichtige Segmente seines
Lebensbereiches, die jetzt nicht mehr zugelassen werden dürfen.
Ja, sogar die *Reaktionen* auf den Schmerz können – wenn sie von
den Bezugspersonen längere Zeit nicht zugelassen oder beachtet
werden – dem Gesamtzusammenhang der Abspaltung verfallen.
  Hierin dürfte das eigentlich Problematische solcher Rituale wie
z. B. der »Fütterung nach Plan« liegen. Das Kind integriert relativ
schnell die total an seinen Bedürfnissen vorbei organisierte Fütterung nach einem »Plan« (seiner Eltern), der für das Kind vollkom-

men undurchschaubar ist, und es muß die Schmerzerfahrung, die dabei in seinem Organismus entsteht, so schnell als möglich (mitsamt dem Protest oder Kampf dagegen) abwehren und im Körper begraben. Das Resultat ist ein kindliches Universum, das schon an dieser Stelle aus einer vollständigen Nichtachtung der kindlichen Bedürfnisse besteht. »Welt« bedeutet für ein solches Kind die totale Unzuverlässigkeit und Mißachtung gegenüber seinem sich gerade entwickelnden Körper.

Es ist schon gesagt worden, daß diese Art der schmerzhaften Erfahrungen (die der first-line) die schlimmsten sind, denen das Kind während seiner gesamten Existenz ausgesetzt sein kann. Eben weil es kein System gibt, in dem sie umformuliert werden können (wie z.B. später das Großhirn), treffen sie als nackter Terror auf das Körpersystem und beeinflussen (wenn auch unspezifisch und diffus) alle weiteren Lebensvorgänge. Zuerst einmal haben sie allerdings kein anderes Vehikel als eben den Körper, in dem sie sich austoben können. Weil ihnen die reale Verrücktheit versagt bleibt (psychotisch kann nur der werden, der bereits über erweiterte Systeme verfügt), bleibt ihnen im Extremfall nur die Möglichkeit, den »Wahnsinn« in den Körper zu verlegen: Diese Art der Verrücktheit des Körpers nennen wir »psychosomatische Erkrankung«. Janov stellt die These auf, daß besonders dramatische Schmerzerfahrungen (auch wo sie das Gewebe physisch nicht zerstören) bereits auf der Zellebene schwerste Beeinträchtigungen hervorbringen können. Eine Form des »Wahnsinns der Zelle« (a. a. O., S. 380) könnte eine derartige Veränderung nach sich ziehen, die eine Erkrankung produziert, die wir dann »Krebs« nennen.

»So wäre Krebs das Ergebnis schwerwiegender Schmerzen der ersten Ebene, Kolitis wäre etwa weniger schwerwiegend und Magengeschwüre noch weniger und so weiter. Krebs als Krankheit der Zellen wäre eine Krankheit der ersten Ebene und wäre das Ergebnis von Druck der ersten Ebene auf bestimmte Zellen. Krebs ist ja tatsächlich meistens mit der Viszera und der Mittellinie verbunden und beeinträchtigt genau jene Bereiche, die die erste Ebene vermittelt« (Janov, 1977, S. 258).

Das ist nicht ganz so abwegig, wie es auf den ersten Blick erscheinen mag. Nachdem auf der Suche nach einem Krebs*erreger* mittlerweile fast jede synthetisch hergestellte Substanz bereits einmal in Verdacht geriet und man damit im Grunde genommen keinen Deut weiterkam (es dürften heute einige Tausend krebsfördernde Substanzen ausgemacht sein), gibt es jetzt – auch und gerade im Bereich der Medizin – schon sehr laute Stimmen, die nicht mehr die Suche nach den krebsproduzierenden Stoffen fordern, sondern eine Erforschung der krebsproduzierenden äußeren Interaktionsbedingungen verlangen (vgl. die SPIEGEL-Titelgeschichte: »Krebs durch Seelenschmerz und soziale Qual?«, Heft 45, 1977). Dabei ist es grundsätzlich plausibel, daß die materiellen Prozesse, die letztlich die Zerstörung auf der Zellebene bewirken, nach der gleichen Mechanik verfahren (nur eben schwerwiegender sind) wie die Prozesse, bei denen, aus Interaktionsschicksalen heraus, Magengeschwüre oder Herzrhythmusstörungen entstehen. Die Umsetzung sozialer Einflüsse auf den Metabolismus des Körpers (z. B. im Begriff des Streß) ist ja lange erwiesen – welchen Grund sollte es haben, daß diese Veränderungen nicht auch auf der Zellebene wirksam werden können?

»Krebskranke, so Bahnsons Hypothese, haben während der ersten Lebensjahre sehr enge Bindungen an einen Elternteil, freilich ›weder glückliche noch unkomplizierte‹. Vielmehr ist die Krankheit überschattet von Konflikten und Tragödien: Tod, Scheidung, Eifersucht, Inzest. Wegen des Mangels an liebevoller Zuneigung während der frühen Jahre gelingt es solchen Menschen im späteren Leben nur mit Mühe, eine wertvolle Partnerbeziehung herzustellen. Triebe, Bedürfnisse und Spannungen werden verneint, ›verdrängt‹, mithin weder im Alltag noch in der Phantasie der Umwelt zugewendet, ›sondern in das biologische Medium, in den Organismus selber hinein entladen‹. Das kann lange gutgehen. Am Ende aber präsentiert der durch ungelöste seelische Konflikte arg geschundene Leib die Rechnung: Er erkrankt. Bahnson und andere Psychosomatiker sind sich über die Stufen auf dem Pfad zur Krankheit mittlerweile ziemlich einig« (DER SPIEGEL, a. a. O., S. 106).

Das große Problem bei der Erforschung solcher Zusammenhänge dürfte freilich in der Überwindung der naturwissenschaftlichen Paranoia einer Medizin liegen, die bei allen Störungen eines Systems zunächst einmal fremde Eindringlinge wittert. In diesem

Zusammenhang ist ein anderes Phänomen von großer Aussagekraft. Es gibt das – medizinisch vollkommen ungeklärte – Krankheitsbild, das eigentlich gar keines ist: Jährlich sterben etwa 15 000 bis 25 000 Neugeborene bzw. Kleinstkinder einen »plötzlichen Krippentod« (sudden crib death syndrome). Kinder, die zuvor keine Krankheitssymptome aufwiesen (außer gelegentlichen Halsschmerzen oder Erkältungen) und die sich noch abends zuvor relativ munter verhielten, liegen am nächsten Morgen tot im Bett. Dieser Tod rechnet zu den Haupttodesursachen bei Kindern im Alter zwischen einer Woche und einem Jahr (mit einer deutlichen Spitze im Alter zwischen zwei und drei Monaten).

> »Es ist bekannt, daß dies öfter bei Jungen als bei Mädchen passiert und daß es außerdem häufiger bei Nicht-Weißen in niedrigen sozio-ökonomischen Schichten vorkommt. Ebenso gibt es eine höhere Rate bei flaschengefütterten (Kuhmilch) als bei brustgefütterten Kindern. Gewöhnlich ereignet sich der Tod während des Schlafes und ist in den Wintermonaten häufiger. Etwa vierzig Prozent der Kinder haben eine Entzündung der oberen Atemwege oder eine Erkältung etwa zwei Wochen vor dem Tode, wieder andere entwickeln diese Symptome erst einige Stunden vor ihrem Tod« (Knecht, 1976, S. 214, Übersetzung von mir, P. O.).

Hemminger hat darauf hingewiesen, daß in allen Fällen des »sudden crib death« das Kind nur stirbt, wenn es allein ist, »nie in Gegenwart eines Betreuers« (1977, S. 98). Es ist möglich, daß auch hier eine tiefe Übereinstimmung zwischen Interaktionsschicksal und Körperschicksal vorliegt. Es gibt Hinweise darauf (vgl. Guilleminault, zitiert bei Knecht), daß der Tod bei diesen Kindern in einem Schlafstadium eintritt, in dem der Körper gegen Schmerzen (der first-line) relativ unabgewehrt ist. Dieses Schlafstadium (»Tiefschlaf« im Gegensatz zum REM-Schlaf) ist dadurch gekennzeichnet, daß in ihm besonders intensive (um Leben und Tod handelnde) Alpträume stattfinden. (Primärtherapie-Patienten, die in diesem Schlafstadium aus einem Horrortraum erwachen, können nicht sofort an ihre Gefühle heran, weil die Abwehr hier zu sehr geschwächt ist – sie sind zu weit offen –, sie müssen erst einige Zeit verstreichen lassen, bevor sie Zugang zu ihren Gefühlen bekommen. Im Gegensatz dazu haben sie unmittelbar nach einem Alptraum während des REM-Schlafes [ein Schlaf der zweiten Ebene] unmittelbaren Zugang zu ihrem Schmerz.)

Es ist die Vermutung der primärtherapeutischen Autoren, daß »sudden crib death« vermehrt bei den Kindern auftritt, die besonders dramatische Schmerzerfahrungen erlebt haben und bei denen im Stadium des Tiefschlafes (stage four sleep) der Schmerz relativ unabgewehrt in die Systeme fluten kann, so daß diese bei einer Überlast abschalten. In Kategorien der Interaktionstheorie gesprochen: Ein großer Anteil der abgewehrten und besonders traumatischen Erlebnisanteile der Interaktionsformen wird von der Abwehr freigegeben und überlastet das System. Es gibt ein vergleichbares Phänomen, das für eine derartige Annahme spricht: nämlich das der *Konvulsionen*. Oft treten bei Patienten der Primärtherapie (gerade bei Erlebnissen auf der first-line) Konvulsionen auf, die mit besonders bedrohlichen körperlichen Zuständen und Erlebnisqualitäten verbunden sind. Hemminger notiert dazu:

> »Als erste Arbeitshypothese betrachte ich daher die Konvulsionen in der Primärtherapie und indirekt damit die Konvulsionen von Säugling und Fötus als eine regelkatastrophenähnliche Überlastungsreaktion des ZNS, die eintritt, wenn sich ein emotionaler und physiologischer Alarmzustand immer mehr steigert. Diese Überlastungssituation besteht in einem unspezifischen Ausbruch von extremer Erregung einiger Hirnzentren (vielleicht besonders vom diencephalen Alarmzentrum), die sich auf die Motorik überträgt. (...) Durch die Konvulsion wird natürlich nicht das ursprüngliche Problem gelöst. Verschärft sich dies weiter, stirbt das Kind oder trägt einen dauernden organischen Schaden davon« (Hemminger, 1977, S. 35).

Konvulsionen scheinen somit für das ZNS eine Möglichkeit (wenn auch eine der letzten, verzweifelten) zu sein, angesichts der Überfülle traumatisierender Reize doch noch eine Abfuhr auf körperliche Art zustande zu bringen und so die Funktionsfähigkeit aufrechtzuerhalten.

Das dürfte besonders für den Bereich gelten, dem wir uns jetzt zuwenden. Sämtliche primärtherapeutischen Autoren berichten übereinstimmend, daß die wohl gravierendsten Schmerzerfahrungen dann wiedererlebt werden, wenn die Patienten sog. »Geburtsprimals« haben. Interessanterweise verändern sich nach diesen Geburtserfahrungen besonders hartnäckige Symptomgruppen (z. B. Migräneanfälle, Herzstörungen etc.) relativ rasch, und große Teile der Symptome verschwinden vollständig. Diese beiden Befunde zusammengenommen lassen den starken Verdacht entstehen, daß bei den Erklärungen zur Entstehung der Persönlichkeitsstruktur dem Vorgang der Geburt bislang viel zu wenig Aufmerksamkeit geschenkt wurde. Diese Vermutung wird besonders auffällig in dem Moment, in dem man nachprüft, wie es wäre, wenn bei einem Geburtsvorgang der Säugling tatsächlich alle Erfahrungen und Reize, die während des Geburtsaktes auf den fragilen Organismus prallen, wahrzunehmen und zu registrieren in der Lage wäre (eine Annahme freilich, die von der Schulmedizin schlichtweg abgestritten wird). Denken wir einen Moment lang noch gar nicht an den mütterlichen Organismus, der durch neurotische Ängste und Schmerzen geschüttelt, den Fötus nicht preisgeben will und ihn im Geburtskanal hin und her reißt, denken wir auch nicht daran, daß die Preßwehen das Kind mit einer Kraft von einem Zentner vorwärtsdrücken in einem von allen Seiten (be-)drückenden und einengenden Milieu – denken wir nur an die Außenwelt, in die das Kind auf eine bestimmte Weise gelangt:

— da ist der pharmazeutische Eingriff, der von außen bestimmt, wann es losgehen soll,
— da ist die medikamentöse Beeinflussung der Mutter, deren lähmender Einfluß auf das Kind übertragen wird, so daß es in diesem Vorgang (bei dem es auf aktive Mitarbeit ankommt) total hilflos alles über sich ergehen lassen muß,
— da sind die den Körper zusammendrückenden und ihn zerreißenden Hände des Geburtshelfers (im Extremfall sogar die eiserne Zange),
— da ist das grelle, gleißende Licht, in das hinein das Kind geboren wird und das keine Rücksicht auf die lange vorgeburtliche Dunkelperiode nimmt,
— da sind die Geräusche, die Schreie der Mutter, die barschen Befehle, oft in einer Atmosphäre von Kommiß und Tränen,
— da ist die Kälte, in die hinein das Kind jetzt gelangt (etwa 10 Grad Temperaturunterschied zwischen drinnen und draußen),
— da ist der erste Atemzug, der quälend und unter hohem Druck erst einmal die Lungen öffnen muß,

– da ist die brennende Flüssigkeit, die jedem Kind (prophylaktisch) in die Augen geträufelt wird und sie für Tage verschließt,
– alle Rhythmen, die das Leben des Kindes begleitet (mütterlicher Herzschlag, Atemtätigkeit etc.), sind mit einem Schlage verschwunden,
– ganz zu schweigen von dem Übergang zwischen einer sehr engen (intrauterinen) Interaktionsbeziehung, sodann der wohl intensivsten Interaktionsbeziehung, die überhaupt erlebt werden kann (der Geburtsvorgang selbst) hinein in die Abstellkammer moderner Geburtshilfekliniken (stundenlang, oft tagelang keinen ausreichenden Kontakt zu dem ehedem lebensspendenden Milieu).

All diese Zerstörungen zusammengenommen ergeben sozusagen das Grundmuster des Eintritts in die Welt. Frederick Leboyer, der in seiner Methode der »Geburt ohne Gewalt« (1975)[14] die meisten der oben aufgeführten Traumatisierungen abgeschafft hat, ist nach etwa 10 000 Geburten und vergleichenden Untersuchungen mit anderen »normalgeborenen« Kindern der festen Überzeugung, die Geburt sei ein sehr gewichtiger Teil der Menschwerdung. Er sieht die herkömmliche Geburt als ein Ensemble von Gewalt und Leiden und ist der Überzeugung, daß Kindern, denen diese Gewalt erspart bleibt, ein sehr viel direkteres (d. h. abspaltungsfreieres) und positiveres Verhältnis zur Welt eigen ist. Kinder, die nach seiner Methode zur Welt gekommen sind, beschreibt er so:

> »Sie sind nicht unter Spannung. Sie erscheinen sehr stabil, sehr offen, und sie lachen gern. Sehen Sie, alles was neu ist, ist diesen Kindern willkommen. Es ist ja so: Entweder du entscheidest dich für ja oder nein; entweder du bist erfreut, wenn es etwas Neues gibt, oder du bist ängstlich; entweder du klammerst dich sehr an die Vergangenheit, oder – im Gegensatz dazu – du bist offen für Neuerungen. Und – ganz offenkundig – diese Kinder nehmen alles, was neu ist, erst einmal mit Freude an. Es erscheint, als seien diese Kinder ruhig, doch sie sind nicht passiv. Ganz am Anfang fragte ich mich: ›Vielleicht werde ich Babies bekommen, die passiv sein werden‹, doch nein, das Gegenteil war der Fall, sie waren lebhaft, weil sie keine inneren Widersprüche hatten; ja, sie schienen vollkommen frei zu sein von

Widersprüchen – welche immer so viele unserer Energien in Konflikten verbrauchen. Ja, sie sind sehr lebhaft und sehr friedlich« (In: »An Evening with Dr. Leboyer«, Journ. Primal Therapy, Vol. II, 1975, S. 299, Übersetzung von mir, P. O.).

Als ein gewichtiges Faktum muß gewertet werden, daß die nach der Leboyer-Methode geborenen Kinder fast alle Ambidexter sind, d. h., sie sind mit beiden Händen gleichermaßen geschickt, und es gibt bei ihnen keine Dominanz der Körperhälften (und Hirnhälften). Diese Tatsache (verbunden mit den Erfahrungen, daß bei primärtherapeutisch behandelten Erwachsenen ebenfalls – wie bei EEG-Untersuchungen der beiden Hirnhälften sichtbar wird – die Dominanz der einen Hirnhälfte (meist der linken) dadurch aufgehoben wird, daß auch die andere jetzt die gleichen Muster zeigt) läßt darauf schließen, daß diese Art der »Dominanz« (einer Hirnhälfte und damit einer Körperhälfte) nicht etwa ein universales Phänomen ist, sondern nur »Abspaltung der anderen Hälfte« bedeutet. Hierin wiederum scheint ein wichtiges Indiz dafür zu liegen, daß bereits der Geburtsvorgang (und damit der Beginn der Dominanzbildung) als ein – normalerweise – stark »neurotisierender Faktor« angesehen werden muß.

Verweilen wir noch einen Moment bei der Geburt. Die Erkenntnisse, die Otto Rank 1924 in dem Buch »Das Trauma der Geburt« zusammengetragen hat (und die in der anschließenden Diskussion von der Psychoanalyse mit einer Art Bann belegt wurden), sind es wert, unter dem Licht neuer Erkenntnisse diskutiert zu werden. Dabei ist zu berücksichtigen, daß Ranks Ansicht, jeder Neurose läge im Kern das Geburtsereignis zugrunde, sicher ebenso problematisch ist wie die darauffolgende der Psychoanalyse, Neurose habe mit der Geburt nichts zu tun. Unter dem Blickwinkel primärtherapeutischer Erkenntnisse stellt es sich so dar, daß jede Neurose *Anteile* von jeder Ebene des Bewußtseins hat. Also auch die »first-line« (mit dem Geburtsereignis) bildet normalerweise ein Stück Allgemeines, das in die Neurose hinein aufgehoben wird. Je nach Schwere der Traumatisierung der »first-line« spielt dabei das Geburtsereignis eine ausschlaggebende oder nur eine vermittelte Rolle. In jedem Fall aber kann gezeigt werden, daß die Umformulierung der Traumatisierung (auf den anderen »lines« – darüber gleich mehr) starkes Gewicht bei der Konkretisierung des neurotischen Symptoms hat. Mit anderen Worten: Neurose als psychophysische Erkrankung ist nie (oder doch in den wenigsten Fällen) das Ergebnis *nur eines* Ereignisses, und dennoch können die Erlebnisanteile eines Ereignisses wichtige Bestandteile des Symptoms werden.

So beschreibt z. B. de Boor den Zusammenhang zwischen dem Beginn der Atmung und dem Symptom des Asthmas folgendermaßen:

> »Die Atemfunktion ist vom ersten Augenblick ihres Beginnes an verbunden mit dem Ereignis des Verlustes der unmittelbaren Einheit von Mutter und Kind. Dieser Verlust führt zweifellos zu einer schweren Abweichung von der physiologischen Homoeostase (...), die den Reiz zur Ingangsetzung der Atmung bildet. Das initiale Unbehagen schwindet, wenn durch den Gasaustausch der Atmung das physiologische Gleichgewicht wieder hergestellt ist. So wird die Atmung fast zum Prototyp (...) für das Erleben von Unbehagen bei Trennung und Entspannung bei Wiedervereinigung. So scheint die Ansicht nicht abwegig, daß der Atmungsvorgang dazu prädestiniert ist, zu einem Symbolisierungsvorgang werden zu können« (de Boor, zitiert nach Zepf, 1973, S. 85).

Nun ist dieser Zusammenhang sehr direkt (doch durchaus plausibel), wenn auch der Begriff »Symbolisierung« mir eher als Vermittlungsprozeß einer schon weit elaborierteren Ebene angemessen erschiene. In der Sache freilich stimmt diese Aussage mit Erfahrungen überein, daß das Heraufziehen einer an die Geburt gemahnenden traumatischen (Streß-)Situation eine ebensolche Atemmangelsituation (Asthma) heraufbeschwören kann, wie es sie damals gegeben hat. Das *muß* nicht die Geburtssituation gewesen sein, denn auch danach gibt es derartige Szenen (Erstickungsgefahr im Kissen, in der Badewanne, an Erbrochenem etc.) – doch realiter ist sie die häufigste Ursache dafür.

Sehen wir uns noch einmal den Begriff des Allgemeinen (oder Unspezifischen) der »first-line« an. Es ist schon dargestellt worden, daß der Geburtsakt sozusagen leitmotivhaft die Einstellung zum Leben und zur Welt beeinflussen kann. Hier dürfte der Kern dessen aufzusuchen sein, was Erikson »Urvertrauen« nennt. In diesem Zusammenhang scheint ein Spezifikum unseres Nervensystems von nicht geringer Bedeutung zu sein. Das vegetative Nervensystem hat nämlich zwei einander entgegengesetzt arbeitende Funktionskreise. Ein sympathisches und ein parasympathisches System. Beide Funktionsanteile arbeiten in einer engen Auseinandersetzung mit der Realität, d. h. mit den Reizmengen, die an die äußeren Rezeptoren des Systems gelangen. Während das sympathische System zu arbeiten beginnt in einer Situation, bei der hohe Belastungen auf den Organismus einströmen (der Sympathikus hemmt dann den Verdauungsprozeß, erhöht die Aktivität des Herzens und treibt das Blut ins Hirn und in die quergestreifte Muskulatur), so daß der Körper (und die elektrischen Leitungen des Hirns) stark aktiviert werden, um ggf. zu kämpfen oder zu flüchten, ist das parasympathische System entgegengesetzt orientiert: Es zieht alle Aufmerksamkeit von der äußeren Welt ab und versucht, das *Körperinnere* (Magen, Leber, Nieren etc.) zur Aktivität zu bewegen; es stellt den Körper nach außen still, um ihn nach innen in einer Ruhepause zu regenerieren.[15]

Grob gesprochen kann man sagen, daß der Sympathikus der dominierende Funktionskreis bei einer aktiven Auseinandersetzung mit »Welt« ist, während der Parasympathikus der dominierende Funktionskreis bei einer Abkehr von der Welt und der Hinwendung zum Körperinneren ist (Erholung). Beiden Funktionskreisen sind auch verschiedene Neurotransmitter zugeordnet (d. h., diese beeinflussen die Aktionen der jeweiligen Systeme): So arbeitet die parasympathische Synapsenübertragung mit Acetylcholin (also cholinerg), während die synaptische Übertragung des Sympathikus mit Noradrenalin bzw. Adrenalin (also adrenerg) erfolgt. Im allgemeinen existiert in jedem Menschen eine Balance zwischen diesen beiden Systemen, d. h., jedes System ist mit gleichwertigen Anteilen an den gesamten Reaktionsweisen des Individuums vertreten. Doch ist schon seit längerer Zeit bekannt, daß manche Menschen *eher* entlang sympathisch, andere wieder entlang parasympathisch vorgezeichneter Verhaltensmuster ihr Leben organisieren. Man hat sogar Versuche unternommen, ein Klassifizierungssystem auszuarbeiten, das die verschiedenen Typen an ihren Verhaltensweisen greifen kann.

»Kurz nach der Jahrhundertwende wurden einige Versuche unternommen, Patienten auf der Basis ihrer Reaktionen auf bestimmte Drogen danach zu klassifizieren, ob sie einen eher sympathischen Tonus oder einen parasympathischen Tonus

(Vagotonie) aufweisen. (...) Für jedes einzelne Individuum kann eine Kennziffer des autonomen Gleichgewichts erhoben werden. Wenger (...) berichtet, daß Vpn am sympathischen Ende der Skala emotional erregbar, weniger duldsam und auch unordentlicher sind als Vpn am parasympathischen Ende der Skala. Gellhorn (...) betont die Rolle des Hypothalamus als des neuronalen Substrats zur Regulation dieses Gleichgewichts. Er nimmt an, daß das Gleichgewicht zwischen beiden Systemen von der Stimulation des vorderen bzw. hinteren Hypothalamus abhängt. D. h., ein Organismus wird eher sympathisch oder parasympathisch erregt sein, und dies wiederum wird die Richtung und die Intensität der Reaktion einer Vpn auf Streßreize selektiv modulieren« (Lang, 1973, S. 31).

Nun ist es allerdings nicht so, daß die Dominanz eines der beiden Systeme losgelöst ist von der Erfahrung des Individuums. Eine Reihe von Menschen reagieren auf Probleme eher mit Rückzug, Stillstand und Lähmung (also eher parasympathisch), während andere bei den gleichen Problemen eher zu Aktivität, Kampf und Hektik neigen. Die (schwerpunkthafte) Festlegung auf eines der beiden (sehr allgemeinen) Verhaltensmuster findet nun – so sagt Janov – auf der »first-line« statt. Und zwar werde diese Verhaltensmodalität bevorzugt in der Reaktion auf den Geburtsvorgang festgeschrieben. Folgende Situation liegt dabei zugrunde:

»Wenn der Fötus schwer kämpfen muß, um aus dem Geburtskanal zu gelangen, und wenn seine Aktivität und Aggressivität lebensrettend ist, dann wird das sympathische Verhalten zu einer prototypischen und primären Reaktionsweise. Eine solche Person zur Inaktivität zu verurteilen bringt sofort bei ihr die frühen Schmerzen hoch. Falls jedoch der Kampf und der Terror bei der Geburt zu lange andauern und Abwehr durch die sympathische Aktivität selbst lebensbedrohlich wird, dann übernimmt das parasympathische System. In einem solchen Fall ist die parasympathische Reaktion sekundär und lebensrettend. Eine Mutter, die während der Wehen schwer medikamentös betäubt ist (und die Drogen gelangen durch die Plazenta-Barriere), mag ein parasympathisch dominantes Neugeborenes hervorbringen; es determiniert die Art, wie später auf Streß reagiert wird. Falls das Kind während der Geburt nahe dem Tode ist, dann kann die parasympathische Aktivierung lebensrettend sein, während exzessive sympathische Aktivität hier tödlich wäre. Ein Fötus, der von der Nabelschnur gewürgt wird, kann nichts Aggressives tun, um sein Leben zu retten. Die lebensrettende Abwehr besteht in diesem Fall darin, nicht zu kämpfen, sondern passiv zu sein. Wenn das Kind überlebt, wird diese Art zur prototypischen Reaktion; so mag dieses Ereignis im späteren Leben zum Substrat für alle Gefühle der Verzweiflung unter Streß werden. Da ist dann der parasympathische Modus am Werk« (Janov, 1976b, S. 139f., Übersetzung von mir, P.O.).

Diese beiden Beschreibungsmuster von Individualtypen sind nun keine theoretischen Spitzfindigkeiten; sie beziehen sich auf die Reaktionen (und die Vorhersage von Reaktionen) der Gesamtpersönlichkeit. Für die Primärtherapeuten ergeben sich aus der Kenntnis der beiden Typen gewichtige Konsequenzen für ihre Arbeit (weil jeweils andere Reaktionsmuster auftauchen und jeweils andere theoretische Eingriffe erforderlich sind).

»Ein Sympath oder Parasympath zu sein bedeutet mehr als ein Name. Von dieser Art der Dominanz können wir ablesen, welche Leiden später zu erwarten sind, welche Schlafmuster auftauchen und welche generellen Verhaltensmuster erwartet werden können. Die Sympathen – angenommen, alles andere wäre identisch – werden aggressiver sein. Unter Streß sind sie die Macher. Ihre Temperatur, ihr Blutdruck und ihr Puls liegen höher als bei den Parasympathen – denn diese zeigen gewöhnlich Werte, die unter dem Durchschnitt liegen. Die Parasympathen reagieren mit einem Mangel an Energie in Streßsituationen; es sind die Depressiven, die sich selbst nicht helfen können und die an Schilddrüsenunterfunktion leiden anstelle von Schilddrüsenüberfunktion. Die Parasympathen sind mehr nach innen orientiert, sie sind sensitiver und reflektierter. Außerdem sind sie oft selbstmordgefährdet. Der Parasympath ›steckt alles ein‹. Er neigt dazu, mehr unter Spannungen zu leiden, die sich in ihm aufgebaut haben. Der Sympath ›erleichtert‹ sich oft. Er agiert nach außen, denn sein Schwerpunkt liegt in der Realität. (...) Er hat eine hohe Stoffwechselrate. Es ist der interne Druck, der den Parasympathen anfälliger für Migräne macht. Gewöhnlich ist er in sich zurückgezogen, schüchtern und ganz offensichtlich unsicher. Der Sympath schützt sich selbst besser. Das bedeutet, daß der Parasympath näher an seinem Schmerz ist, er ist ihm gegenwärtiger, und weil er so sehr im Schmerz steckt, hat er im Leben dauernd verloren. Dieselbe Art von Druck, die den Parasympathen lähmt, stößt den Sympathen in die Handlung hinein. Darum ist der Parasympath auch sehr viel eher in der Lage, eine Therapie zu suchen, während der Sympath erst dann an eine Therapie denkt, wenn seine Abwehr gar nicht mehr funktioniert« (Janov, 1976 b, S. 140, Übersetzung von mir, P. O.).

Die theoretische Einsicht in das Vorhandensein zweier Physiotypen ist insbesondere da von großer Bedeutung, wo es darum geht, Körperdaten (wie Temperatur, Blutdruck, Puls und Hirnstromkurven) in einen Zusammenhang zu den Interaktionsformen zu bringen. So hat sich gezeigt, daß die Vermutung, alle vitalen Daten, die im Zusammenhang mit der therapeutischen Veränderung stehen, müßten sich bei allen Patienten in gleicher Richtung bewegen, falsch war. Je nach Physiotypus nämlich bewegten sich nach einiger Zeit der Therapie die Daten z. T. in entgegengesetzter Richtung. So lagen die typischen Werte (vor jeder Therapie) für die beiden entgegengesetzten Reaktionstypen etwa so:

	Sympath	Parasympath
Puls	84-90	50—60
Blutdruck	130/80	100/50
Temperatur	37,6	36,5
EEG Alpha	5-30 Mikrovolt	50—150 Mikrovolt

(zitiert nach Holden, 1976, S. 172)

Nach einigen Monaten der Primärtherapie macht sich bei den Sympathen eine Abwärtsbewegung dieser Daten bemerkbar, während für den Parasympathen ein Aufwärtstrend zu verzeichnen ist – die Durchschnittswerte für den primärtherapeutischen Patienten liegen dann in einem Bereich, der deutlich unter dem Normalwert der Bevölkerung (wobei »Normalität« in der Primärtherapie als Bezeichnung für die »durchschnittliche Neurose« gilt) liegt.

 Beide Typen sind natürlich zur Klassifizierung psycho-physischer Deformiertheit insgesamt brauchbar; sie markieren gleichsam zwei einander gegenüberliegende, besonders auffällige Endpunkte eines möglichen dramatischen Verlaufs.

Es springt ins Auge, daß sich hierin – und zwar jetzt individualgeschichtlich begründet – solche Termini wie »Extrovertiertheit vs. Introvertiertheit« oder auch (wenn auch in einem weiteren Rahmen erst) »Oknophilie vs. Philobatie« (Balint) erläutern lassen. Darin zeigt sich auch, daß Balint einer der wenigen Analytiker war, der die enge Verbindung von prä- und perinatalen Erfahrungen im Zusammenhang mit der Persönlichkeitsentstehung in einer erweiterten Form gewürdigt hat:

> »Nach meiner Theorie wird das Individuum in einem Zustand sowohl biologisch wie libidinös intensiver Bezogenheit zu seiner Umwelt geboren. Vor der Geburt sind Fötus und Umwelt harmonisch verschränkt, sie gehen ineinander über. Es gibt keine Objekte in dieser Welt, nur Substanz und Raum ohne Grenzen. Die Geburt ist ein Trauma, das dieses Gleichgewicht in Aufruhr bringt, sie verändert die Umwelt radikal und erzwingt unter einer echten Todesdrohung eine neue Form der Anpassung« (Balint, 1973, S. 82).

Natürlich ist es sehr schwer, wenn nicht gar unmöglich, diese enge Wechselbeziehung zwischen Frühsterfahrung und der gesamtkörperlichen Betroffenheit wissenschaftlich eindeutig zu belegen. Auch die geschilderten Therapieerfahrungen, in denen diese Zusammenhänge sich subjektiv mit starker Evidenz niederschlagen (so stellen sich bei allen Patienten der Primärtherapie – unabhängig von ihrer Ausbildung oder ihrem Reflexionsvermögen – diese *Einsichten* in bemerkenswerter Einfachheit und Klarheit wie von selbst her), dürfen letztlich nicht als *Beweis* gewertet werden, da sie als Quelle für Erfahrungsbildung faktisch ja nicht das Originalereignis, sondern nur dessen Wiederkehr zur Verfügung haben. Und auch wenn man der Überzeugung ist, daß die Wiederkehr und das Damalige kausal- und formalgenetisch identisch sind, so bleibt die Frage nach der »Wahrheit« primärtherapeutischer Erkenntnis bestehen.

Es zeigt sich nämlich schnell das Phänomen – das allen hermeneutischen Verfahren inhärent ist –, daß derjenige, der über diese Therapieerfahrungen nicht verfügt, ihren Ergebnissen nicht vertraut, während sich für den, der die Therapie erlebt hat, die Frage nach Ursache und Wirkung nicht mehr stellt. Sehr banal formuliert: Er hat es gefühlt, und deshalb weiß er, daß *sein spezifisches* Asthma in einer ganz spezifischen Situation (und deren Folgesituationen) produziert wurde, er hat diese Situation aufs neue hinter sich gelassen (und damit auch sein Asthma) und schert sich im Grunde genommen nicht mehr um das Phänomen »Asthma« an sich. Das liegt natürlich auch daran, daß jedes »Asthma« einer anderen Person spezifisch anderen Produktionsbedingungen unterliegt, die sich nicht abstrakt von außen begründen lassen, sondern nur darin, daß eben auch diese Person den Entstehungsbedingungen ihrer Krankheit nachgeht.

Sehr pointiert formuliert: Derjenige, der sein Asthma (und das betrifft jedes andere Symptom gleichermaßen) wiedererlebt und überwunden hat, hat damit nicht nur sein Asthma, sondern gleichermaßen sein Erkenntnisinteresse an diesem Phänomen verloren. Es interessiert ihn nicht mehr.

In dieser Argumentation wird ebenfalls schnell sichtbar, daß es einen einheitlichen Krankheitsbegriff (oder Symptombegriff) in der herkömmlichen Form ebensowenig geben kann wie einen einheitlichen (medizinischen) Therapieverlauf. Weder kann es bei zwei Individuen die gleiche Krankheit, noch kann es den gleichen Heilungsverlauf geben. Im Grunde genommen bedeutet »Krankheit« nämlich ebenso wie »Körperaufbau«: ein in der Lebensgeschichte hergestelltes Profil. Und dabei gibt es nicht zwei gleiche Profile.

Doch weil es vergleichbare Sozialisationseckwerte gibt (z. B. Geburt, Einsetzen der Atmung, Hinwendung der Mutter zur Körperlichkeit des Kindes etc.), gibt es auch Krankheitsgruppen und vergleichbare Körperschicksale, die zu Großgruppen (Colitis, Anorexie, Lungenkrebs etc.) zusammengezogen werden können. Diese Profile sind natürlich gesellschaftlich vermittelt, und darin liegt die eigentliche Ursache dafür, daß bestimmte Krankheiten bei bestimmten Volksstämmen unbekannt sind, während sie bei anderen überproportional auftreten. Tragen wir das Gesagte zusammen: »Interaktionsformen« auf der frühesten Stufe der Menschwerdung müssen beschrieben werden als sedimentierte und (stammhirnengrammatisiert) niedergeschriebene gesamtorganismische Profile, die im wesentlichen praktische Erfahrungen der Körpermittellinie (Atmung, Herzschlag, Verdauung, Körperhaltung) zum Gegenstand haben. Sie bilden die Grundstruktur, das Grundmuster für (fast) alle weiteren Erfahrungen. In ihnen ist die erste Auseinandersetzung mit Welt als Tendenz (Richtung) für alle weiteren Prozesse bereits sehr tief eingelassen. Störungen auf dieser »line« sind die gravierendsten, die im Bereich organisch-physiologischen Lebens überhaupt auftreten können. Der Begriff »Psyche« ist hier gegenstandslos insofern, als alle Prozesse, die diese Ebene betreffen, sich als reine körperliche Betroffenheit nie-derschlagen und sich zur Formung der gesamtorganismischen Struktur auswachsen. Es ist wichtig zu begreifen, daß ein vier Wochen altes Kind, das von seiner Mutter fünf Stunden lang allein gelassen wird, darunter nicht »psychisch« leidet, sondern körper-lich entsetzliche Schmerzen durchlebt. (Und diesen Schmerz im System aufbewahrt. Zu viele Schmerzen dieser Art werden das Kind später auch »psychisch« – wenn man es so nennen will – verkrüppeln. Die Verkrüppelung besteht dann darin, daß der spä-tere Erwachsene zu keiner Beziehung mehr fähig ist, weil jede enge Form der Zuwendung sofort die damalige Schmerzerfahrung her-aufbeschwören würde. Vgl. zur Narzißmusproblematik Orban, 1976, und Strzyz, 1978).

Auf dieser Ebene der Früherfahrung geht es somit um das Kör-perinnenleben, dessen hochkomplexe Struktur eine durch Hor-mone und Transmitter gesteuerte Richtung erhält, die in Interak-tionsprozessen vollständig festgelegt wird. Dabei verursachen ein Fehlen von Interaktionen ebenso wie ein Überangebot von Reizen (Schmerz) den sicheren Tod des Organismus. Die Bandbreite je-doch, die zwischen diesen Extremen liegt, verbürgt alle Formen des Lebens, und darin sind sämtliche Leidenserfahrungen ebenso eingeschlossen wie sämtliche Formen der Zufriedenheit (auch wenn dieses Schicksal hier und heute eher das Unwahrscheinliche darstellt).

»Interaktionsform« meint also beides: eine angemessene Form der Auseinandersetzung mit Welt (keinesfalls eine glückliche – Glück ist ein neurotisches Konzept) und eine unbefriedigende und d. h. schmerzhafte Auseinandersetzung mit Welt.

Dabei darf nicht übersehen werden, daß »Interaktionsform« ei-gentlich »Betroffensein« heißt. »Betroffensein« in einem Sinne, der sich sowohl *engrammatisch* (im Hirn) als auch *organismisch* (im entsprechenden Gewebe) materialisiert hat. »Repräsenta-tion« ist damit immer auf zwei Ebenen gegeben: direkt (organisch) und indirekt (Hirn) – und beide Ebenen sind nicht erinnerbar, sondern nur erlebbar. Kein noch so tiefschürfendes (therapeutisches oder alltägliches) *Gespräch* könnte je ein Erlebnis der ersten Lebensjahre thematisieren – weil es hier keine Worte, sondern nur Schmerzen gibt. Doch freilich gibt es hier nicht nur Schmerzen. Nur, wo es keine Schmerzen gab, gibt es auch nichts zu thematisieren.

4.2. Darstellung des Prozesses der Sozialisation als Herstellungsprozeß der emotionalen Beziehungsgefüge

In der Entwicklungsgeschichte des Lebendigen hat sich auf diesem Planeten eine Einteilung herausgebildet, die etwa folgende Zeiträume zu ihrer Verwirklichung brauchte: Das Stammhirn entwickelte seine Funktionen vor etwa 1,5 Milliarden Jahren, das Zwischenhirn mit dem limbischen System vor etwa 1 Milliarde Jahren und das Großhirn vor etwa 500 Millionen Jahren. Es ist mehr als eine Analogie, wenn man heute feststellt, daß diese Entwicklungsschritte im heranreifenden Menschen (und insgesamt bei Säugetieren) sich *noch einmal* vollziehen. Der Unterschied besteht jedoch darin, daß in der Phylogenese auf jeder einzelnen Stufe Leben möglich war, während in der Ontogenese der Primaten erst das Zusammenspiel aller drei Hirnsysteme ein Überleben garantiert. Es ist daher von großer Wichtigkeit, daß sich die Funktionen der drei Systeme sukzessive entfalten können und daß es keine größeren Schwierigkeiten auf einer Ebene gibt, die die Funktionen der nächsten blockieren.

Wir haben gesehen, daß die stammhirnvermittelten Funktionskreise auf die Basisforderungen des Überlebens hin entwickelt werden und gleichsam als ein erster Filter über die Frage zu entscheiden haben, ob Überleben unter den gegebenen Bedingungen möglich ist. Beginnend bei den ersten intrauterinen Lebenstagen entscheidet dieses System darüber, ob Entwicklung weitergeht oder nicht. Die Bedingungen dafür sind abhängig von der Qualität der Interaktionsbezüge zwischen dem embryonalen und dem mütterlichen Organismus, und bereits intrauterin kann die Entscheidung »nein« lauten: Unter diesen Bedingungen ist das Gesamtsystem nicht lebensfähig. Weitere dramatische Entscheidungspunkte sind lokalisiert worden als das Geburtsereignis (hier ist auch die – wenn auch seltenere – Entscheidung des *mütterlichen* Organismus möglich, ebenfalls abzuschalten; auch diese Entscheidung dürfte eine »first-line-Entscheidung« des mütterlichen Organismus sein) oder traumatische Überlastungen, die zum sudden crib death oder zum Tod im Marasmus führen. Ein Überleben auf dieser »line« bedeutet zunächst einmal, daß für den Organismus die Möglichkeit besteht, in ein neues System hinein seine »Interaktionsformen« zu integrieren und sie damit zu erweitern. Nun darf man sich die Trennung der Systeme nicht schematisch denken. Wenn ich eine Trennlinie etwa im fünften Extrauterinmonat annehme, so bedeutet das nicht, daß vorher keine limbischen Anteile an den Interaktionsformen beteiligt oder daß hinterher keine first-line-Anteile mehr vorzufinden sind. Es bedeutet nur, daß das Kind zunehmend mehr Möglichkeiten hat, ehedem bewußtlose (aber nicht unbedingt bewußtseinslose) Körperprogramme in Beziehungsgefüge einzubinden *und* das auch zu engrammatisieren. Wohlgemerkt, es geht hier nicht um ein neues unabhängiges System, sondern nur um die Erweiterung und Ausgestaltung eines schon vorhandenen in neue Bereiche hinein. Damit bleibt jedoch dieses zweite System vollständig abhängig vom ersten; es kann nur die schon vorhandenen Impulse in neue Bewegungslinien umformulieren. So ist diese Abhängigkeit phylogenetisch (und d. h. auch physiologisch) schon darin vorgezeichnet, daß es keine Verbindung zwischen der Außenwelt und dem Körperinneren gibt, die nicht in irgendeiner Weise mit den Arealen des Stammhirns in einer Beziehung steht, daß sie von diesen Arealen gleichsam vollständig kontrolliert wird (vgl. Ditfurth, 1976, S. 254). An eben dieser Stelle formuliert Ditfurth einen Satz, den ich in diesem Teil des Kapitels 4 erläutern will.

> »Zwischen die Welt und die Großhirnrinde haben die Götter das Zwischenhirn gesetzt. Ich behaupte, daß es unmöglich ist, menschliches Verhalten zu verstehen, wenn man diesen entscheidenden Zusammenhang nicht durchschaut und in seinen Konsequenzen durchdacht hat« (a. a. O.).

Es geht in diesem Kapitel um das, was primärtherapeutische Autoren als die »second-line« bezeichnen, eine Ebene also, die sich von der vorherigen in wichtigen Punkten unterscheidet. Phylogenetisch und physiologisch gesprochen, werden zu den Systemen des Stammhirns jetzt erweiternde Anteile des limbischen Systems »dazugeschaltet« und in den Überlebensrahmen der kindlichen Bedürfnisprofile integriert. Es ist dies eine Ebene, die das menschliche (und tierische) Verhalten auf die *Ausgestaltung von Beziehungsfiguren* heraufbringt. Um zu verstehen, was damit gemeint ist, muß nächst der Begriff »Beziehung« erläutert werden. Jenseits aller Romantizismen und Rationalisierungen benennt dieser Begriff zunächst einmal jenen gesamtkörperlichen Vorgang, in dem sich zwischen zwei oder mehreren Organismen ein Reiz-Reaktions-Spiel derart entfalten kann, daß (aus der first-line stammende) Impulse aufgenommen und abgegeben werden können. Hierin liegt allerdings noch kein Unterschied zu stammhirnvermittelten Reaktionsweisen. Der Unterschied tritt an der Stelle ins Spiel, an der der kindliche Beziehungspartner die einzelnen Interaktionsvorgänge in einem höheren System *abbilden und sie damit der internen Darstellung zugänglich machen kann.*

Im übertragenen Sinne erhalten darin die Überlebenserfordernisse der first-line im limbischen System des Individuums eine *konkrete Gestalt.* Es ist selbstverständlich dabei so, daß es am Anfang der Ausgestaltung dieses Systems nicht darauf ankommt, die Mutter (um nur eine dieser Gestalten zu benennen) als ganzheitliche Erscheinung zu verorten, es genügt, einige oder auch viele ihrer Interaktionsbewegungen in das zweite System zu überführen und diese damit darstellbar zu machen. Auf diese Weise wird z. B. allmählich die Überlebensanforderung des Organismus nach Nahrung (first line) verkoppelt mit der mütterlichen Flaschen- oder Brustfütterung und verfestigt sich zu der internen Beziehungsfigur eines wohltuenden Arrangements von »Befriedigung des Körperbedarfs« plus Präsentation des »mütterlichen Gesichts oder des mütterlichen Körpers« (in einer ganz *bestimmten* Weise agierend). Natürlich komplettiert sich das »Bild« allmählich zu immer dichteren Abfolgen und Zusammenhängen und gelangt schließlich zu einer Beziehungsfigur dergestalt, daß die Mutter (oder wer auch immer) jetzt *ganzheitlich* zu den kindlichen Bedürfnissen in einer Beziehung steht.

Wie ich an anderer Stelle (1976) ausgeführt habe, hat »Beziehung« verschiedene Übergangsstadien und auch Übergangsobjekte, in denen die ursprüngliche Beziehung auch in bestimmten *Gegenständen* (Teddybär etc.) materialisiert werden kann. Das heißt, die Beziehung des Kindes ist nicht in allen ihren Segmenten unabdingbar gebunden an Lebewesen; sie kann auch in die Objekte der Außenwelt (für das Kind handhabbar) einwandern und dort stellvertretend für die ursprüngliche Beziehung eine Zeitlang deren Funktion übernehmen. Doch dieser Vorgang ist unabdingbar angewiesen auf vorherige *Personen*beziehungen. Kinder, die nur sehr fragmentiert zu Menschen eine Beziehung hatten, haben keine Übergangsobjekte. Auf der gleichen Ebene liegt die Diskussion um das narzißtische Engagement an einer Ding-Welt (im Gegensatz zur Personen-Welt). Auch hier wird aus der Enttäuschung über die reale Beziehung eine Beziehung zu Dingen hergestellt. (Diese beiden Beziehungsfiguren sollen hier nur der Vollständigkeit halber angeführt werden; ich werde darauf nicht weiter eingehen.)

Als »Beziehungen« gelten für unseren Zusammenhang somit solche Interaktionsabfolgen, die in einem Gesamtrahmen der Betätigungen zwischen zwei Individuen eine ganzheitliche Gestalt erhalten *und* die diese Gestalt in einem zweiten System, dem limbischen, niedergeschrieben haben. »Beziehung« ist somit unlösbar verbunden mit »Repräsentation« (der Beziehung). Damit ist noch nicht »Sprache« gemeint, sondern eine Art der »Prädikation«, bei der für eine reale Abfolge von Interaktionen mit der Außenwelt im Kopf des Kindes gleichsam bildhaft eine Repräsentanz errichtet wird. Diese Repräsentanz bietet die Möglichkeit, die Beziehung auch dann noch zu realisieren, wenn der Beziehungspartner abwesend ist. Das heiß, dadurch, daß die Repräsentanz jederzeit abrufbar ist, kann (wenn auch bei einem Kleinkind nur für eine bestimmte Zeitspanne) die Beziehung auch dann noch im Kopf fortdauern, wenn sie momentan nicht in Interaktionen einzulösen ist.[16]

»Beziehung« ist also ein Phänomen, das gebunden ist an eine »Erinnerung an...«, an die Evozierbarkeit der Repräsentanz außerhalb der Realsituation. Weiter oben habe ich festgehalten, daß die first-line keine Erinnerungen kennt außerhalb der direkten Körperengrammatik, und der Auslöser für diese Erinnerung ist die mit dem (vorherigen) Originalvorfall direkt verbundene *Handlung*. Die second-line bedarf dieser Konkretion nicht mehr – ihr genügt bereits eine Mangelsituation (die Mutter ist nicht da), um die Repräsentanz für die »Beziehung« heraufzubeschwören und damit gleichsam *den Mangel* im Vorstellungsbild der Mutter *benennbar zu machen*.

»Beziehung« wird damit zu einem Vehikel, das den lebenden Organismen ermöglicht, ein Stück weit von fest vorprogrammierten Reiz-Reaktions-Gebilden Abstand zu erhalten, indem es eine Lücke schuf und in diese »Repräsentanzen« einfüllte. In diesen Repräsentanzen, d. h. in den Beziehungsfiguren, gewinnt der Organismus einen wichtigen Teil Verfügungsgewalt über die Welt, ohne direkt oder sofort reagieren zu müssen. Das »Affektive« hat somit den Vorzug, die Überlebensforderungen des Systems (der first-line) auf einer höheren Ebene (second-line) darzustellen. *Beziehungsstrukturen werden damit zunächst einmal zu »Abbildern« von Überlebensstrukturen.*

Verliebtheit und Haß, Freude und Wut, Euphorie und Traurigkeit sind Qualitäten, die aufs engste (zumindest in ihrer Entstehungsgeschichte) mit den körperlichen Zuständen von (Lebens-) Bejahung und (Lebens-)Bedrohung verbunden werden. Ja, es *sind* diese Körperzustände – nur in ihrer Zwischenhirngestalt. Das ist von großer Wichtigkeit an den Stellen, an denen der Körper einer realen Bedrohung ausgesetzt ist (z. B. Verlassensein, Hunger, Schmerz, Kälte etc.). Er kann sich jedoch jetzt imaginativ zunächst einmal diese Zustände innerhalb des limbischen Systems plausibel machen und wird nicht total von der Bedrohung überflutet. Freilich, dort wo sie zu lange anhält, verliert auch das limbische System seine Funktion und Überflutung tritt ein.

Das »Bild« der Mutter im Kopf eines einjährigen Kindes (also seine »Beziehung«) ist eine dünne Folie; sie reißt schnell, wenn sie nicht laufend ergänzt und verstärkt wird. Sie reißt dann, wenn die reale Mutter nicht ständig auf die Lebensanforderungen des Kindes in einer befriedigenden Weise reagiert. Heimkinder haben äußerst fragmentierte »Beziehungen«, weil auf ihr nach außen drängendes System von Interaktionen nicht adäquat oder ausreichend reagiert wird. Ihre first-line ist stark traumatisiert und eingeschränkt; demzufolge besteht bei ihnen auch nicht die Notwendigkeit nach einer Präsentation dieses Mangels. Das »Bild« permanenter Lebensbedrohung bringt gegenüber dieser selbst keinen Vorteil. Natürlich sind diese Aussagen nur der Tendenz nach zu werten: Auch Heimkinder haben »Beziehungen«. Doch das sind Marginal- und Restbeziehungen, die auch in ihrer »Bildhaftigkeit« stark verdünnt sind (deutlich tritt dieses Phänomen darin zutage, daß Sprachentwicklung als ein Teil der Symbolausgestaltungen bei ihnen erst sehr spät erfolgt).

Die »second-line« oder die Beziehungsebene beginnt ihre Ausgestaltung also etwa nach der ersten Hälfte des ersten Lebensjahres.

»Beziehung« meint dabei nicht eine Beziehung zu realen Personen – diese existieren noch lange nicht. »Beziehung« heißt »Bezug« zu Teilen der Welt. Das Kind bezieht sich auf etwas nicht mit
sich Identisches und holt es damit bildhaft *zu sich* (»Bezug« und
»Beziehung« meint ja im wörtlichen Sinne: etwas zu sich ziehen) –
hinterher hat es dann mehr, als es vorher hatte. Das Substrat für
»Beziehung« aber liegt in der Auseinandersetzung mit dem Gesamtsystem »kindlicher Organismus«. Diese Auseinandersetzung
erhält zusätzlich eine abrufbare Gestalt in Form einer repräsentierten Figur im limbischen System. In diesen Figuren stecken die
affektiven oder emotionalen Bezüge (die Interaktionsformen), die
in der Interaktionsgeschichte des Kindes gebildet wurden und
über die es ein Stück mehr Verfügungsgewalt hat als über die vormalige abbildlose körperliche Betroffenheit. In einem gewissen
Sinne liegt darin ein Mehr an Freiheit: ein Moment der Loslösung
von der ursprünglichen, direkten Reiz-Reaktions-Gebundenheit
der Interaktionen. Im zweiten Organisator, der Achtmonatsangst,
hat René Spitz eine Stelle benannt, an der diese Beziehung sich
repräsentatorisch derart gefestigt hat, daß die »Beziehung zur
Mutter« auch visuell, d. h. als konkretes Vorstellungsbild im System verankert ist. Jede Abweichung von diesem Bild (ein Fremder
tritt auf) ruft beim Kinde eine Angst hervor, die daraus entstehen
könnte, daß das Kind sich als mit sich (d. h. mit der Repräsentanz
»Mutter«) Identisches nicht mehr durchhalten kann. Eine Angst,
die von der Situation beherrscht ist, »die Mutter, also die ›Beziehung‹ ist nicht mehr da«. Im Bild des Fremden wird eine Trennungssituation aktualisiert, die – das ist meine These – *vorher
schon einmal stattgefunden haben muß* und in der die Angst erst
entstanden ist. Hypothetisch gesprochen dürfte bei Kindern, die
nie eine gravierende Trennungssituation erlebt haben, die Achtmonatsangst nicht auftreten oder just in dieser Situation erzeugt
werden, ebenso wie es bei Kindern, die nie eine stabile Beziehung
hatten, die Achtmonatsangst nicht geben dürfte. Wer kein Bild
hat, fürchtet sich auch nicht vor dessen Verlust. (Es ist bekannt,
daß Heimkinder sich – im Gegenteil – neuen Personen anfangs
sehr intensiv zuwenden. Freilich nutzt sich dieses Interesse in der
Regel auch schnell wieder ab.)

Etwa vom sechsten Monat an wird das heranwachsende Kind
den Gesamtbereich der Handlungen immer mehr entlang der Linie seiner »second-line« organisieren. Diese line ist gleichsam eine

neue Ebene, ein neuer Bereich, der natürlich auch von Verletzungen und Traumatisierungen betroffen werden kann:

> »Mit zunehmendem Alter wird das Kind vollerer Gefühle und Emotionen (der äußere Ausdruck von Gefühlen) auf der zweiten Ebene fähig. Die Entwicklung des Gehirns ermöglicht ihm dann nicht nur Emotionen, sondern auch *emotionalen* Schmerz. Das Kind kann jetzt fühlen: ›Meine Eltern lieben mich nicht und kümmern sich nicht um mich.‹ Wenn dieses Gefühl katastrophal ist, erzeugt der Schmerz eine Schleusung oder Blockierung, und dann wird das Kind auf dieser Entwicklungsebene unbewußt; es wird sich seiner Gefühle partiell unbewußt. Sein emotionales System wird abgestumpft, und früher oder später kann der Punkt erreicht werden, da das Kind nicht einmal mehr fühlt: ›Ich brauche meine Mami und meinen Papi.‹ Es beginnt vielmehr seinen Kampf, um sie symbolisch zu bekommen – besonders gute Schulleistungen, Zeitungen verkaufen, bei der Hausarbeit helfen etc.« (Janov und Holden, 1977, S. 200 f.).

Die spezifischen Probleme auf der emotionalen Ebene sind nun nicht mehr so sehr solche des Gesamtorganismus, sondern hier können bereits spezialisierte Bereiche von der Störung getroffen werden. Insbesondere die Areale der Körperwand (also alle Organe der Körperaußenfläche inklusive der Sprachfähigkeit) sind die häufigsten und auffälligsten Stellen, die hier eine Verletzung erfahren können.

So besteht z. B. für das Neugeborene nicht die Möglichkeit, auf eine Verletzung mit Stottern zu reagieren, damit

> »... wäre ein Sprachtrauma (z. B. sehr früh zum Sprechen gezwungen werden), das zu Stottern führt, ein Trauma zweiter Ebene« (Janov, a. a. O., S. 102).

Daß die emotionale Ebene eine Betroffenheit der Körperaußenfläche signalisiert, wird auch semantisch an dem Begriff der »Emotion« deutlich. Emotion heißt ja »ex motion« (aus Bewegung). Da die Organe des Körperinneren (außer in der Viscera) zu keinerlei Bewegungen fähig sind, bleibt in der Tat nur eine Möglichkeit, Gefühle zu verdeutlichen: Die Körperaußenfläche, Mimik, Gestik

und Sprache sind hier die von der Aktion betroffenen Ausdrucks-
möglichkeiten. Und ebenso wie auf der first-line Erlebnisanteile
durch Abspaltungen zum Verschwinden gebracht werden können,
wenn die Verletzung zu stark ist, so kann diese Ausblendung auch
die second-line betreffen. Gefühle werden unterdrückt, wenn sie
nicht gezeigt und gefühlt werden dürfen. Eine prototypische Re-
aktionskette bei einem Zweijährigen könnte etwa so aussehen:
Die Mutter widmet sich zu wenig ihrem Kinde, weil ihre eigenen
Interaktionsformen ein intensives Eingehen auf die kindlichen
Wünsche nach Nähe und Geborgenheit nicht zulassen. Das Kind
fühlt sich vernachlässigt, es fühlt Schmerz und weint nach der
Mutter, sie soll kommen. Diese Reaktion ist vollkommen adäquat. Die Mutter kommt und fühlt sich von ihrem weinenden
Kind bedroht. »Na, Heulsuse, was ist denn los, du hast doch gar
nichts, hör auf zu heulen!« Das Kind nimmt die Mutter als Bedrohung wahr. Sie soll kommen und nett sein, aber sie kommt und
schimpft. Das Kind fühlt sich noch mehr verlassen, sein Bild der
Mutter als etwas Wohltuendes gerät ins Wanken. Das Kind spürt
Wut und will diesen Zustand ändern. Es will, daß die Mutter gut
ist. Doch die Mutter weiß Bescheid. »Na warte, du kleines Biest,
von dir laß ich mich noch lange nicht terrorisieren, schrei du nur!«
Das Kind spürt, seine Wut macht alles nur noch schlimmer, es darf
sie nicht haben. Es bleibt ihm jetzt nichts anders übrig, als den
Schmerz zurückzuhalten, die Wut zurückzuhalten und »brav zu
sein«. Brav sein aber heißt, um keinen Preis zu zeigen, was in ihm
vorgeht. Als Antwort auf viele derartige prototypische Reaktions-
ketten bleibt dem Kind nur die Möglichkeit, früher oder später
diese Gefühle ebenfalls abzuspalten. Und mit den Gefühlen auch
die Wünsche, Bedürfnisse und Sehnsüchte, die hinter diesen Gefühlen stehen. Damit sind sie natürlich nicht verschwunden, doch
es verhält sich mit ihnen so wie bei den Patienten, an denen man
eine Lobotomie durchgeführt hat:

>»Patienten, die sich einer frontalen Lobotomie unterzogen ha-
>ben (in ihr wird die Verbindung zwischen präfrontalem Lappen
>und dem Thalamus durchtrennt), klagen kaum über ernsthafte
>klinische Schmerzen oder fragen nach Medikamenten. Typi-
>scherweise berichten diese Patienten nach der Operation, daß
>sie immer noch Schmerzen haben, doch sie stören sie nicht
>mehr« (Melzack, 1973, S. 95, Übersetzung von mir, P. O.).

Man darf hinzufügen, sie haben Schmerz, doch sie *fühlen* ihn nicht mehr. Es dürfte hier operativ eine Abtrennung durchgeführt worden sein, die das limbische System bei Kindern mit Hilfe von Neurotransmittern auch funktionell zustande bringt. Kinder werden damit buchstäblich von ihren Gefühlen getrennt und d. h. von einem Teil ihrer selbst. Folgerichtig verläuft dann auch eine Aufdeckung dieser frühen Schmerzquanten in der Primärtherapie in umgekehrter Weise. Die oben beschriebene Gefühlskette (eine mögliche Kette): »Verlassensein – Schmerz – Strafe – Wut – Strafe – Bravsein« verläuft in der Therapie entgegengesetzt. Als erstes wird das Gefühl der Ohnmacht des Bravseins aktualisiert, daraufhin die unbändige Wut und sodann der Schmerz, der das Gefühl des Verlassenseins heraufholt. Es leitet sich daraus das schon dargestellte Prinzip ab, daß die Therapie die Neurose gleichsam vom Ende her aufrollt. Wobei der Schmerz – je weiter man fortschreitet – zunimmt.

Gewöhnlich wird das, was hier second-line genannt wird, bezeichnet als der Entstehungsort der »Psyche«.[17] Dabei ist es so, daß »psychische Struktur« hier gleichgesetzt wird mit »Beziehungsmöglichkeit« und mit »Repräsentationsform«. Alles, was jenseits dieser Kriterien liegt, liegt auch jenseits des Begriffes »Psyche«. Einer derartigen Einteilung kann man folgen, sie hat jedoch m. E. keine Vorteile. Weder kann mit ihr der Beginn einer neuen *Struktur* festgehalten werden (»Psyche« läßt sich ohne die first-line überhaupt nicht erläutern), noch wird dadurch das Ältere, das, was vorher da war, zureichend abgegrenzt. Im Gegenteil, die oft vorzufindende wissenschaftliche Attitüde, erst mit dem Begriff der Psyche so etwas wie *menschliches* Tätigwerden beginnen zu lassen, verschleiert mehr, als der Begriff aufzudecken in der Lage ist. Dieser Satz gilt freilich erst heute; er hatte vorher deshalb keine Gültigkeit, weil erst einmal den Vertretern einer naturwissenschaftlichen Argumentation klargemacht werden mußte, daß der Mensch nicht restlos in den vegetativen Funktionsabläufen seines Organismus' aufgeht. So paradox es klingen mag: Der Begriff der »Psyche« hatte lange Zeit eine wichtige heuristische Funktion – allmählich jedoch geht er über in das Lager der hemmenden Begriffe. Seine Funktion ist verbraucht, er verwirrt mehr, als er aufzuklären imstande ist. Um es noch einmal zu verdeutlichen: Es gibt keine

Funktionen und Mechanismen innerhalb des Bereiches lebendiger Organismen, die sich nicht vollständig aus den organismischen Funktionsprinzipien des Lebens und Überlebens erklären lassen. Es gibt keinen zweiten Bereich, der dem Soma eine andere Melodie vortanzt als die, die im Körper bereits steckt. »Psyche« ist ein Kunstgebilde; produziert wurde es in einer Zeit, als der Organismus noch gesehen wurde als eine komplizierte Maschine, der zum Funktionieren nur noch eine Steuerungsinstanz, genannt »Geist«, »Bewußtsein« oder auch »Psyche« fehlt. Freuds Beispiel, Es und Ich als Pferd und Reiter zu beschreiben, zeigt diesen Sachverhalt in seinen Umrissen. Eher noch würde das Bild eines Zentaurs diese Analogie wahrhaft erfüllen.

Die rationalistische Fehleinschätzung besteht darin, daß so getan wird, als hätte der Reiter in einem idealen System die Verfügungsgewalt über das Pferd (»wo Es war, soll Ich werden«). Das ist in keinem Falle so. Immer – um bei der Analogie zu bleiben – macht das Pferd, was es will, oder besser: was es seine Mutter zu machen gezwungen hat. Und noch einmal, der Reiter täuscht sich über seine wahren Absichten. Auch er kann nichts anderes wollen als das, was seine frühen Erfahrungen (das Pferd) ihm gebieten. Nun, immerhin ist sein System so kompliziert, daß der Reiter wenigstens den Wunsch entwickeln kann, das Pferd möge nicht immer ins Verderben laufen. Dieser Wunsch (er ist Ausdruck eines Gefühls des Leidens über die augenblickliche Richtung des Pferdes) ist das Motiv für Veränderung. Wir müssen deutlich sehen: Niemand leidet in Wahrheit an seiner Neurose. Sie war einst das lebensrettende System oder zumindest der Retter in einer furchtbar erdrückenden Situation. Und sie ist es auch beim Erwachsenen noch. Sie ist der Garant dafür, daß die bedrohliche Situation (deretwegen sie gebildet wurde) weiterhin verborgen bleibt. Die Neurose aufzugeben bedeutet nämlich, hinter jenem Schutzwall hervorzukommen und sich (auch als Sechzigjähriger noch) einer Situation zu stellen, die das einjährige Kind als wahrhaft schrecklich erlebt hat. Erst die volle Bearbeitung dieses Ereignisses macht die Neurose überflüssig. Das Pferd läuft dann dorthin, wo der Reiter sich besser fühlt. Und der Reiter hat auf einmal Vertrauen zum Pferd und merkt, daß Pferd und er in Wahrheit identisch sind. Es ist wichtig, festzuhalten, daß das Pferd- und Reiter-Bild – so sehr es auch als Analogie gemeint war – doch das Gemälde eines Trugschlusses ist. Es wurde darin die Getrenntheit zweier Bereiche angezeigt, wobei der eine Bereich zu wenig Dominanz über den anderen hatte. In Wahrheit aber ist die Trennung der Bereiche das Problem. Erst indem Pferd und Reiter eine unzertrennliche Einheit bilden und niemand dem anderen die Route vorschreibt, stimmt auch die Richtung des gemeinsamen Spiels.

Bezogen auf die »second-line« als das entstehende Ensemble von Beziehungs- und Repräsentationsfiguren, bedeutet diese Aussage, daß in ihr nur die Formen sich herausbilden, die sich in einer logischen (d.h. die Erfahrung betreffenden) Konsequenz zu den vorherigen »first-line«-Anteilen befinden. Was bereits hier aus dem Körpersystem abgetrennt ist, hat auch auf der »second-line« keine Chance, repräsentiert zu werden.

Wer psychoanalytisch argumentiert, wird ohne Schwierigkeiten in der »second-line« die Strukturprinzipien derjenigen Instanz vorfinden, die er als »Ich« kennengelernt hat. Und in der Tat entsteht die »second-line« darin, die Ansprüche der »first-line« und die der Realität gleichermaßen in einen Zusammenhang zu stellen und ihn auf einer höheren Ebene festzuhalten. Nur, die »second-line« ist nicht die Instanz, die etwas vermittelt, sondern sie ist das Produkt dieses Vermittlungsprozesses. Sie ist damit etwas durchgängig (in Abhängigkeit von der »first-line«) Hergestelltes. Wichtig in diesem Zusammenhang ist, daß die »second-line« so etwas darstellt wie einen ersten Ansatz der »Strukturbildung«. Die einzelnen Interaktionsformen der »first-line« finden sich hier zu *Systematisierungen* zusammen, d.h., sie bilden (noch vor der Sprachentstehung) ein System von Zusammenhängen zu ihren »Nachbarn« oder »Verwandten«. Darin liegt der Kern der Bildung menschlicher *Strukturen* schlechthin: ehedem Getrenntes wird auf einer höheren Ebene zu Einheiten zusammengeschlossen.

Die »second-line« ist das Resultat eines Zusammenspiels zwischen vergangener Interaktion (= Interaktionsformen der »first-line«) und gegenwärtigen Interaktionen. An dieser Schnittstelle entwickelt sie ihre Beziehungs- und d.h. auch Repräsentationsstrukturen, oder, um die Verbindung zur Interaktionstheorie wiederherzustellen, die Vorläufer und ersten Ausgestaltungen der »symbolischen Interaktionsformen«.

Gleich zu Beginn dieser Diskussion muß erwähnt werden, daß

der Begriff »Symbolik« hier noch nicht genommen werden darf als Synonym für »Sprache«. Sicherlich ist die Sprache eine der wichtigsten Symbolbezüge und charakterisiert insbesondere menschliche Interaktionsformen, dennoch fallen *alle* Ausgestaltungen der »second-line« (die einen Sachverhalt der »first-line« auf eine höhere Ebene heben oder die direkt auf der »second-line« entstehen) unter diesen Begriff. »Symbol« heißt in diesem Kontext schlicht: »Etwas, das für etwas anderes steht«. So steht die »Repräsentanz« (z. B. ein bestimmtes Bild der Mutter) ebenso wie der Teddybär (als Übergangsobjekt) als Symbol für etwas anderes: nämlich für eine *reale*, d. h. in der Realität tatsächlich existierende *Beziehung*. Das Symbol hat immer den Rang eines Stellvertreters. Dieser Rang ist sehr wichtig, denn er bildet die Welt (des Kindes) ab und konstituiert sie damit (als Welt für das Kind) zugleich.

Sprache hat in diesem Zusammenhang zunächst *keine* Sonderstellung. Die ersten Worte des Kindes haben dieselbe Funktion, die auch den anderen Repräsentanzen zukommt. Sprache bildet die vormalige »bestimmte Interaktionsform« in einem zweiten System ebenso ab, wie das der Teddybär oder der Schnuller des Kindes tun. Die Lautfolge »Mama«, so hat Lorenzer herausgefunden, präzidiert die vormalige »bestimmte Interaktionsform« (»first-line«) und erhebt sie damit in den Rang einer »symbolischen Interaktionsform« (»second-line«).

Festzuhalten ist: Diese Funktion gilt nicht für »Sprache« insgesamt, sondern nur für die Einführungssituation von Sprache und einige Zeit danach. (Später erhält die Sprache noch eine Eigendynamik, die nicht mehr mit dem vorher Gesagten übereinstimmt, darüber in Kapitel 4.3. mehr.) Sprache ist denn auch (zwar) ein häufiges, dennoch kein typisches Ausdrucksmittel der »second-line«.

Sprache hat auf dieser Ebene noch (ebenso wie Gestik, Mimik, Vorstellungen, relevante Gegenstände, Träume etc.) eine Funktion, die sich in direkter Verbindung zu Beziehungssituationen (d. h. zu Interaktionsvorgängen) befindet. Man könnte meinen – obwohl das meines Wissens noch nicht geprüft worden ist –, daß die Kleinkindersprache noch nicht von den Sprachzentren des Großhirns generiert wird, sondern innerhalb des limbischen Systems selbst anzutreffen ist. Für diese Vermutung spricht die Tatsache, daß erst im Alter von zwei Jahren der oberhalb des limbischen Systems liegende corpus callosum (also jener Balken, der die beiden Hirnhälften verbindet) funktionsfähig wird – nach einer Zeit also, in der das Kind normalerweise bereits ein Jahr lang die Kindersprache spricht. Wie dem auch sei, die Symbolik der »second-line«, also die »symbolische Interaktionsform«, ist direkt eine Sprache der Gefühlszustände. In sämtlichen ihrer Äußerungen ist sie bezogen auf einfache Gefühlsqualitäten, auf direkte Beziehungen von: »Das tut mir weh« und »Das tut mir gut«, auf »Das will ich haben« und »Das will ich nicht haben« (ohne freilich sich selbst als Subjekt dieses Satzes ausmachen zu können).

Bis zum zweiten Lebensjahr hat das Kind in diesem System keine Metaebene zur Verfügung, d. h., es kann sich nicht verstellen und *es kann nicht lügen*. Es kann seine Gefühle entweder auf der symbolischen Ebene zulassen oder sie abspalten. Ein Drittes gibt es nicht.

Ein Kind, das lügen kann, muß schon eine weitere Ebene zur Verfügung haben, die darüber entscheidet, ein Gefühl auch bewußt nach außen in seinem Gegenteil darzustellen. Die Pointe der *Lüge* besteht darin, auf einer dritten Ebene zur Entscheidung gezwungen zu werden, die Beziehungsebene falsch darzustellen. Ein Mensch, der nie zu einer derartigen Entscheidung gezwungen wurde, kann nicht lügen. Und, keineswegs so trivial wie es auf den ersten Blick klingen mag: Nur Menschen können lügen.

Um die »second-line« noch deutlicher hervortreten zu lassen, möchte ich jetzt versuchen, die Gebilde des limbischen Systems von einer Stelle her zu beschreiben, der auch in unserem Erwachsenenleben (also dort, wo vermeintlich bereits das Großhirn die Regie übernommen hat) eine eminent wichtige Rolle zukommt: der Bereich des *Schlafes* und des *Traumes*.

Ditfurth hält fest:

»Was in unseren Träumen tanzt, ist das Zwischenhirn. Wenn unser Bewußtsein im Schlaf erlischt, ist es von der Dominanz des Großhirns vorübergehend befreit« (1976, S. 188).

Mit einer Diskussion der Schlafstadien und des Traumes soll nun nicht angedeutet werden, daß das limbische System im Alltag der Erwachsenen eine geringe Rolle spielt, sondern nur, daß es hier bereits von anderen Phänomenen überlagert wird und nicht mehr in seiner Reinform beobachtet werden kann. Auch der Traum enthält bereits einige dieser Mischformen, doch wird an ihm deutlicher klar, worum es geht.

Daß jedes Tier und jeder Mensch (abgesehen von einigen Grenzfällen) den Schlaf und den Traum benötigen, ist eine Binsenweisheit; welchen Funktionen der Schlaf jedoch dient, ist bis heute ungeklärt (vgl. Foulkes, 1969, S. 11). Das gleiche gilt auch für den Traum. Jeder Mensch (und zumindest alle höher entwickelten Tiere) *muß* jede Nacht träumen. Ein Entzug des Traumes hat weitreichende Konsequenzen, das haben Deprivationsexperimente längst erwiesen. Wichtig für die Traumforschung ist seit geraumer Zeit eine Verbindung *äußerer* Daten (Traumerzählung, Beobachtung des REM) mit den *internen* Messungen der physiologischen Daten, insbesondere der Hirnstromkurven. Die Verkoppelung beider Beobachtungsfelder führte unlängst zur Ableitung *verschiedener Stadien der Schlaftätigkeit.* Jedes dieser Schlafstadien ist gekennzeichnet durch verschiedene Formen der Hirnwellentätigkeit: von Alpha (8–13 Hz) im Wachstadium über Thetawellen (4–7 Hz) bei mittlerer Schlaftiefe bis zu Deltawellen (1–3 Hz) im Tiefschlaf (Stadium 4).

Es gibt noch eine Reihe anderer neurophysiologischer Parameter (Hautwiderstand, Erregung der Nackenmuskulatur, Bewegungen des Schläfers), mit Hilfe derer die verschiedenen Schlafstadien charakterisiert werden, doch es würde den Rahmen dieser Arbeit sprengen, hier Ausführlichkeit zu präsentieren. Wichtig ist, daß innerhalb der Schlafstadien 1–4 (vom Einschlafen bis zum Tiefschlaf) ein Stadium existiert (das sog. Auftauchstadium der Stufe 1), in dem »rasche Augenbewegungen« (REM) des Schläfers mit großer Häufigkeit auftreten. Der Verlauf einer typischen Schlafnacht ist in Abbildung 7 dargestellt.

Foulkes schreibt dazu:

»Die Abbildung zeigt überaus klar, daß der Schlaf einer Nacht einen wiederholt ablaufenden Zyklus von Stadium 1 zu Stadium 2 zu Stadium 3 zu Stadium 4 zu Stadium 3 zu Stadium 2 zu Stadium 1 umfaßt. Eine Periode achtstündigen Schlafes schließt im allgemeinen vier bis sechs solcher Zyklen ein« (a. a. O.).

Es ist dabei anzumerken, daß die Dauer des REM-Schlafes gegen Ende der Nacht zunimmt, während der Tiefschlaf (der Stadien

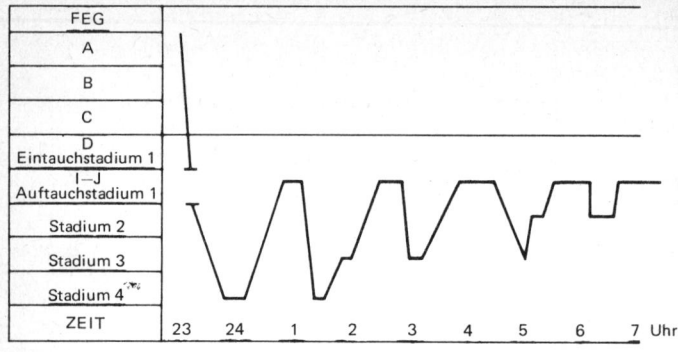

Abb. 7. Verlauf einer Schlafnacht (nach: Foulkes, 1969, S. 24)

3–4) im Fortgang der Nacht immer mehr abnimmt. Abbildung 8 zeigt – über das Leben eines Menschen verteilt – die Zusammensetzung zwischen Wach- und Schlafzeit sowie den Anteil von REM (Auftauchstadium 1) und Nicht-REM (Eintauchstadium 1 und 2–4) in der Schlafzeit.

Dabei ist es nicht etwa so, daß nur in den REM-Perioden eine Traumtätigkeit nachzuweisen ist (wie man früher annahm). Foulkes fand bei 74% NREM-Weckungen ebenfalls Traumberichte vor (im Gegensatz zu 80% bei REM-Weckungen), doch es gab einen signifikanten Unterschied.

> »NREM-Träume waren eher abstrakt, gedankenartig, REM-Träume ›traumartig‹, d.h. mit sensorischem, meist visuellem Inhalt. Subjektives Erleben wäre danach während des gesamten Schlafes vorhanden, nur im NREM-Schlaf eher ›cognitiv‹-abstrakt, im PS (paradoxical sleep, P.O.) oder REMS mehr sensorisch gefärbt« (Birbaumer, 1975, S. 103).

Ebenso wie es auffällige Unterschiede zwischen REM-Schlaf und NREM-Schlaf gibt, fanden sich innerhalb der NREM-Schlafstadien noch einmal gravierende Unterschiede zwischen den Schlafstadien 1, 2 und 3, 4. Letztere wurden als Tiefschlaf (deep sleep) bezeichnet und sind gekennzeichnet durch langsame hochamplitudige Deltawellen. Beide Schlafstadien, der REM-Schlaf und der Tiefschlaf (auch slow-wave-sleep, sws genannt), sind für unseren

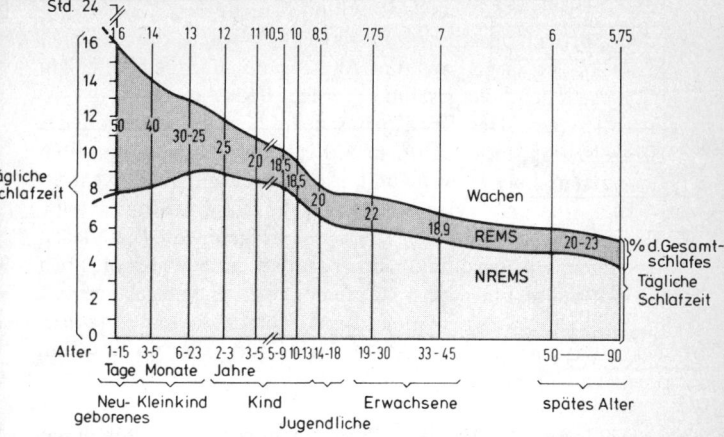

Abb. 8. (Aus: Birbaumer, 1975, S. 102) Erläuterungen im Text

Diskussionszusammenhang insofern wichtig, als sich herausgestellt hat, daß der Tiefschlaf (Stadium 4) neurophysiologisch eine große Ähnlichkeit hat mit den Hirnwellenmustern von Kleinstkindern (also der first-line). In diesem Schlafstadium sind alle vitalen körperlichen Werte stark abgesunken, die Personen schlafen innerhalb dieses Stadiums buchstäblich »wie ein Baby«. Stadium-4-Schlaf ist gleichsam Stammhirnschlaf.

> »Die Person gerät in Berührung mit einer Bewußtseinsform, die die frühesten Kindheitstraumata enthält. Sie steigt ontogenetisch herab und erhält phylogenetischen Kontakt zu einem sehr alten Hirnteil. Es ist kein Zufall, daß Schlangen nur Tiefschlaf kennen und keinen REM-Schlaf« (Janov, 1976 b, S. 124, Übersetzung von mir, P. O.).

D. h., Tiefschlaf ist Schlaf auf der »first-line«. Demzufolge müßten – wie Janov ausführt – auch die Traumata der first-line in ihm enthalten sein, und sie sind es in einer Form, die den meisten von uns bekannt sein dürfte: als Alptraum oder als nächtliche Panik (nightmare and night terror). Traumatisches Material der »first-line« wird durch die im Schlaf gelockerte Abwehr hochgespült und führt zu einem Zustand starker Erregung, die erst nach dem

145

Erwachen allmählich wieder zur Beruhigung gelangt. Das Material, das dabei freigesetzt wird, ist meist sehr wenig konkret (eben »abstrakt« im Gegensatz zum Angsttraum) und beinhaltet am ehesten sehr deutliche gesamtkörperliche Bedrohungen: in der Regel Todesangst. Das Erwachen scheint hier die Funktion des Schutzes zu haben, da mit dem Aufwachen auch die Tätigkeiten der anderen »lines« (zweite und dritte) gleichsam als Abwehr gegen die »first-line« wieder einsetzen.[18] Häufig benötigen diese »lines« jedoch geraume Zeit, um das heraufgebrachte Material zu bewältigen. Das wird daran sichtbar, daß der Schläfer oft noch eine bestimmte Zeitspanne nach dem Erwachen wie gelähmt den Terror abklingen lassen muß. REM-Schlaf dagegen entspricht eher Schlaf auf der »second-line«. Hier findet sich kein Terror im wörtlichen Sinne:

> »Der Terror, der sowohl im Primal als auch im Alptraum freigesetzt wird, ist sehr tief im Hirn organisiert, und Tiefschlaf ist ebenfalls tief im Hirnstamm organisiert. Kurz, ›first-line‹-Phänomene sind tiefgehende Ereignisse in einem buchstäblichen Sinne. Elektroden, die tief ins Gehirn gepflanzt werden (in die Sylvanische Fissur), produzieren ein Gefühl des reinen Terrors, Terror der Art, der auch im Alptraum und im Primal erlebt wird. Träume auf der ›first-line‹ sind gleichbleibende Alpträume. Elektronische Stimulation der ›second-line‹ (mehr lateral auf dem Temporallappen) bringt keinen Terror empor« (Janov, 1976b, S. 145. Übersetzung von mir, P. O.).

Ein second-line-Alptraum ist ein Angsttraum. Hier kommen Menschen vor, Beziehungen und Symbole.

Insgesamt dürfte unsere (erinnerbare) Traumproduktion während der REM-Zeit Probleme der »second-line« widerspiegeln; d. h., diese Träume finden ihre Darstellung in Repräsentanzen und bilden – wie versteckt auch immer – Beziehungssituationen ab. Diese Tatsache ist lange bekannt, und in ihr liegt der Grund dafür, daß in der Psychoanalyse die Traumbilder genommen werden können zur Interpretation und Deutung der zugrundeliegenden Beziehungsfiguren. Traumdeutung als der »Königsweg zum Unbewußten« heißt ja nichts anderes, als in den *verborgenen* Gestalten des Traumes die realen (d. h. problematischen) *Beziehungen* aus der individuellen Frühzeit zu entschlüsseln. Die Psychoanalyse appliziert diese Methode mit guten Erfolgen schon seit fast hundert Jahren. Sie stößt bei der Deutung der »second-line«-Träume in der Tat mit großer Regelmäßigkeit auf schmerzhafte Beziehungsstörungen und kann diese dem Bewußtsein (der »third-line« – darüber gleich mehr) plausibel machen. Es scheint so zu sein, daß Hirnstromaktivität und Aktivität auf der jeweiligen »line« unabdingbar (auch im Wachen) zusammengehören. Dabei wird REM-Schlaf begleitet von Theta-Aktivität:

>»Wir haben anhand unserer Untersuchungen die Beobachtung gemacht, daß sehr stark verdrängende Menschen eine große Alpha-Amplitude und eine sehr hohe Alpha-Frequenz haben und daß diese hohe Frequenz und große Amplitude sich zunehmend verringern, wenn Urschmerz gefühlt und aufgelöst wird. Während der Senkung der Hirnstromaktivität (beispielsweise mit Hilfe stroboskopischer Geräte) in den Thetabereich bei einem Primärpatienten Primals zweiter Ebene erzeugen können, wird dadurch bei einem Neurotiker, der nicht Primärpatient ist, wahrscheinlich nur amorphe panische Angst ausgelöst werden. Wenn das Gehirn im Schlaf seine Aktivität senkt, wird diese Angst zum Alptraum« (Janov, 1977, S. 317).

Diese Methode, mit Hilfe eines Stroboskopes die Hirnwellen zu beeinflussen, ist in der Anfangszeit der Primärtherapie vorübergehend angewendet worden, um den Patienten ohne Umschweife auf die »second-line« zu bringen. Es hat sich jedoch herausgestellt, daß der natürliche Weg – der Patient bestimmt selbst, welche Abwehren er aufgeben kann und will – die gleichen Resultate erbringt und daß es nicht sinnvoll ist, ihm gleichsam mit technischen Mitteln die Abwehr zu nehmen.

Der enge Zusammenhang zwischen den »lines« und der Hirnstromkurve ist von Janov und seinen Mitarbeitern folgendermaßen herausgearbeitet worden:

>»Beta-Aktivität (13–28 Schwingungen pro Sekunde) zeigt den Zustand höchster Schmerzen und Verdrängungen an; Delta mit seiner niedrigen Hirnstromaktivität entspricht der ersten Ebene; Theta entspricht der zweiten Ebene (4–8 Schwingungen pro Sekunde), und Alpha weist auf Aktivität der dritten Ebene[19] hin (8–12 Schwingungen pro Sekunde)« (a. a. O., S. 318).

Der Schlaf und der REM-Traum bieten somit exquisiten Zugang zu der Ebene der »second-line«, die unter normalen Bedingungen im Alltagsleben nicht zum Vorschein tritt (gleichwohl ständig vorhanden ist). Sie ist hier überlagert von Strukturen der *entfalteten* Symbol-Welt (der »third-line«), die in der Regel den *Zugang* zu den Beziehungsfiguren verstellen. Primärtherapiepatienten, die aus dem REM-Schlaf geweckt werden, können fast ohne Übergang auf der »second-line« primaln. Sie bleiben sozusagen auf der gleichen Ebene. Ja, bei fortgeschrittenen Patienten ist es oft so, daß der REM-Schlaf in den Primal übergeht, und einige berichten gar, daß sie während dieses Primals nicht einmal erwachen. Noch eine Anmerkung zur Körperlichkeit: Während die »first-line« alle Körperfiguren festhält, die auf der Körpermittellinie bedeutsam sind, ist die »second-line« der Aufbewahrungsort für alle Körperstellen, an denen sich Beziehungen manifestieren. Es sind dies die Körperaußenflächen und die Extremitäten. Insbesondere die Haut (bei Mensch wie Tier) ist in ihrer Eigenschaft als direkter Überträger und Speicher für Beziehungen bislang wissenschaftlich stark vernachlässigt worden. Die Forschungen des Amerikaners Ashley Montagu sind hier bahnbrechend. Seine Hauptthese, die er über mehrere hundert Seiten mit empirischem Material belegt, lautet:

»Die Haut, als das aufnehmende Sinnesorgan, das auf die Berührung mit dem Gefühl reagiert, einem Empfinden, mit dem sich beinahe vom Augenblick der Geburt grundlegende menschliche Bedeutung verbindet, ist von fundamentaler Wichtigkeit für die Entwicklung des menschlichen Verhaltens. Das bloße Gefühl der Berührung ist als Anregung lebenswichtig für das physische Leben des Organismus. In diesem Sinn müssen wir feststellen, daß das Bedürfnis nach taktiler Stimulierung zu den fundamentalsten Bedürfnissen sowohl der Wirbeltiere als auch der wirbellosen Tiere gehört« (Montagu, 1974, S. 221).

Und auch Arme und Beine sind an den Beziehungen in einer wichtigen Form beteiligt; an ihnen ist es, die Direktheit der Beziehungen zu materialisieren: Anklammern, Festhalten, Wegstoßen, Herholen, Greifen (»Be-greifen«), Streicheln etc. sind Beziehungsbewegungen. Nirgends anders als in ihnen kann die Beziehung des Kleinkindes sich realisieren.

Während die Repräsentation das *imaginative* Substrat für jede Beziehungsform ist, sind die Beziehungsbewegungen der Extremitäten und die Stimulation der Haut die *praktische* Umsetzung für jede Beziehung. Ohne diese Praxis gibt es keine Beziehung, ohne Hautkontakt kann kein höher entwickelter Organismus überleben.

4.3. Darstellung des Prozesses der Sozialisation als Herstellungsprozeß der kognitiven und symbolischen Ausgestaltungen

Es ist in den ersten beiden Abschnitten dieses Kapitels aufgezeigt worden, daß die in den Handlungsfiguren entstandenen Interaktionsformen und die aus den Interaktionsformen entstehenden neuen Handlungsfiguren des Kindes sich vom Kern der Körpermittellinie (first-line) zu der Körperaußenfläche (second-line) hinbewegen. (In terms der Pathologie: vom Asthma zur Allergie.) Natürlich verharrt der Prozeß nicht an dieser Stelle, sondern schreitet konsequent über diese Schwelle hinaus auch nach außen hin fort. Freilich darf man sich diese Linie zunächst einmal nur denken als eine metaphorische, denn diese Prozesse des Hinaustretens spielen sich alle innerhalb des Körpers ab. Dennoch gibt es Unterschiede. Die Realität, in die hinein das Kind jetzt seine Beziehungslinien erweitert, ist nach einer bestimmten Logik aufgebaut, und das Kind muß diese Logik in sein schon vorhandenes System der Beziehungslogik integrieren. Es muß Realität zu sich holen und damit eine innere Realität aufbauen. Da die »second-line« bereits aufgerichtet ist, d.h. die Form der Beziehung (die wiederum rückgebunden ist an die Überlebensforderungen der »first-line«) sich relativ eindeutig präsentiert (und repräsentiert ist), heißt »Aufbau der Realität« nichts anderes als das Überstülpen realer Anteile über die ersten beiden »lines«. Diesen Prozeß der Bearbeitung von Realität nennt Janov die »third-line«. Gefordert ist hierbei zunächst der Aufbau kognitiver Leistungen. Doch deren Ausgestaltungen sollen uns hier nicht interessieren. Ich gehe davon aus, daß diese Leistungen (Raum, Zeit, Dimensionierung, sprachliche und mathematische Leistungen etc.) in der Regel erbracht werden; und auch wo das nicht der Fall ist, handelt es sich nicht um ein Phänomen, das auf der kognitiven Ebene abgehandelt werden könnte. Es gibt ebensowenig Störungen der kognitiven Ebene, wie es psychische Störungen gibt. Beides ist nur ein Merkzeichen dafür, daß etwas Grundsätzliches fehlgeschlagen ist.

»Third-line« meint also die Tatsache, daß die Ausgestaltungen der Realität an die vorherigen Interaktionsformen angelagert werden. Das Kind entwickelt so sukzessive ein kognitives und symbolisches Bild der Welt. Dieses Bild – wiewohl es gewisser Eigenleistungen fähig ist – trägt dennoch in allen seinen Ausgestaltungen und Regungen zutiefst die Elemente der darunterliegenden Strukturen in sich. Das ist nun nicht so problematisch, wie es sich auf den ersten Blick anhören mag: Keinesfalls liegt darin ein totaler Determinismus, so daß dem Individuum kein Spielraum für Freiheit mehr bliebe. Andererseits bedeutet es aber sehr wohl, daß *alle* Handlungen und Realitätsblickwinkel entlang vorgängig eingravierter Spuren verlaufen. Die Vielfalt der Ausprägungen freilich bleibt den jeweils aktuellen Interaktionen vorbehalten. Das Dahinterliegende gibt die Richtung vor, in der die aktuelle Interaktion (auf der Seite des Kindes) voranschreitet und Außenwelt generiert. Ich möchte die Verknüpfung (der »second-line« mit der »third-line«) an einem Beispiel plausibel machen, indem ich zeige, wie das eine in dem anderen nistet. Es ist ein den Psychoanalytikern bekanntes Phänomen, daß Kinder *in ihren Zeichnungen* (als eine Form der symbolischen »third-line-Darstellung) *Beziehungssituationen einbinden*. Es gibt hier ein Verfahren, das verblüffende Ergebnisse zeitigt: Stellt man Kindern die Aufgabe, drei Bäume zu zeichnen, so werden sie mit einer sehr hohen Wahrscheinlichkeit in diesen Bäumen ihre familiale Beziehungssituation sehr detailliert abbilden. Die Mutter (der Mutterbaum) steht in der Regel links (was in sich schon ein interessantes Phänomen darstellt, ebenso interessant – und wohl dem gleichen Zusammenhang zugehörig – wie die Tatsache, daß bei den weitaus meisten Madonnenbildern das Christuskind an der linken Seite, der Seite des Herzens, der Maria vorzufinden ist), der Vaterbaum rechts und das Kind als Baum in der Mitte.

Ich konnte vor kurzem miterleben, wie eine ganze Schulklasse die Aufgabe, drei Bäume zu zeichnen, bewältigte und wie daraufhin die psychoanalytisch orientierte Forscherin (ohne die Kinder zu kennen) allein aus den Bildern die familiale Beziehungssituation der Kinder assoziierte. Sehr zum Erstaunen der Lehrer kamen da-

Abb. 9. Zeichnung »Detlef« (vgl. Text)

bei auf Anhieb Daten zum Vorschein, die diese selbst erst nach monatelanger Betreuung der Kinder (und Arbeit mit den Eltern) in Erfahrung bringen konnte. Vier Beispiele für dieses Ineinander der »lines« möchte ich hier darstellen.

Detlef (6 Jahre, 10 Monate; Abb. 9):
Vorinformation: die Eltern trennen sich. Alle drei Bäume sind von derselben Art und zeigen eine gewisse Zusammengehörigkeit. Die Blattaufteilung ist harmonisch.
Der *Mutter*baum ist der kleinste, strebt ab der Mitte eindeutig zum Kind. Der *Kind*baum ist der größte, überragt mit seiner Krone einen Teil der Mutter und des Vaters. Er ist der Blickfang des Bildes. Der Stamm neigt sich eindeutig in der Mitte zum Vater. Der *Vater*baum ist größer als der der Mutter, kleiner als das Kind, strebt aber deutlich von der Familie weg. Das untere Stammstück verläuft bei Vater und Sohn fast parallel, der Kindstamm ist aber von Anfang an stärker als der Vaterstamm. Das mittlere Stück des Vaterstammes zeigt eine Neigung zum Kind, strebt aber mit einem leichten Knick dann vollends nach rechts.

Abb. 10. Zeichnung »Rita« (vgl. Text)

Hypothese: Die Mutter zeigt in einer Miniaturausgabe dieselben Strukturen wie Vater und Sohn. Nach einer anfänglichen gleichen Richtung aller drei Bäume neigt sich die Mutter stark dem Kinde zu, ohne sich in einer typischen eigenen Art zu entfalten. Der Junge scheint das Familienleben zu dominieren, er »hängt« ein Stück weit über beiden Elternteilen. Der Vater erscheint trotz seiner Tendenz, sich von der Familie zu entfernen, ebenfalls an keiner Stelle in einer für ihn charakteristischen Form.

Rita (6 Jahre, 10 Monate; Abb. 10):
Vorinformation aus dem Gespräch mit dem Pädagogen beim Betrachten des Bildes: Die Mutter dominiert in der Familie. Rita versteht es, mit den Eltern umzugehen bzw. sie gegeneinander auszuspielen.
Der *Mutter*baum ist abgehakt (kastriert?), die Axt, die auch eine Pistole darstellen könnte, steckt noch. Betrachtet man es als Pistole, ist der Lauf auf die Familie gerichtet. Der Baum ist absolut schwarz. Neben dem Mutterbaum ist ein Zelt, in der Assoziation ein Vaginalsymbol. Das Zelt steht zwischen Mutter

und Tochter. Der *eigene* Baum, ein Tannenbaum (stachelig), ist mit eindeutigen klaren Strichen gemalt. Die Zweige zum Vaterbaum hin sind viel dichter als die zur Mutter. Er berührt mit dem untersten Zweig ein Männlein, das lächelnd im Begriff ist, auf den Vaterbaum zu klettern. Die Leiter des Männleins ist zu kurz, um bis an die Krone des Vaterbaumes zu gelangen. Mit dieser Leiter kann es höchstens ein Podest erklimmen, unter dem ein zweites Männlein verschwunden ist. Ein drittes Männlein steht auf dem Podest, hat eine mehrsprossige Leiter, die in der Krone des Vaterbaumes endet. Da alle drei Männchen gleich gemalt sind, liegt die Vermutung nahe, daß es sich symbolisch um dieselbe Person in verschiedenen Phasen handelt. Der *Vater*baum trägt (verbotene?) Früchte. Gegenüber den beiden anderen Bäumen dominiert er, wirkt fröhlich und verlockend. Bei ihm kann man problemlos die stärksten positiven Emotionen assoziieren. In der äußersten rechten Ecke, der *Zukunft*sseite, steht eine feste Burg. Aus den Fenstern schauen König und Königin – ein Hochzeitspaar. Im Turm steckt eine dritte Person, über dem Paar, wie eine Kontrollinstanz. Als etwas Unerwünschtes ist sie dann auch dick durchgestrichen worden.

Hypothese: Das Bild hat ein eindeutig ödipales Thema. Die Mutter erscheint phallisch und kastriert zugleich. Ihr einziges weibliches Symbol ist ausgelagert. Zwischen Mutter und Tochter gibt es nur eine Ähnlichkeit am Stamm. Ritas Interessen sind eindeutig auf den Vater gerichtet. Die Männlein scheinen sie in ihrem Bemühen darzustellen, den Vater zu »besteigen«. Daß es dabei Hindernisse gibt, gehört schon zu ihren Erfahrungen. Ihr augenscheinlichstes Bestreben ist es, die Früchte des Vaters zu erlangen. Dabei hat sie ihr Ziel fast erreicht. In der Zukunftsvision ist die ödipale Wunschvorstellung noch einmal sehr deutlich dargestellt.

Klaus (5 Jahre, 6 Monate; Abb. 11)
Keine Vorinformationen über die häuslichen Verhältnisse.

Der *Mutter*baum ist winzig klein, er erinnert an einen Pilz auf einem zarten Stiel. Er strebt nach links, weg von der Familie, ohne eigene prägnante Struktur. Der *Kind*baum dominiert das ganze Blatt. Klaus hatte zunächst den Stamm dünner gemalt, die ursprünglichen Linien sind noch zu erkennen. Die Krone geht an der Unterseite vom ursprünglich dünnen Stamm aus.

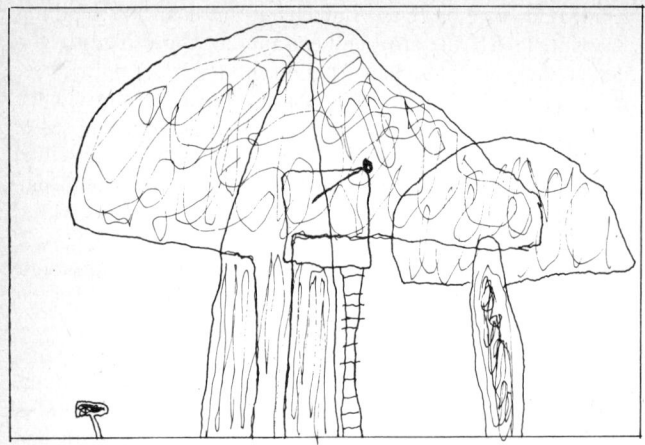

Abb. 11. Zeichnung »Klaus« (vgl. Text)

Klaus malte so die Umrisse des Baumes – die ausladende Krone auf dem dünnen Stamm. Dann verbreitete er den Stamm beträchtlich und ließ ihn als mächtiges Phallussymbol in der Krone enden. Die Krone schwebt auf der linken Seite hoch über dem Mutterbaum, die äußerste Spitze reicht bis fast an den Rand. Auf der rechten Seite lehnt eine Leiter am Stamm, endet kurz vor dem Kronenanfang an einem kastenähnlichen Gebilde, das an einen Hochstand erinnert. Es könnte heißen: Dieser Baum ist »besteigbar«. Die Krone ragt auf der rechten Seite weit in den Vaterbaum und verschmilzt mit ihm. Der *Vater*baum ist beträchtlich kleiner als der Kindbaum; Aufbau und Struktur ähneln sich sehr. Die Farbe des Stammes ist die gleiche wie die der Leiter des Kindbaumes. Der Stamm endet wie der Kindbaum spitz zulaufend in der Krone. Die Krone ist nicht so ausgefüllt wie die Kindkrone.

Hypothese: Klaus dominiert eindeutig das Familiengeschehen. Obwohl er sich größer als den Vater wahrnimmt, gibt es eine Verschmelzung der Kronen. Die Farbe der Kronen ist bei allen drei Bäumen gleich, der Kindstamm ist aber als einziger schwarz. Als Beziehungsangebot zu werten ist allerdings, daß die Leiter des Kindes die Farbe des Stammes des Vaters hat. Erschreckend ist die Distanz zwischen dem Mutter- und dem

Kindbaum. Es gibt keine Ähnlichkeit und keine Verbindung. Klaus stellt sich übergroß und einsam dar. Unterstützung von der Mutter, die in seinem Alter wichtig wäre, empfindet er nicht. Es ist zu vermuten, daß sich in ihm Kämpfe zwischen seinen Größenphantasien und seinen Ängsten aufgrund seiner Einsamkeit abspielen. Die Eltern ließen ihn zu der dargestellten Größe anwachsen, nur vom Vater empfindet er dabei eine partielle Unterstützung.

Für das letzte Bild (Abb. 12) gibt es keine Interpretation; diese mag der Leser selbst erstellen. Die Lehrerin schilderte, daß das Kind relativ stark mit der Mutter verwurzelt sei.

(Anzumerken ist für alle Bilder, daß der Autor sie noch einmal ins kleinere Format übertragen hat, weil die Farben der Bilder eine einfache Reproduktion und Verkleinerung nicht zuließen. Es kann bei diesen Bildern auch nicht darum gehen zu fragen, warum das Kind sich so darstellt oder ob die Interpretation zutreffend ist – wichtig ist (und das wird deutlich sichtbar), daß hier Beziehungslinien als kognitive Leistungen dargestellt werden. Man sollte sich auch davor hüten, diese Bilder als diagnostisches Instrument einzusetzen; sie dienen in der Untersuchung nur dazu, assoziatives Material beizusteuern, das durch eine Fülle anderer Daten und Beobachtungen ergänzt und unterstützt wird. Alle Bilder und Interpretationen stammen aus einer noch nicht abgeschlossenen Studie über Konfliktverhalten bei Vorschulkindern, durchgeführt von M. Orban-Plasa).

Wir sehen, worum es geht; die »third-line« ist eine Darstellungsebene. In ihr wird gleichermaßen »Welt« und »Beziehung« dargestellt. Daß dieses Produktionsverhältnis nicht nur für Kinderzeichnungen gilt, sondern für alle anderen Produktionen des kindlichen Kosmos, kann an sehr vielen anderen Beispielen in gleicher Weise demonstriert werden. Träume, kindliche Materialspiele, Sprachbewegungen, Rollenspiele – all das sind Ausdrucksformen, die in der Kindertherapie genommen werden, um das dahinterliegende Material der Beziehungsebene aufzuspüren. Gäbe es diese direkte Verkoppelung der Ebenen nicht, so wäre analytische Kinderpsychotherapie, aber auch die psychoanalytische Therapie der Erwachsenen nicht möglich. Der eben aufgewiesene Gedankengang

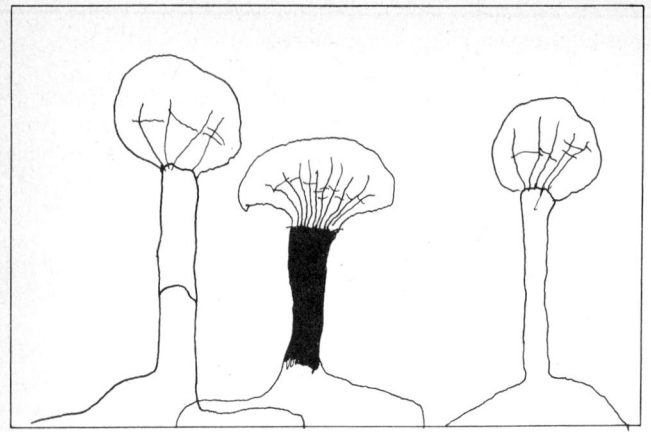

Abb. 12. Zeichnung eines etwa 5jährigen Jungen

war es auch, der Lorenzer veranlaßte, die »symbolische Interaktionsform« (also jede Form symbolproduzierender Struktur) gleichsam als Verlängerung der »bestimmenden Interaktionsform« theoretisch zu begründen. Seine These (hier am Beispiel der Sprache als einer Form der Symbolproduktion) lautet:

> »Entscheidend ist das folgende: Wenn die Sprachführung die Prädikation von *eingeübten Interaktionsformen* ist, so geht *in* Sprache von vornherein der Prozeß der praktischen Dialektik der Einigungssituation ein, und auch der weitere Sprachaufbau löst diese Bindung nicht, sondern verfestigt sie. Die dem Kind Schritt für Schritt vermittelte Systematik der Sprache verschmilzt laufend das System zusammenhängender Interaktionsformen mit den Knotenpunkten des Sprachsystems, wobei die Übereinstimmung zwischen Sprachsystem und systematisch eingeübten Interaktionsformen nicht zufällig ist« (Lorenzer, 1973, S. 107).

Kurz gesagt, alle Formen der symbolischen Darstellung, seien sie innerhalb des Menschenkopfes (Phantasien, Träume) oder nach außen gebrachte, haben eine direkte Verbindung zu den Formen der Beziehung. Und zwar nicht nur zu den Beziehungen, innerhalb deren sie entstanden sind, sondern in gleicher Weise zu allen vorher stattgefundenen Beziehungsmustern.

Und hier nur als Hinweis, dem im folgenden nicht weiter nachgegangen wird: *Alle* Symbolproduktionen, die wir in der Realität vorfinden, d. h. alle menschlichen Produkte (i. e. jede Veränderung von Natur), tragen die jeweiligen Beziehungslagen der Gesellschaft, innerhalb deren sie hergestellt wurden, in sich.

Von diesem Blickwinkel her gesehen, gewinnt auch jede »Analyse einer Gesellschaftsform« einen neuen Aspekt: Gesellschaft *allein* von den Produktionsbedingungen her analysieren zu wollen gerät zwangsläufig zu einem eindimensionalen Verfahren. Jede ernstzunehmende Analyse hätte zu zeigen, daß die Dialektik von Individuum und Gesellschaft zutiefst eine Dialektik von Beziehungsform *und* Produktionsform ist. Dabei ist die Frage nach den bedingenden Faktoren, also bestimmt das Sein das Bewußtsein oder umgekehrt, heute – durch die reale Praxis der Menschen durch die Jahrhunderte hindurch vollkommen verwischt – nur noch von philosophischem Interesse. Was wir am Anfang einer jeden Menschwerdung vorfinden und womit jeder Fötus zunächst konfrontiert wird, ist eine auf Interaktionsform basierende Beziehungsform, in die der gesellschaftliche Bezug tief eingegraben ist. Jedes von Menschen hergestellte Produkt, so lautet die These dieses Exkurses, enthält beide Formbestimmungen: einmal die ökonomische (von den gesellschaftlichen Produktivkräften des Produktes her bestimmt) und zum anderen die beziehungslogischen (von den individuellen Produktionsbedingungen der Kindheit des Produzenten her bestimmt). Und beide Momente stecken so sehr ineinander, daß heute nicht mehr auszumachen ist, welcher Teil welchen Aspekt determiniert. Wo freilich der jeweils andere Teil nicht gesehen wird, gerät jede Analyse *und* jede Praxis in die Fallstricke geschichtsblinden Agierens. Der therapeutische Ansatz, die Beziehungsproblematik zu entwirren, läuft Gefahr, von der Realität erschlagen zu werden, und der politisch-ökonomische Ansatz, die Produktionsbedingungen zu verändern, droht an der Beziehungsproblematik zu ersticken.

Zurück zur »third-line«. Lorenzer hat sehr genau beschrieben, daß die »bestimmte Interaktionsform« im Verlauf der Individualgeschichte im Akt der Deixis einen Prädikator erhält und sich somit zur »symbolischen Interaktionsform« verändert. Die Raupe entpuppt sich zum Schmetterling. Und der Schmetterling ist mehr als die Raupe, wiewohl er doch nicht von ihr gelöst ist, sie steckt tief in diesem. In gleicher Weise, wenn auch nicht derart naturgegeben in ihrer Metamorphose, erhebt sich die »symbolische Interaktionsform« (die »third-line«) über ihren Vorläufer. Das enge Wechselspiel eines an den Körper gebundenen Individuationsprozesses (»first-line« – Stammhirn – Viscera *und* »second-line« – limbisches System – bodywall) wird hier ein erstes Mal durchbrochen in der Linie »third-line« – Großhirn – Außenwelt. Die symbolischen Gefüge haben damit erstmals zu tun mit Gestaltungen, die, *für das Individuum erkennbar, außerhalb* seiner selbst liegen.

»Welt« wird damit für das Individuum verfügbar. Wie intensiv auch immer diese »Welt« sich um die Beziehungsproblematik der »second-line« gruppiert, für das Individuum kann sie behandelt werden als von dieser Ebene getrennt. Und das ist aus mehreren Gründen sehr wichtig. Zum einen kann über die Darstellungsfunktion der symbolischen Ebene in der Realität praktisch gehandelt werden. Ein Gegenstand, mit dem ich arbeite (und das kann auch ein anderer Mensch sein), ist zunächst einmal dieser Gegenstand in seinem Verhältnis zu mir (und nicht die Mami, die mich gut oder weniger gut behandelt, auf die ich wütend, trotzig, glücklich oder traurig reagiere – wie das auf der »second-line« mit jedem Gegenstand der Fall war), und zum anderen bietet mir der Gegenstand die Chance, aus den erdrückenden Formen der Beziehung in einen Bereich hineinzugehen, der weniger problematisch ist. Die »third-line« ist *relativ* eigenständig.

Wie ich gezeigt habe, gibt es auch auf der »second-line« bereits Gegenstände, d. h. symbolische Interaktionsformen. Das Wort »Mama« ebenso wie der »Teddybär« (als Übergangsobjekt) waren ja als Repräsentanzen sozusagen Stellvertreter für etwas ganz anderes. Als Objekte für sich existierten sie überhaupt nicht – eher noch bereiteten sie den Übergang auf die Welt der Objekte vor (vgl. dazu Orban, 1976). Anders bei der »third-line«. Hier gewinnen die Gegenstände der Realität ein Eigenleben dadurch, daß für sie *eigene* Repräsentanzen gebildet werden. Ein Stuhl ist ein Stuhl und wird als solcher symbolisch repräsentiert; er ist nicht meine Beziehung zu irgend jemandem. Bedeutung gewinnt er freilich für mich erst darin, daß er mit der Beziehung *verknüpft* ist (mit der

Art, wie ich in dem Stuhl sitzen mußte, ob ich wackeln durfte oder nicht, etc.), doch er ist nicht identisch mit ihr.

Die Ausprägungen der symbolischen Gehalte finden wir in den verschiedenen Zentren des Neocortex. Das Großhirn ist schon seit langem kartografiert worden, und man weiß heute ziemlich genau, welche Anteile an welchen Sinnesleistungen beteiligt sind und wo Speichervorgänge stattfinden (Neubildung von Synapsen im Lernprozeß etc.). Ungeklärt ist, was sich innerhalb der Zellen und Zellverbände ereignet und in welcher Weise einzelne symbolische Anteile in die Zellverbände eingelagert und aus ihnen abgerufen werden können.

Doch diese Frage ist für unseren Zusammenhang nicht entscheidend. Es spricht vieles dafür, daß im Großhirn die einzelnen Symbolanteile nicht partikularistisch in ihrer Reinform »Stuhl« (etwa als Bild) eingehen, sondern daß sich die Gehalte *szenisch* niederschlagen und der Einzelaspekt »Stuhl« später als generalisierte Figur aus einer Unzahl von Szenen (die sich in ihrer Stuhlhaftigkeit zur Deckung bringen lassen) herausgefiltert wird.

Die Interaktionssituation, bei der die sprachliche Einführung der Lautfolge »Stuhl« stattfindet, mag dabei das Vehikel sein, aus dem *Allgemeinen* vieler Interaktionsszenen das *Besondere* derjenigen, die einen Stuhl enthalten, herauszuadressieren.[20]

Ebenso wie bei den Einzelaspekten finden wir auch bei den zusammengesetzten, sehr viel komplexeren Bezügen (Vorstellungen, Ansichten, Werturteilen, theoretischen Bestimmungen etc.) der »third-line« enge Verbindungslinien zu den dahinterliegenden Gehalten. Dabei ist es nicht so, daß auf der emotionalen Ebene festgelegt wird, *welche* symbolischen Gehalte zusammengeschlossen werden, sondern nur die Tendenz und die *Art* ihres Zusammenschlusses dürften von der »second-line« vorgegeben werden. Die »third-line«, d. h. die Welt der symbolischen Gehalte im Großhirn, ist dazu da, das, was aus der Beziehungswelt der »second-line« sprachlos-affektiv nach oben drängt, mit den realen Gestalten der Außenwelt zu vermählen. Und in der Einordnung und Repräsentation dieser Verbindung entsteht ein neues Stück Vorstellung, an dem sich wiederum Realität und Beziehungsproblematik zu messen haben. Es leuchtet unmittelbar ein, daß hierin Realität und Beziehungsgeschichte in *einer jeweils spezifischen Weise vermittelt sind*.[21]

Jedem, dem die psychoanalytische Theorie vertraut ist, wird auffallen, daß die gerade gelieferte Bestimmung der »third-line« ebenfalls formal übereinstimmt mit dem, was die Psychoanalyse als das »Ich« beschreibt.

> »So vom Es getrieben, vom Über-Ich eingeengt, von der Realität zurückgestoßen, ringt das Ich um die Bewältigung seiner ökonomischen Aufgabe, die Harmonie unter den Kräften und Einflüssen herzustellen, die in ihm und auf es wirken, und wir verstehen, warum wir so oft den Ausruf nicht unterdrücken können: Das Leben ist nicht leicht! Wenn das Ich seine Schwäche einbekennen muß, bricht es in Angst aus, Realangst vor der Außenwelt, Gewissensangst vor dem Über-Ich, neurotische Angst vor der Stärke der Leidenschaften im Es« (Freud, 1932, S. 85).

Das Ich wird damit zu dem Vermittler, der drei verschiedene Aspekte unter einem Hut versammeln muß. Dennoch geht es um etwas anderes. Auch das Ich (schon in der Psychoanalyse als Abkömmling vom Es) ist nicht etwas anderes, sozusagen eine Struktur mit neuen Möglichkeiten, sondern die konsequente Erweiterung des Es in neue Bereiche hinein. Es ist das »Es«, nur in anderer Gestalt. Es *ist* die mit den Gestaltungen der Realität ausgefüllte damalige (Beziehungs-)Welt. Um jedoch die Unterschiede zwischen psychoanalytischer Theorie und Interaktionstheorie nicht zu verwischen und um die Kontinuität dieser Struktur deutlicher herauszuheben, als es in den Begriffen »Es« und »Ich« angelegt ist, ziehe ich es vor, den Begriff »third-line« zu verwenden.

In diesem Zusammenhang erscheint es mir notwendig, den Begriff der »symbolischen Interaktionsform« zu präzisieren. Symbolische Interaktionsform meint nämlich in der Lorenzerschen Diktion beides, sowohl die »second-« wie auch die »third-line«. Während die »second-line« eher die symbolischen Ausgestaltungen von Welt im Beziehungsaspekt meint, beinhaltet die »third-line« eher die realen Gestalten der Außenwelt als Repräsentanzen der Innenwelt. Für den Außenstehenden mag sich das als Spitzfindigkeit darstellen, für das Kind selbst liegt hierin aller »Unterschied der Welt«. Die »Welt« der »second-line« ist die Mutter, während die »third-line« die Mutter der Welt ist. Sie schenkt dem Kind die Welt. Bevor ich in die Diskussion der Problemfelder dieser Ebene eintrete, möchte ich versuchen, alle drei Ebenen graphisch zu veranschaulichen.

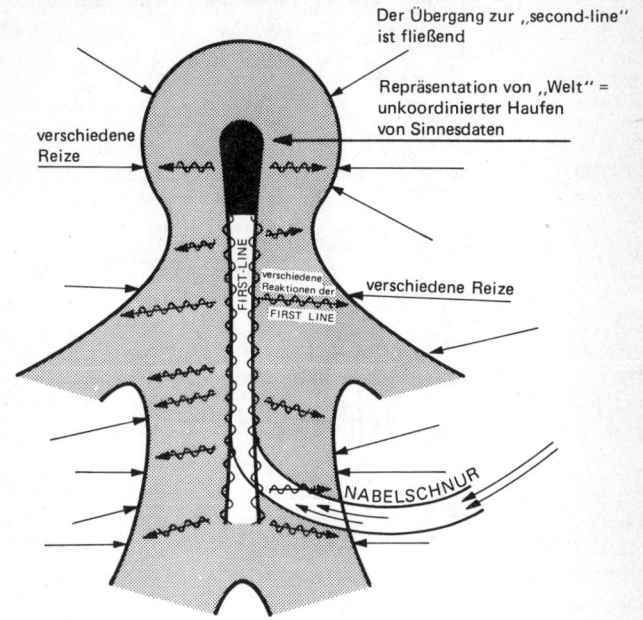

Abb. 13.

»Welt« besteht aus einer Reizkonstellation, die von innen (via Nabelschnur) oder von außen in der Form von Interaktionen an das System herangebracht wird.

Reaktionen des Kindes: Gesamtorganisch entlang der Körper-Mittellinie (Viscera), wobei insbesondere die inneren Organe des Kindes (Herz, Atmungstrakt, Nahrungsaufnahme und Verdauungstrakt sowie die Wirbelsäule) an der Verarbeitung von Reizmengen beteiligt sind. Aufnahme- und speicherfähig sind alle Zellen des Körpergewebes (mit Ausnahme des Großhirns und Teilen des limbischen Systems). Auch traumatische Reize werden in den oben genannten Zonen abgelagert.

Second-Line
(bestimmte Interaktionsform als Moment einer Strukturbildung im
Übergang zur symbolischen Interaktionsform)
5. Monat bis ca. 20. Monat. Übergang zur third-line ist fließend

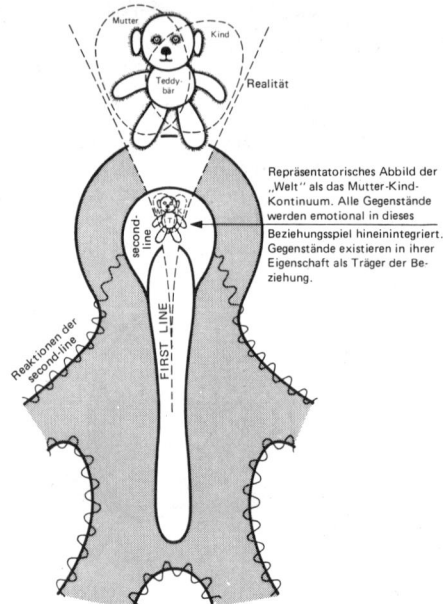

Abb. 14.

»Welt« besteht aus den Beziehungsfiguren, die von außen in
Form von Interaktionen an das System herangebracht werden.
Neue Reaktionen des Kindes (die der »first-line« bleiben dabei
allerdings erhalten): Gesamtorganismisch entlang einzelner
Partien der Körperaußenfläche. Aufnahme- und speicherfähig
sind jetzt auch die Areale des limbischen Systems, was dazu
führt, daß jetzt auch Außenwelt vom Kind entlang seiner Bezie-
hungsmuster wahrgenommen wird.

Es muß angemerkt werden, daß es sich bei meinen Skizzen nur um
die *Erschließung der Ding-Welt* handelt, selbstverständlich hat
das Kind auch schon ein (Beziehungs-)Bild der Mutter(-Kind-

Dyade) im Kopf, doch wo es um Gegenstände geht, sind diese nur in ihrer Verknüpfung zu der Mutter-Kind-Beziehung relevant. Nur darum geht es also.

Third-Line
(symbolische Interaktionsform)
etwa ab 20. Monat

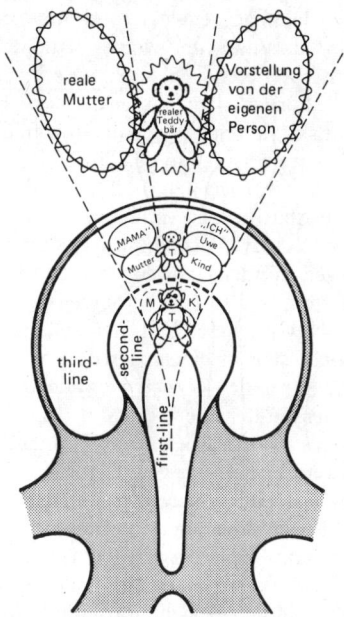

Abb. 15.

»Welt« besteht aus den realen Gegenständen, die von außen in Form von Interaktionen an das Kind herangebracht werden. Neue Reaktionen des Kindes (»First-line«- und »Second-line«-Reaktionen bleiben erhalten): Interaktionsqualitäten in und mit der Außenwelt können sowohl auf der sprachlichen als auch auf der handlungspraktischen Ebene stattfinden. Aufnahme und Speicherung jetzt zunehmend im Großhirn, indem die Gegenstände der »second-line« aus- und entdifferenziert werden können und neue Gehalte einwandern, die von den ersten beiden Ebenen auch unabhängig sein können. Dennoch entscheiden die beiden ersten Ebenen weiterhin darüber, welche spezifischen Interessen das Kind der Außenwelt entgegenbringt.

Wie ich an dem Beispiel der Kinderzeichnungen gezeigt habe, steckt in den gezeichneten Gegebenheiten der realen Welt (repräsentiert als Baum in der Welt der »third-line«) ein deutlich vorstrukturiertes Muster der Beziehungsebene (»second-line«) gegenüber Mutter, Vater usw. Tief darunter (und wohl anhand der Zeichnungen nur schwer zu interpretieren, weil auch nur schwer in ein Bild zu bringen) liegen die körperlichen Figuren der »first-line«.

Die drei von mir skizzierten Ebenen, die sowohl im neurophysiologischen Hirnaufbau als auch in den Sozialisationsschritten der Individualgeschichte aufzusuchen sind, haben ihre Entsprechung auch im Bereich beobachtbaren Verhaltens. Autoren der Friedensforschung haben in einem Vorschulprojekt (mit 5- bis 7jährigen Kindern) aufzeigen können, daß eine relativ klare Abgrenzung kindlicher Verhaltensweisen nach folgenden drei beobachtbaren Erscheinungen sich vornehmen läßt. *Jede* kindliche Interaktionsbewegung vollzieht sich in einem der drei folgenden Bereiche: entweder auf der Ebene des *Körperspiels* oder auf der Ebene des *Materialspiels* oder auf der Ebene des *Sprachspiels*.

Es gibt Kinder, die alle drei Ebenen gleichermaßen einsetzen, die sozusagen auf drei Ebenen (mit gegenseitigen Verbindungen der Ebenen untereinander) interagieren. Es gibt aber auch Kinder, bei denen auf einer Ebene Bevorzugungen liegen oder die auf manchen Ebenen überhaupt nicht (bzw. sehr starr) reagieren. Das läßt den Schluß zu, daß auf den Ebenen, die nicht an den Interaktionsprozessen beteiligt sind, besonders gravierende Störstellen liegen. Oder daß andere Ebenen (beispielsweise die sprachliche) stark entwickelt sind, um Probleme auf anderen Ebenen (beispielsweise der emotionalen) zu bewältigen. Die Autoren der Studie »Aggression und Apathie« haben zeigen können, daß jede Form der Bevorzugung einer Ebene nur um den Preis der Abspaltung anderer Ebenen plausibel wird. Sie haben, und das bringt die Verbindung zu der hier geführten Diskussion, aufgewiesen, daß das *Körperspiel* relativ eindeutig seine Entstehungsgeschichte in den frühen Kindheitserlebnissen hat (also dem entspricht, was hier »first-line« genannt wird), daß das *Materialspiel* relativ eindeutig die Beziehungsebene repräsentiert und dazu neigt, viele Gegenstände quasi als »Übergangsobjekte« zu benutzen und damit Beziehungen und Beziehungswünsche zu verknüpfen (also die »second-line« darstellt)[22] und daß das *Sprachspiel* eine relativ losgelöste Möglichkeit darbietet, »Welt« zu erzeugen (»third-line«).

Es erscheint mir so, als ob diese drei Ebenen *beobachtbar* auch im Leben der Erwachsenen in gleicher Weise vorzufinden sind, wie es die Autoren der Friedensforschung (Beier u. a., 1978) für Schulanfänger aufgezeigt haben, und es ist die Frage, ob man dieses Instrument (das auf tiefe lebensgeschichtliche Interaktionsprozeduren verweist) für eine Analyse erwachsener Verhaltensweisen fruchtbar machen kann.

Insgesamt ist zu spüren, daß das Überwiegen der »third-line«-Verhaltensweisen (also meist rein sprachlich vermittelte Interaktionsprozesse) einer ganzen Reihe von Menschen zunehmend suspekt wird. Als These: Das Intellektualisieren, das in der Regel unter Ausschluß von Körperlichkeit und Beziehungsformen stattfindet (ja geradezu eine Abwehr gegen diese ist), ist ein herausragendes Merkmal von Abspaltungsvorgängen, auf die sich ein großer Teil von jungen Menschen (gerade auch an den Universitäten) heute nicht mehr einlassen will.

Wo der Beruf oder das Studium in keinem Verhältnis zu allen drei Ebenen steht, im Gegenteil nur dazu führt, die Abspaltung zu zementieren; wo die Zerstörung der Umwelt Zerstörung der eigenen Körperlichkeit bedeutet, ist es nicht verwunderlich, ja geradezu eine Notwendigkeit, daß viele Menschen sich den herrschenden Abspaltungsvorgängen durch die Entwicklung von Alternativmodellen zu entziehen suchen.

Es sieht so aus, als verlaufe Menschwerdung in der Tat (auch zeitlich) entlang der Linie: Körperspiel – Materialspiel – Sprachspiel, und jede dieser Ebenen hat ihren eigenen Aufbau, ihre eigene Dynamik. Dennoch bilden diese Ebenen eine Einheit, die nur dadurch unterbrochen wird, daß wichtige Teile von anderen Teilen abgesprengt werden. Wenden wir uns also jetzt den Abspaltungsvorgängen der »third-line« zu.

Lorenzer hat die Mechanik dieses Vorganges bereits sehr genau ausgearbeitet. Seine These: Im Vorgang der Abspaltung – er nennt ihn »Desymbolisierung« – wird die *Verbindung* zwischen »bestimmter Interaktionsform« und »symbolischer Interaktionsform«, die (und das ist sehr wichtig) einmal bestanden haben muß, *gelöst*. Das hat folgende Konsequenzen:

»Die zur Interaktionsform gehörenden Sprachsymbole werden aus dem Bereich der Sprache ausgestoßen, die Interaktionsform wird ›desymbolisiert‹. Damit wird die Konsistenz der Sprachsymbole insgesamt gerettet, zugleich aber fällt die sprachlich exkommunizierte Interaktionsform auf das Niveau vorsprachlicher Interaktionsformen zurück. Sie erlischt damit keineswegs, sondern sie bleibt unbewußt virulent, da sie nun dem ›eingeübten‹ Situationszwang anheimfällt. Wie bei allen ›vorsprachlichen‹ Interaktionsformen werden nunmehr auf bestimmte situative Reize hin die entsprechenden sensorisch-motorischen Komplexe ausgelöst« (Lorenzer, 1973, S. 108).

Derartige »desymbolisierte« Interaktionsformen nennt Lorenzer »Klischees«. Sie sind es, die als Inhalte des Verdrängten (Desymbolisierten, Abgespaltenen) ihre eigene Dynamik entfalten und das Individuum zu klischeebestimmten (d. h. neurotischen) Verhaltensweisen drängen, indem sie sich unterschwellig in andere Symbolanteile einmischen. »Klischees« bilden das *Unbewußte*.

In terms der Physiologie bedeutet dieser Vorgang, in dem einzelne Anteile voneinander gelöst werden, daß ein Prozeß des »gating« stattfindet. Es bedeutet, daß höhere Ebenen des Bewußtseins von niedrigeren abgekoppelt werden. *Unbewußtes* bedeutet somit *Nicht-Verbundenes*. Im strengen Sinne liegt darin die Janovsche These: Es gibt kein Unbewußtes, es gibt nur ein nicht verbundenes Bewußtsein.

Welche Gestalt diese Abkoppelungsprozesse graphisch annehmen können, zeigt Abbildung 16.

Es geht also darum zu begreifen, daß Abspaltungsprozesse nicht nur auf einer Ebene stattfinden können, sondern auf zwei Ebenen:

1. die »first-line« kann von der »second-line« abgetrennt und
2. die »second-line« kann von der »third-line« abgetrennt werden.

In gleicher Weise kann man den Prozeß der Abwehr begreifen. Jede Ebene hat ihre eigenen Abwehrprozeduren, d. h., jede Ebene reagiert auf Überlast mit Abtrennung *und* mit der Entwicklung spezifischer Verfahrensweisen, die die Schmerzen, die auf dieser Ebene auf das System einwirken, bearbeiten sollen. Während die Abwehr auf den »first-line«-Schmerz darin besteht, daß der Körper visceral zu erhöhter Aktion getrieben wird – Zunahme der inneren

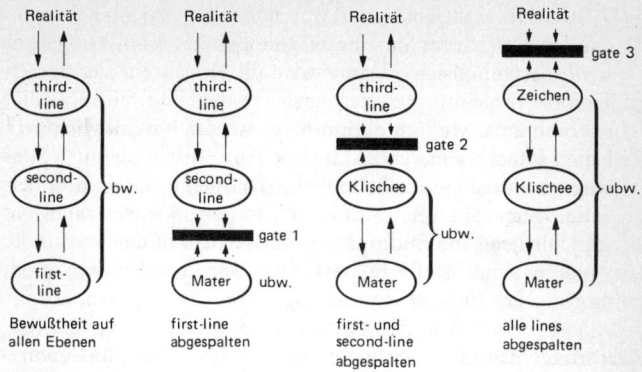

Abb. 16. Abkoppelungsprozesse. (Erläuterungen im Text)

Sekretionen, schnellerer Herzschlag, höherer Blutdruck, höhere Temperatur etc. –, liegt die Abwehr des »second-line«-Schmerzes darin, emotional zu reagieren – also chronisches Weinen oder Abwehrbewegungen des Körperwalles wie Muskelspannungen, Augentick, Zittern etc. Die »third-line« schließlich bedient sich der bekannten (intellektuellen) Abwehrmechanismen: Rationalisierungen, Verleugnungen, Projektionen, Reaktionsbildungen etc., die aus den klinischen Erfahrungen der Psychoanalyse wohlbekannt sind.

Man kann sich den Zusammenhang der »lines« etwa folgendermaßen denken:

> »Wenn man jemandem mit einer Elektrode bestimmte Zonen des Neocortex stimuliert (wie es bei Operation von Epileptikern getan wurde), so wird eine kognitive Erinnerung hervorgebracht: ›Oh, ich erinnere mich, wie meine Mutter mich zum Abendessen ruft!‹ Sobald die Elektrode tiefer gesenkt wird (...), wird der emotionale Aspekt dieses Vorganges hervorgebracht: ›Junge, Junge, war sie wütend und hatte ich eine Angst!‹ Sobald man die Elektrode noch tiefer absenkt (...), erscheinen die automatischen Begleiterscheinungen dieser Erinnerungen – Anstieg der körperlichen Werte, vielleicht höhere viscerale Sekretion und Terror. So gesehen handelt es sich (in direkter Linie) um einen elektronischen Abstieg auf die verschiedenen Ebenen

des Bewußtseins; der gleiche Abstieg, der bei Patienten in systematischer Weise in der Primärtherapie stattfindet« (Janov, 1976 b, S. 153, Übersetzung von mir, P. O.).

Mit diesem Zitat will ich darauf hinweisen, daß es möglich ist – und die Versuche von Penfield haben das ebenfalls gezeigt –, die Abwehr sozusagen elektrisch zu durchstoßen (ebenso kann sie chemisch gelockert werden durch LSD oder andere Substanzen, die die körpereigene Endorphinproduktion bzw. das Serotonin, das eine wichtige Rolle bei der Schmerzunterdrückung spielt, hemmen). Natürlich ist ein derartiger Weg ein sehr kruder und geschichtsblinder Eingriff, der darüber hinaus deshalb gefährlich ist, weil die Abwehr ja in diesem Bereich eine lebensnotwendige Blockierung übermächtiger Schmerzquanten darstellt, die dem Patienten nicht leichtfertig weggerissen werden darf. Umgekehrt kann die Abwehr mit ähnlichen Methoden auch gestärkt werden. Jede Gabe von Morphium oder mophinähnlichen Substanzen hat dadurch, daß sie die »gates« zuverlässig schließt, schmerzblockierende Wirkung.

So paradox es auch zunächst klingen mag, auch der »Elektroschock« und die Akupunktur scheinen diese Wirkung zu haben. Man hat gezeigt, daß der Serotoninspiegel im Gehirn von Mäusen, denen man einen Elektroschock verabreichte, stark angestiegen ist, während der RNS-Gehalt stark absank, da aber Serotonin eine stark schmerzblockierende Wirkung hat und RNS für die Speicherleistungen innerhalb der Gehirnzellen verantwortlich gemacht werden, kann gefolgert werden, daß Elektroschocks die Schmerzbahnen unterbrechen und die Gedächtnisleistungen herabsetzen, daß also genau die Wirkungen eintreten, die dem Psychotiker (denn bei ihm werden Elektroschocks angewendet) vorübergehende Linderung verschaffen. Natürlich darf man dabei nicht übersehen, daß der Elektroschock dem Patienten ein zusätzliches Trauma zufügt, das, auch wenn die Patienten nicht über subjektives Leiden berichten (eben weil die »gates« sofort geschlossen werden), als massive Schmerzerfahrung im System aufbewahrt wird.

Das gleiche Phänomen der Blockade findet sich offensichtlich bei der Akupunktur:

»Nadeln im Fuß, in der Hand und im Körper sind ganz offenkundig schmerzhafte Reize, auch wenn der Patient manchmal dabei kein Unbehagen bekundet. Diese Reize steigen nämlich entlang der Nervenbahnen auf und mögen dabei einen Anstieg der Serotoninproduktion verursachen. Es ist ein Polsterphänomen, bei dem das (schmerz-)unterdrückende System zu einem Output genötigt wird. Das Resultat ist eine Verkleinerung des subjektiven Gefühls von Schmerz. Vielleicht können bei genügend großen und langandauernden Reizen dieser Art wohltuende Resultate deshalb beobachtet werden, weil die Schmerzunterdrückung in einigen Zonen des Systems eine Ruhepause bewirkt hat, so daß möglicherweise ein Heilungsprozeß beginnen kann. Doch weil auch diese Art unhistorisch ist und nicht in einem Verhältnis zu den Ursachen steht, können die Resultate nur ephemer und nicht heilsam in einem allgemeinen Sinne des Begriffes sein« (Janov, 1976 b, S. 129).

»Abwehr« ist eben kein Vorgang, der sich dauerhaft von außen beeinflussen läßt: Sie sollte weder durchstoßen (mit elektrischen, mechanischen oder chemischen Hilfsmitteln) noch verstärkt werden, da dieser Eingriff in jedem Falle verhängnisvolle Folgen auf das Gesamtsystem hat. Nimmt man sie an einer Stelle weg, so muß man an einer anderen Stelle um so mehr (und verzweifeltere) Anstrengungen unternehmen, das System wieder auszubalancieren (das kann bis zum Selbstmord gehen: Die Zahl der Fixer, die sich den »goldenen Schuß« geben, kann hierfür ein beredtes Beispiel sein). Fügt man ihr etwas hinzu (wie bei allen Drogen), so reduziert sich die körpereigene Produktion, und man ist auf die Zufuhr immer höherer Quanten angewiesen. (Das ist die Ursache für die Sucht!)

Das, was abgewehrt werden muß, sind *in jedem Falle Schmerzerfahrungen* aus dem unterhalb liegenden System (der »lines«), die daran gehindert werden müssen, aufzusteigen.

Dieses Schema gilt für sämtliche Abwehrbewegungen des Tages und der Nacht. Es gilt im realen Leben ebenso wie im Traum. Es gilt von den massivsten Formen des nächtlichen Terrors oder vom psychotischen Schub (beide Male versagt die Abwehr, und »firstline«-Schmerz drängt an die Oberfläche) bis zu den subtilsten Formen der Abwehr: der Griff zur Zigarette oder ständig ein Witzchen zu machen (oder das Wahlkreuz bei der NPD). Und vor allem: Es gilt immer wieder, es unterliegt der schematischen Prozedur des Immerwährenden, der Wiederholung. Es gilt so lange, solange der dahinterliegende Schmerz nicht aufgelöst ist.

Ein *Kleinstkind* (bis zum 5. Monat), das überstarken Reizerfahrungen ausgesetzt ist, verfügt nur über eine »line«. »Abwehr« dieser Erfahrung bedeutet: Die Erregung, die nicht auf normalem Wege (Strampeln, Schreien) aus dem System herausgebracht werden kann, wird zu einer »Mater« und greift direkt das Körpersystem an; Körperlichkeit wird deformiert.

Ein *Kleinkind* (bis zum 24. Monat), das überstarken Reizerfahrungen ausgesetzt ist, verfügt über eine weitere »line«. »Abwehr« dieser Erfahrung bedeutet: Die Erregung, die nicht auf normalen Wegen (Hinwendung zur Beziehung, zur Mutter, zum Vater) aus dem System herausgebracht werden kann (denn die Eltern sind es ja meist, die die Erregung verursachen), werden zu »Matern« oder »Klischees« und greifen direkt an der Körperaußenfläche an, bzw. wenden sich in einer Überbewertung den mit der Beziehung in Verbindung stehenden Gegenständen zu. (Narzißtische Interaktionsform; vgl. dazu Orban, 1976.)

Ein *Kind*, das überstarken Reizerfahrungen ausgesetzt ist, verfügt über drei »lines«. »Abwehr« einer Erfahrung in dieser Periode bedeutet: Die Erregung, die nicht auf normalem Wege (Hinwendung und Bearbeitung in der Realität) aus dem System gebracht werden kann, wird zu einem »Klischee« oder zu einem »Zeichen« (Lorenzer) und greift direkt an den Gestalten der Realität (im Kopf des Kindes) an, so daß die individuelle Bedeutung nicht mehr mit den allgemein geteilten Bedeutungen der Realität übereinstimmt. Realität wird auf der »third-line« zu einem Zerrspiegel für dahinterliegende Schmerzerfahrungen. Sie wird – wenn auch manchmal sehr unscheinbar – wahnhaft.

– Die Suche nach dem »lieben Gott« auf der »third-line« entpuppt sich auf der »second-line« als das abgewehrte Bedürfnis nach einem »warmen Vater« (Mutter) und als die unglaublich schmerzhafte Erfahrung, daß der reale Vater mich ignoriert und gequält hat. Und es ist nur diese Erfahrung, die abgewehrt werden *muß*.

– Die Suche nach »Glück« und »Reichtum« auf der »third-line« entpuppt sich auf der »second-line« als das abgewehrte Bedürfnis nach Zuwendung *und* der Erfahrung des Schmerzes, daß die Eltern sich real abgewendet haben, so daß mir nur eine Flucht in die Welt der Gegenstände (des materiellen Reichtums) übrigbleibt.

– Die terroristische Einschätzung der »third-line«, ein Teil der

Welt sei böse und müsse mit Gewalt bekämpft werden, entpuppt sich auf der »second-line« als das abgewehrte Bedürfnis, anerkannt zu werden, *und* dem Schmerz darüber, daß meine Eltern mich total mißachtet haben, so daß mir nur der Ausweg bleibt, mich selbst als »böse« zu definieren.[24]

Welcher Abwehrmechanismen sich das Individuum bedient, ist relativ unerheblich (und die Palette unendlich groß) gegenüber dem Faktum, daß das, was aus dem gequälten Körper nach außen drängt, um jeden Preis abgewehrt werden muß und spätestens auf der »third-line« in irgendeiner Form dem System plausibel gemacht werden muß. Die »third-line« hat hierin überhaupt eine Art Sonderstellung. Jede Form der Abwehr trägt hier gleichsam ihre eigene »Ideologie« in sich, d. h., das Individuum muß sich klarmachen, daß seine Form des Leidens aus einem ganz bestimmten Grund existiert. Manche Gegenstände der Realität werden dabei in gewissem Sinne wahnhaft für die Bedürfnisse der »third-line« umgestaltet. Sie tragen von diesem Moment ab Züge des Irrealen. Das kann so weit gehen, daß die Gewaltförmigkeit der »second-line« auf der »third-line« für große Teile der Bevölkerung zur gesellschaftlich herrschenden Ideologie wird und die »second-line«-Gewalt auch in die Realität hineinagiert werden darf. Gerade in neuerer Zeit läßt sich dieses Phänomen bei der Terroristenjagd demonstrieren. Innerhalb kurzer Zeit führte die Tatsache, daß eine winzige Gruppe (im Vergleich zur sonstigen Gewaltkriminalität) von Menschen – aus welchem Grunde auch immer – gewaltförmig agierte, dazu, daß bei Millionen von Bürgern abgewehrte »second-line«-Bedürfnisse *der Gegengewalt* zur herrschenden Ideologie werden könnten. Aloys Leber bringt diese Figur präzise auf einen Nenner:

»Der Terrorist ist vom Volk, für das er angeblich kämpft, nicht nur nicht legitimiert, sondern auch total isoliert, allerdings nicht zuletzt deswegen, weil er in anderen Emotionen wachruft, die den seinen entsprechen, die dort aber große Angst auslösen. Der Terrorist ist nicht allein dadurch gefährlich, daß er uns mit äußerer Gewalt bedroht, sondern weil er bei uns terroristische Tendenzen, die wir nicht wahrhaben dürfen, anspricht. Gerade deshalb muß – wie Politiker es formulieren – ein absoluter Trennungsstrich zwischen ihm und uns gezogen werden. In den

Reaktionen gegen den Terrorismus werden die nur schwer abzuwehrenden eigenen anarchistischen Impulse verschleiert zum Ausdruck gebracht. Was anderes ist der Schrei nach der Todesstrafe oder nach verstärkter Polizeigewalt? Unter dem Vorwand, es gehe um Sicherheit, kommen Omnipotenzansprüche und Rachegefühle auch zum Zuge. Wir fallen ebenfalls in archaisches Denken und Handeln zurück und fordern Maßnahmen, die der gewonnenen Demokratisierung entgegenwirken. Da die Terroristen nicht die einzigen sind, denen als kleine Kinder Verfügung verwehrt und die schwer gekränkt wurden, darf man annehmen, daß sie für ihre makabre Rolle zwar besonders anfällig sind, die Gesellschaft aber Personengruppen braucht, die diese für sie übernehmen, während die anderen so tun können, als hätten sie Gerechtigkeit, Friedfertigkeit und Besonnenheit gepachtet« (Leber, 1979).

Es ist also das »Böse« in uns selbst (auf der »second-line«), das wir auf der »third-line« – und d. h. symbolisch – beim Terroristen zu bekämpfen und abzuwehren suchen. Das ist leichter, als sich der schmerzhaften Erfahrung zu stellen, daß und *wie* wir selbst »böse« gemacht worden sind.

Eine der wesentlichen Aufgaben des Neocortex scheint darin zu liegen, den Druck der unteren Systeme, die Schmerzerfahrungen früher Sozialisation, auf die Ebene der Begriffe zu heben. Nimmt man den Satz Ditfurths ernst, daß »unser Gehirn ursprünglich kein Organ zum Verstehen der Welt (ist), sondern ein Organ zum Überleben« (1976, S. 40), so kann man gar die Frage stellen, ob unser menschliches Großhirn (und damit die Sonderstellung der Spezies Mensch) sich aus der Notwendigkeit, mit Schmerzerfahrungen fertigzuwerden, erst entwickelt hat.

Bleiben wir noch einen Moment bei der Deformation der »third-line«. Generell gilt innerhalb des Ansatzes einer »Theorie der Interaktionsformen«, daß Neurose ein Krankheitsgeschehen ist, bei dem der Mensch von den Schmerzen der frühen und frühesten Kindheit durch »gates« abgespalten ist und daraufhin der abgespaltene Druck an andere Stellen umgeleitet wird. Dabei ist es so, daß besonders schmerzhafte Früherfahrungen der »first-line« in der Regel auf der »third-line« nicht *verbal* zur Darstellung gelangen können. Melzack hat angemerkt, daß unsere Sprache, die z. B. für die *Darstellung* der »Liebe« eine Fülle von Möglichkeiten bietet, bei der *Darstellung* von »Schmerz« (der Beschreibung von Schmerzqualitäten und -quantitäten) nur sehr eingeschränkte Möglichkeiten hat. Insbesondere die Beschreibung des »als ob« fiel ihm auf:

> »Ein spaltender Kopfschmerz z. B. bedeutet ja nicht, daß der Kopf gespalten ist. Ganz offenkundig ist hier nur eine Redewendung gemeint, die die Eigenschaft einer totalen Schmerzerfahrung aufdecken soll – daß der Schmerz sich nämlich so anfühlt, *als ob* der Kopf gespalten wäre« (Melzack, 1973, S. 46, Übersetzung von mir, P. O.).[25]

Das gleiche könnte für die Krankheitsbilder »Depression«, »Migräne« und für alle anderen »psychosomatischen« Erkrankungen gelten: Schmerz der »first-line« steigt auf, die Abwehr versagt, und er überflutet das erwachsene System. Dieser Schmerz kann nicht symbolisch agiert werden, er kann nur *im System* die bekannten Auswirkungen anrichten, die sich total jenseits von Sprache vollziehen. Sprache taugt noch nicht einmal dazu, diesen Schmerz zu beschreiben. Hier wird die ganze Ohnmacht unseres Großhirns sichtbar: Vorgängen gegenüber, die sich in frühesten Lebenstagen abspielen, ist es hilflos ausgeliefert und wird von ihnen in gleicher Weise überrumpelt wie das frühere Kleinstkind von den Interaktionsformen seiner Eltern. Die Gesamtproblematik der sog. »psychosomatischen Erkrankungen« dürfte hier ihren Entstehungsort haben (darüber im nächsten Kapitel mehr).

Anders aber sieht es aus beim Ansturm von »second-line«-Erfahrungen: Die »third-line« hat hier die Möglichkeit der maskierenden Darstellung. Sehen wir uns an, in welcher Weise hier die Ereignisse verstellt werden können. Unter der Überschrift: »Film regte zum Mord an« brachte die Frankfurter Rundschau am 10. 9. 1975 folgende Meldung:

> »Geldern, 9. September. Ein 13 und ein 14 Jahre altes Mädchen aus Kevelaer am Niederrhein haben nach eigenem Geständnis einen siebenjährigen Jungen getötet. Wie die Polizei in Geldern am Dienstag mitteilte, geben die Kinder zu, durch den Film ›Eine Lustpartie‹ von Claude Chabrol zu der Tat angeregt worden zu sein. Zu ihrem Opfer, das sie rein zufällig auswählten, hatten sie keinerlei persönliche Beziehung gehabt. Der Sieben-

jährige war am Montag von seinen Eltern als vermißt gemeldet worden, nachdem er von der Schule nicht nach Hause gekommen war. Gegen Abend erschien eine junge Frau mit ihrer 14jährigen Schwester Elisabeth auf der Polizeistation Kevelaer und erklärte, ihre Schwester habe den Jungen entdeckt. Er liege auf dem Dachboden im Haus ihrer 13jährigen Freundin Iris. Tatsächlich wurde die Leiche des Kindes an einer abgelegenen, nur mit einer Leiter erreichbaren Stelle des Speichers gefunden. Im Verlauf der Vernehmungen durch die Polizei gaben die Sonderschülerin Elisabeth und die Hauptschülerin Iris den Mord an dem Jungen zu. Nach Angaben der Polizei hatten die Mädchen laut eigenem Bekunden mehrfach – angeregt durch Kriminalfälle im Fernsehen – erwogen, ein Kind zu töten. Den entscheidenden Anstoß hatten sie am Sonntagabend durch den im Fernsehen gezeigten Chabrol-Film erhalten, in dem zum Schluß ein Mann seiner früheren Lebensgefährtin den Kopf eintritt. Am Montagmorgen schwänzten die beiden Mädchen die Schule. Statt dessen beobachteten sie vom Wohnzimmer im Haus der Iris aus die Straße und warteten nach ihrer Aussage auf einen kleinen, hübschen Jungen, um ihn zu töten. Mehrere Kinder ließen sie unbehelligt, da sie ihren Vorstellungen nicht entsprachen. Den Siebenjährigen lockten sie schließlich mit dem Versprechen ins Haus und auf den Speicher, ihm Meerschweinchen zu zeigen und ihm einen Schaumgummihund zu schenken. Auf dem Dachboden erstickten sie den Jungen mit einem Bademantel, den sie aus dem Schlafzimmer von Iris' Eltern geholt hatten, und indem sie dem Kind abwechselnd Mund und Nase zuhielten. Die beiden Mädchen wurden in die Obhut des Jugendamtes gegeben.«

Dieser Fall geisterte noch einige Zeit durch die Presse mit dem Tenor, es sei nun endlich augenfällig geworden, daß das Fernsehen gewaltproduzierende Auswirkungen habe. Auch mir ist über diesen Fall nicht mehr bekannt, als das, was ich dem Artikel entnommen habe, dennoch behaupte ich, daß diese beiden Mädchen »symbolisch« (oder »klischee-bestimmt« im Lorenzerschen Sinne) etwas agiert haben, was tief in ihnen als eigener Schmerz eine Darstellung gesucht hat. Sie haben damit gleichsam in der Zerstörung eines Lebens ihre eigene Zerstörtheit auf den Begriff gebracht. Sie haben ein Kind erstickt, weil sie selbst zu ersticken drohten oder längst erstickt waren. Das, genau das, ist die Art, in der die »third-line« (wenn auch nicht immer so drastisch) die Schmerzen der darunterliegenden Ebenen an die Realität vermittelt.[26] Die Dialektik des Terrors liegt darin, daß das gesellschaftliche Terrorsystem (erfüllt vom familialen) ein kindliches Terrorsystem produziert, das terroristisch in die Realität hineinagieren *muß* und daraufhin vom gesellschaftlichen System (mit seinen Stigmatisierungs- und Strafverfolgungsbehörden) noch einmal terroristisch dafür bestraft wird. Die Kette ist perfekt. Für diese beiden Mädchen und für viele andere Kinder, die weniger spektakulär mit ihrem Terror fertigwerden müssen, gilt ganz sicher: Es gibt kein Leben vor dem Tode.

Man kann sich darüber streiten, ob der Begriff *Abwehr* in diesem Falle berechtigt ist: Hat bei den beiden Mädchen die Abwehr versagt, so daß die mordenden Impulse freigesetzt werden konnten, oder war die Tötung selbst ein Abwehrvorgang, um das Erleben der eigenen Zerstörtheit abzuwehren? Ich denke, Abwehr meint immer *beide* Seiten dieses Prozesses. Die »third-line« muß in die Realität hinein agieren, *um* abzuwehren. Ein Versagen der Abwehr (bzw. das Aufgeben der Abwehr) ist immer verbunden mit dem Hervorbrechen desjenigen Originalmaterials, das darunterliegt. Dieser Prozeß der Aufgabe (d. h. von weniger terroristischen Formen zu den schwereren aufsteigend) findet in der Primärtherapie statt. Das ist der Grund dafür, daß diese Therapie so schmerzhaft ist – aber auch so heilsam.

Wie ich erläutert habe, liegt das Problem der Zerstörung darin, daß Verbindungslinien untereinander zerschlagen (oder gar nicht erst hergestellt) werden. Das trifft freilich nicht auf die Linien der Zerstörung selbst zu – im Gegenteil. Man kann sagen, je intensiver die Aspekte des Gesundens unterbrochen werden, desto intensiver schließen sich die Aspekte des Zerstörens zusammen. Konkret: Es bestehen *deutliche Verbindungen* zwischen den abgespaltenen Einheiten »Matern« – »Klischees« – »Zeichen«. D. h., Zerstörtheit bedeutet in sich eine *ununterbrochene* Kontinuität, die sich durch die Lebensalter hindurchzieht. Eines gründet im anderen. Heilung heißt, es ist nicht damit getan, die »Desymbolisierung« wieder zu einer »symbolischen Interaktionsform« zu machen – das ist nur der notwendige erste Schritt. Zu fragen ist immer, welche Formen der Zerstörtheit liegen unter den Klischees?

4.4. Zusammenfassende Thesen über den Prozeß der Sozialisation und das »Verhältnis« von Psyche und Soma

»Sozialisation«, so habe ich in den ersten drei Abschnitten dieses Kapitels gezeigt, ist ein Kontinuum, das, beginnend mit den einfachsten Interaktionsfiguren des Körperbedarfs, zu immer komplexeren Gebilden der Aneignung von Realität aufsteigt.

»Körper« und »Psyche« sind dabei eben nicht Begriffe mit verschiedenen Erfahrungshöfen, sondern das eine *ist* das andere.

Wir müssen uns dabei in folgendes Bild hineinversetzen. Niemand käme auf die Idee, einem einzelligen Organismus eine »Psyche« zuzuschreiben. In dieser einen Zelle sind sämtliche Struktur- und Funktionsprinzipien in einem Raum so zusammengefaßt, daß ein Überleben möglich ist. Im Verlauf der Differenzierung und der Ausbildung mehrzelliger Organismen erwies es sich als (überlebens-)notwendig, die vielen Zellen miteinander zu koordinieren. Zu diesem Zweck schickten die Zellen der Außenfläche (und der Innenfläche) gemeinsam ihre Botschafter, die Nervenzellen, an einen Brennpunkt, in dem sich auf gedrängtem Raum alle Repräsentanzen von außen und innen *noch einmal* versammelten. Nun sind diese Botschafter aber nichts von der ursprünglichen Zelle verschiedenes, sondern sie sind gleichsam ihre eigenen Stellvertreter und überliefern die Botschaften der ursprünglichen Zellen ins gemeinsame Zentrum. Mehr noch: Die Zellen haben sich dabei verdoppelt, wobei das Doppel nur über diejenigen Informationen verfügt, die seinem Vorläufer eingegeben wurden (und die via Nervenbahn übermittelt werden). Da die Informationen außerdem jedoch noch an der ursprünglichen Stelle stecken, ist jede Information somit *zweifach* gespeichert. (Ich vernachlässige hier das Faktum, daß innerhalb der Nervenzellenansammlungen Informationen auch ausgetauscht werden können und daß manche Zellen, z. B. Sehnervenzellen, Informationen möglicherweise nicht speichern, sondern nur übermitteln können.) Im Prinzip gibt es jedoch eine 1 : 1-Beziehung zwischen der Zelle und ihrem Stellvertreter, der Nervenzelle. Dieses Kreislaufmodell existiert auch beim Menschen in tausendfach komplizierterer Gestalt. Nur: Es gibt keine Stelle, an der zu dem System etwas hinzutritt, das man als Entität »Psyche«, »Seele«, »Geist« etc. ausmachen könnte. Das aber ist der eigentliche Kern naturwissenschaftlicher Argumentation, das Hirn habe dem Körper gegenüber gleichsam eine Sonderstellung.

»Gehirn« bedeutet ja nichts anderes als eine Einheit, die zum Zwecke der Vereinfachung und Erleichterung das, was auf der körperlichen Zellebene passiert (und passiert ist), an einer zentralen Stelle noch einmal gebündelt präsent zu haben.

Ist ein derart skizzierter Zusammenhang akzeptiert, wird sogleich die Bizarrheit naturwissenschaftlichen Denkens offenkundig. In jüngster Zeit gibt es eine Versuchsanordnung, die aus diesem Trugschluß lebt:

> »Organtransplantationen haben, seit es sie gibt, immer großes Aufsehen erregt. White (1968) gelang es, ein Affengehirn vom Körper zu isolieren. Die Isolation des Organs ist der notwendige erste Schritt zur Transplantation. Die Abbildungen am Ende des Buches enthalten Aufnahmen einer Affengehirnisolation durch White. Durch eine EEG-Aufnahme wurde bewiesen, daß das isolierte Gehirn noch Stunden nach der Operation mit Hilfe eines Spenderblutkreislaufes lebte« (Studynka, 1974, S. 141).

In der Tat zeigen die Abbildungen des Studynka-Buches den Versuch, einem lebendigen Affen das Gehirn herauszuschneiden und dieses Gehirn allein für sich existieren zu lassen. Ich behaupte: Es wird *nie* Hirntransplantionen geben (und es ist ein Armutszeugnis für die Medizin, daß die Sozialpsychologie antreten muß, das zu beweisen), und zwar einfach deshalb nicht, weil die beiden Repräsentationsorte und die gespeicherten Ergebnisse nicht zueinander passen. Die Hirnzellen des einen tragen eine gänzlich andere Körpergeschichte als die Körperzellen des anderen.

Meine These: Noch nicht einmal bei einem Paar eineiiger Zwillinge im 5. Intrauterinmonat wären beide Hirnteile kompatibel.

Exkurs: Ich komme nicht umhin, diese Forschungen als ein Symptom zu werten und diese Forscher in eine Reihe zu stellen mit den beiden Mädchen des letzten Abschnittes, die aus eigener Problematik ein anderes Lebewesen töten mußten. Forscher, die Tieren Köpfe abschneiden und sie anderen Körpern einpflanzen wollen, handeln symbolisch und stellen möglicherweise *ihre* Situation dar. Ihre eigenen Abspaltungsprozesse – sicherlich zusätzlich gespeist auch aus dem mörderischen Prozeß der Profilierungszwänge innerhalb ihrer Disziplinen –, ihr eigener Kopf, der sich so total vom Körper verselbständigt hat, drängt sie gleichsam dazu, ihr Problem wissenschaftlich zu agieren. Wäre ihre eigene Abspaltung nicht so weit fortgeschritten, *wüßten sie,* daß das, was sie auseinanderreißen, nicht zusammengewürfelt wieder ineinandergefügt werden kann, weil eine *Einheit* zerstört wird.

Diese Argumentation gilt für »Psyche« und »Soma« in gleicher Weise. Es gibt keine Psyche, und es gibt kein Soma. Es gibt nur eine Einheit, und diese umfaßt das *ganze* organische Leben – bei der Amöbe ebenso wie beim Menschen. Damit soll nicht etwa das, was gemeinhin unter dem Begriff »psychische Struktur« oder »psychische Erkrankung« firmiert, diskreditiert werden. Im Gegenteil. Es ist auf seinen richtigen Begriff zu bringen, und dieser Begriff beinhaltet, daß eine Zwangsneurose, eine Angstneurose, eine Hysterie, eine Depression, ein Asthmaanfall, ein Magengeschwür und eine Krebsgeschwulst (sowie alle anderen denkbaren Krankheiten) nicht anders zu interpretieren sind denn als *Beschädigung der Einheit* (das heißt als Beschädigung eines Teils des Ganzen auf allen Ebenen), auch wenn sich die Beschädigungen jeweils anders manifestieren.

Sozialisation bedeutet in diesem Verständnis: mannigfaltige Ausgestaltung der Einheit des Organismus. Sozialisation bedeutet weiterhin: Ausgestaltung der Einheit des Organismus in praktischen Prozessen – Interaktionen genannt –, in denen die Formen der Einheit (die Interaktionsformen) konkret festgelegt werden. Sozialisation bedeutet auch: Zerstörung (Abspaltung, Ausgliederung) gewichtiger Teile der Einheit gegenüber anderen Teilen. »Psyche« und »Soma« können dabei höchstens die Namen sein für zwei verschiedene Blickrichtungen. Für eine Spezialisierung – niemand kann alles wissen –, die darauf abzielen könnte, daß es Experten für verschiedene Teile der Einheit gibt. Leider ist es heute so (und das Gehirntransplantationsbeispiel ist dafür ein augenfälliges Dokument), daß, ebenso wie sich in der »normalen« Sozialisation Kopf (third-line) und Körper (first-line) feindselig gegenüberstehen, im »normalen« Wissenschaftsbetrieb auch die beiden Lager »naturwissenschaftliche Medizin« und eine »humanistische Sozialpsychologie« als zwei feindliche Lager gegenübertreten. Das eine will vom anderen nichts wissen, ja sie bekämpfen sich bis aufs Messer. Auch der gelegentliche Brückenschlag (z. B.: ein Arzt wird Psychoanalytiker) führt selten dazu, daß beide Teile sich treffen. Denn noch einmal, dieser Wandel führt nur zu einer Abwanderung vom einen Pol (Soma) zum anderen (Psyche) und taugt selten dazu, das Ganze in den Blick zu bekommen.

Die Düsternis dieser Betrachtungsweise möchte ich ein wenig aufhellen durch ein Beispiel, in dem es für meine Begriffe gelungen ist, das Ganze der Einheit wissenschaftlich und zugleich praktisch durchzusetzen. Ich meine die Arbeit von Frederick Leboyer. Wer seinen Film »Naissance« gesehen hat, wird verstehen, was ich meine. Seine Arbeit, ein Kind zur Welt zu bringen, ist ganz einfach dadurch charakterisiert, daß er selbst mit seinem Gesamtorganismus auf das Kind als Gesamtorganismus reagiert. Er agiert nicht »medizinisch« oder »psychisch« – er arbeitet auf allen Ebenen *mit seinen Gefühlen* daran, die Gefühle des Kindes nicht zu verletzen. Und sein Lohn: Das Kind lacht ihn nach der Geburt an. Sein Buch »Geburt ohne Gewalt« ist kein wissenschaftliches, es ist eine Art Poesie, und doch steckt in ihm mehr »Wissen« über das Neugeborene als in sämtlichen 90 Jahrgängen des »American Journal of Obstetrics and Gynecology«.

Wenn es auch ein weiter Weg ist, so bin ich doch der Meinung, daß eine derartige Arbeit – in *gleicher* Weise, wie Leboyer sie durchführt – sich in allen Bereichen der sozialen Arbeit durchführen ließe. Doch würde das voraussetzen, daß das institutionalisierte »Faß mich nicht an« des Psychoanalytikers ebenso überwunden werden müßte wie das institutionalisierte »Nur keine Gefühle zeigen« (»Geht's gut?«) des Mediziners.

Ich möchte gegen Ende dieses Kapitels noch eine Anmerkung machen über den Begriff der »Körperlichkeit«. Es ist bisher diskutiert worden, daß der Sozialisationsverlauf ein Produktionsprozeß ist, in dem jede Form der Menschwerdung in spezifischer Weise hergestellt wird. Natürlich gilt diese Feststellung nicht nur in bezug auf die inneren (»psychischen«) Strukturen oder in bezug auf das Handeln, sondern ebenso in der Herstellung dessen, was ich »Körperlichkeit« nennen möchte. Der Körper, der wir sind, ist bis in die letzten Regungen von diesem Herstellungsprozeß durchdrungen, d.h., Muskeln, Sehnen, Knochenbau usw. haben im Prozeß der Durchdringung mit sozialen Gehalten eine eigentümliche Richtung und Ausrichtung erfahren. Man muß den Produktionsprozeß der »lines«, der hier beschrieben worden ist, sehr ernst nehmen und sehen, daß nicht nur die inneren Organe und das Hirn davon betroffen sind, sondern der Körper als Ganzes.

Körperhaltung, Gestik, Verkrampfung, Verspannung, Schwachstellen, aber auch starke und ausdauernde Punkte sind allesamt zu sehen als diesem Gesamtprozeß unterworfen. Ob jemand mit gebeugtem Rücken oder kerzengerade daherschreitet, ob jemand seine Glieder fließend und weich unter Kontrolle hat oder ob diese sich sperrig und ungeschickt gegen ihn kehren, hat *nicht nur auch* damit zu tun, wie sein Sozialisationsschicksal war, sondern diese Körperfiguren – das ist meine These – sind restlos in den Interaktionen hergestellt. Ob jemand (auch körperlich) offen gegenüber allem Neuen ist oder ob er sich dagegen verkrampft, ist nicht etwa eine Sache, die der Intellekt (also das Symbolische oder Kognitive) entscheidet, sondern hier findet ein zutiefst gesamtorganismischer Vorgang statt. Jemand, der »offen« ist, kann mich »aufnehmen«, jemand, der »zu« ist, wehrt mich ab (muß mich oder bestimmte Teile von mir abwehren), und dieses »Offensein« zeigt er mit seinem ganzen Körper. Der Leser sieht: Schon in der Wortwahl liegt eine enge Assoziation zur sexuellen Ebene, und in der Tat ist die Sexualität eine besonders offen zutage liegende Ebene, auf der die Auswirkungen der Sozialisation manifest werden. Sich körperlich zu öffnen bedeutet auch, sich sexuell ohne Angst hingeben zu können – eben weil man die Verfügung über den eigenen Körper hat und dem folgen kann, was der Körper will. (Natürlich gibt es auch die pathologische Form des Offenseins – als Symptom für das Hineinnehmen von Anteilen, die man nicht auf anderen Wegen bekommen hat.)

Es ist daher kein Zufall, daß gesamtorganismische Störungen am auffälligsten im sexuellen Bereich virulent werden. Die Psychoanalyse hat vollkommen recht, wenn sie ihr Augenmerk insbesondere auf die sexuellen Regungen richtet und in diesen eines der Zentralprobleme zwischenmenschlicher Entwicklung vorzufinden behauptet. Sie hat freilich ebenso unrecht, wenn sie behauptet, daß die allgemeine Problemlage sexuellen *Ursprungs* sei. Das Sexuelle ist – genau wie der Ödipuskonflikt – ein besonders markanter Manifestations- und Haltepunkt, in dem die vormalige Zerstörung sich als ausmachbarer Gehalt darstellen kann. Doch sie ist nicht (und in ihr liegt nicht) die Ursache für die Deformation. Wer in der gestörten Sexualität (von der Oralität an) die Ursache für eine neurotische Deformation erblickt, verwechselt Ursache und Wirkung. Erst wenn gewichtige Teile des Ganzen dem Zerstörungsprozeß anheimgefallen sind, ist auch die Sexualität gestört – nicht umgekehrt. Nur: Das Sexuelle ist als Symptom sehr gut ausmachbar und gibt von daher schnell zu Verwechslungen Anlaß.

Eine sexuelle Störung ist immer eine Störung und Zerstörung *eines Teils der Körperlichkeit.*

In ähnlicher Weise müssen wir auch mit dem Begriff der »Subjektivität« umgehen. »Subjektivität« heißt in meinem Verständnis, »die unabgespaltene Kontinuität der Lebensgeschichte«. Subjekt sein heißt, Körper und Körpergeschichte (d. h. alle Interaktionsformen) zu eigen zu haben. Subjekt zu sein bedeutet, daß ich »ich« sagen kann und daß dabei sämtliche Bedeutungen und Erfahrungen meiner Lebensgeschichte unabgespalten in dieses »ich« eingehen und in ihm mitschwingen. D. h., daß es keine Teile gibt, die diesem »ich« als Fremdkörper (oder Feind) gegenübertreten und es zu zerstören trachten. Insofern ist der Begriff »Subjektivität« ein heuristischer *und* ein kritischer; er ist gleichsam ein utopischer Vorgriff auf einen unzerstörten Prozeß der Menschwerdung. Wir sind *keine* Subjekte. Subjektivität kann nur gedacht werden als eine anzuvisierende Form.

Sozialisation ist unter gegebenen Bedingungen ein Prozeß, in dem Subjektivität systematisch zerstört und eben nicht hergestellt wird. In diesem Sinne könnte »Subjektivität« der Gegenpol zum Begriff »Krankheit« bzw. »Zerstörung« sein. Oder – positiv gefaßt – könnte er den Begriff »Normalität« bzw. »Gesundheit« substituieren. Subjektivität bedeutet dabei ein Bewußtsein auf allen »lines«. Natürlich kann sich auch das Subjekt dabei nicht an die »first-line« *erinnern* (das kann es nur, wenn es diese Ebene *noch einmal* aktualisiert hat), doch sie ist unabgespaltener Teil des Ganzen. Sie ist verbunden.

Bei dieser Argumentation muß noch einmal die Sprache kommen auf die *Rekonstruktionen* des Sozialisationsverlaufes in der Therapie. Subjektivität kann auch im nachhinein hergestellt werden. Die Primärtherapie war hier als Beispiel gewählt worden, wie (lebensgeschichtlich) sehr tiefgreifende Abspaltungsprozesse aufgehoben werden können. Diese Art der »Aufhebung der Neurose« wird freilich häufig so dargestellt, als erhielte man als Resultat den »glücklichen« und zufriedenen Menschen, der keine Konflikte mehr hat. Diesen Menschen gibt es nicht. Das Produkt eines derartigen Rekonstruktionsprozesses ist ein Mensch, der seine Lebensgeschichte an gewichtigen Teilen aufgearbeitet hat. Abgesehen davon, daß dieser Prozeß wahrscheinlich nie restlos abgeschlossen sein wird, bedeutet es außerdem: Dieser Mensch hat ein volles Bewußtsein der qualvollen und zerstörerischen Ereignisse seiner Kindheit. Wie sollte er dabei glücklich sein? D. h., niemand kann ihm eine glückliche Kindheit geben, wenn er keine gehabt hat. Niemand kann ihm die verlorenen Möglichkeiten und verpaßten Chancen zurückbringen. Seine Begrenzungen, die in der Kindheit gesetzt wurden, sind auch heute noch seine Begrenzungen. Nur, er muß nicht mehr neurotisch agieren, er muß nicht mehr scheinen wollen, als er in Wahrheit ist, und er muß seinen Schmerz (seine Wut, seine Angst etc.) nicht mehr verstecken, sondern darf ihn (sie) zulassen. Das ist ein gewichtiger Unterschied. Er ist ein Subjekt, das seine begrenzten Möglichkeiten als Teil seines Subjektseins versteht und deshalb die Möglichkeiten, die er dennoch hat, besser ausschöpfen kann. Er macht sich und anderen nichts mehr vor, sondern sagt die Wahrheit – auch wenn sie weh tut. Ich will es bei diesen wenigen Hinweisen und Thesen bewenden lassen und mich im letzten Kapitel noch einigen Aspekten der sogenannten »psychosomatischen Erkrankungen« zuwenden.

5. Exkurs über den Zusammenhang
von Interaktionen und
»psychosomatischen Erkrankungen«

Im Oktober 1977 erschien in der Zeitschrift »DER SPIEGEL« eine Titelgeschichte über Krebs. In ihr wurden erstmalig einer breiten Öffentlichkeit Forschungsergebnisse vorgestellt, die die These vertreten, Krebs sei keine Krankheit, die durch Viren oder schädigende Substanzen hervorgerufen werde, sondern eine Erkrankung der Seele.

Eine der Hauptthesen dieser Forschungen ist, daß bei Krebspatienten Triebe, Bedürfnisse und Spannungen nicht in die Realität hinein gewendet werden können, sondern verdrängt werden müssen und sich infolgedessen »in den Organismus selber hinein entladen« (S. 106). Als wichtigster Faktor erscheint einigen Forschern dabei, daß Krebspatienten nicht zu denjenigen gehören, die warme menschliche Kontakte (von Anbeginn an) erfahren haben. (»Mangel an liebevoller Zuwendung in frühen Jahren«.) Besonders eindrucksvoll ist diese These bisher allerdings nur im Tierversuch belegt:

> »Junge Ratten, die während der ersten Lebensmonate von ihren Pflegern liebevoll betreut und immer wieder gestreichelt werden, erweisen sich als ungewöhnlich widerstandsfähig, wenn ihnen später ein krebsfördernder Faktor unters Fell gespritzt wird: Nur vier Prozent erkranken. Bei der Kontrollgruppe, Jungtiere, die ohne emotionale Zuwendung aufwuchsen, sind es 96 Prozent. Vom Tumortod besonders bedroht sind auch solche Tiere, denen die Krebsforscher mit Streß – etwa Lärm oder Elektroschocks – zusetzten« (a. a. O., S. 106).

Als besonderes Kennzeichen der Gruppe krebskranker Menschen gaben die Forscher folgende Merkmale an:

> »Die Krebskranken halten ›Kirchenzugehörigkeit‹ für wesentlich‹ (85 Prozent gegenüber 47,5 Prozent der gesunden Kontrollpersonen), und 85 Prozent der Krebskranken glauben, daß ›Gehorsam gegenüber Autoritätspersonen die wichtigste Tu-

gend für Kinder sei<. Mehr als andere scheuen Krebskranke
Konflikte – ›Ich vergebe eher jemandem, als daß ich versuche,
ihn fertigzumachen‹ –, und häufiger als Gesunde glauben sie,
daß ›es menschlich ist, bei allem, was man tut, an den eigenen
Vorteil zu denken‹. Was andere Leute von ihnen halten, wollen
sie meist ›nicht wissen‹« (a. a. O., S. 108).

Natürlich stellt diese Symptomatik nur die Oberfläche dessen dar,
was tief im Inneren brodelt; es ist gleichsam das nach außen Sichtbare (und Abfragbare) dessen, was an Erlebnisfiguren verarbeitet
oder eben nicht verarbeitet ist. Sehen wir uns eine andere Schilde-
rung an:

»Es ist kein Zufall, daß eine kürzlich durchgeführte Untersuchung von einem Team der Northwestern University Medical
School (laut Medical Tribune Report) eine hohe Korrelation
zwischen Hypertension (hoher Blutdruck) und Krebs festgestellt hat; beides sind Krankheitszustände erster Ebene. Aber
wenn Blutdruck so eindeutig in Beziehung zu Schmerz steht,
warum sollte Krebs es dann nicht auch? Ist es möglich, daß eine
so hohe Korrelation bedeutungslos ist? Das bezweifle ich. Sie
korrelieren meiner Meinung nach deshalb, weil beide inneren
Schmerz widerspiegeln. Und es ist kein reiner Zufall, daß die
Korrelation zwischen hohem Blutdurck und Dickdarmkrebs
am höchsten ist – beide sind auf der Mittellinie angesiedelt, wo
die tiefsten Schmerzen und Verdrängungen liegen.
   Hoher Blutdruck zeigt einen Druck im Körperinnern an. Wir
haben Krebspatienten in der Primärtherapie beobachtet. Wenn
sie zu den Schlüsselschmerzen ihres Lebens vordringen, zeigt
sich unmißverständlich, wie gigantisch der Druck ist. Patienten
mit Magenkrebs fühlen bei Primals einen unglaublichen Druck
im Magen; und das macht ihnen klar, wie sie sich jahrelang
tagaus, tagein da unten geschunden haben. Erst wenn die Schin-
derei des Magens aufhört, werden sie sich wirklich bewußt, was
sie sich selbst angetan haben. Ich behaupte nicht rundheraus,
daß der Krebs bei ihnen durch Urschmerz erzeugt wurde. Ich
sage nur, daß der Brennpunkt des Schmerzes in den Schlüsselbe-
reichen zu liegen scheint und daß nach jahrzehntelanger Ausrichtung auf diesen Brennpunkt ein Zusammenbruch der Zellen und des Gewebes eintreten muß« (Janov, 1977, S. 381).

Die Gegenüberstellung dieser beiden Zitatgruppen soll klarmachen, daß Krebs (bzw. psychosomatische Erkrankungen) immer unter zwei verschiedenen Gesichtspunkten gesehen werden muß: einmal durch das Verhalten, das Psychosomatiker nach außen hin zeigen (und das empirisch festgehalten werden kann), und zum anderen durch das, was diesem Verhalten zugrunde liegt. Darin, daß diese beiden Ebenen jedoch so weit voneinander entfernt sind, liegt die Hauptschwierigkeit bei der Analyse »psychosomatischer Krankheitsbilder«. Anders gesprochen: Die Ursache für die Erkrankung liegt auf der »first-line«, während die Äußerungsformen, an denen der Forscher den Ursachen auf die Spur zu kommen versucht, auf der »third-line« liegen.

Die Entfernung dieser beiden Ebenen voneinander (und natürlich deren Abspaltung) hat es bis heute so schwierig gemacht, die krankmachenden Ursachen mit den symbolischen Gehalten (die daraus erwachsen) *und* mit den Symptomen in einen Zusammenhang zu stellen. Es leuchtet ein, daß die einfache medizinische Kausalkette: Ursache → Wirkung oder Erreger → Symptom oder Schadstoff → Beschädigung sehr viel einleuchtender als naturwissenschaftliches Raster in die Vorstellungen der Mediziner Einzug halten konnte als die dialektische Figur: schädigende Interaktion → beschädigte Interaktionsform → beschädigte Subjektivität → Krankheit.

(Es muß hinzugefügt werden, daß auch die Anstrengung der Medizin, die Ursachen aufzuheben, innerhalb des alten naturwissenschaftlichen Paradigmas nicht anders aussehen könnte, als eben die Ursachen durch Heilmittel zu bekämpfen. Ursache A soll dabei durch Heilmittel B aufgehoben werden. Diese Rechnung kann – wie heilsam auch immer der Einzelfall aussehen mag – niemals aufgehen. »Heilung« bedeutet nämlich nicht, A durch B zu bekämpfen, sondern in einer dialektischen Figur von der Krankheit ausgehend zu den schädigenden Interaktionen vorzustoßen und diese einem Heilungsprozeß zu unterwerfen. A darf nicht bekämpft, sondern muß an die Oberfläche gebracht werden. Darin aber läge schlicht ein vollständiger Paradigmenwechsel innerhalb der Medizin.)

Wir müssen uns diese beiden Ebenen (Produktions- und Erscheinungsform) des Symptoms im weiteren Fortgang unserer Diskussion sehr genau vor Augen halten, um zu verstehen, daß das, was *gesehen* wird, etwas vollständig anderes ist als das, was als zerstörerische und zerstörte Form darunterliegt.

Doch beginnen wir noch einmal systematisch:

Versuchen wir zunächst, uns Klarheit darüber zu verschaffen, was heute als »psychosomatische Erkrankung« gewertet wird, d.h., welche Symptomgruppen »mit relativer Sicherheit als primär ›psychophysiologisch‹ bezeichnet« (Birbaumer, 1975, S. 231) werden können.

»Herz-Kreislaufsyndrome bilden den ›bedrohlichsten‹ Anteil: Die Skala reicht von Herzfunktionsstörungen (›Herzneurose‹), Herzrhythmusstörungen, Coronarerkrankungen bis zu Blutdruckstörungen. Störungen des Magen-Darmtraktes wurden bisher am besten studiert: Anorexia nervosa, Fettsucht, Gastritis, Magen- und Zwölffingerdarmgeschwüre, chronische Obstipation und Diarrhoe, Colitis, Migräne und Spannungskopfschmerz sind extrem weit verbreitet, ebenso wie Störungen der Atmungsorgane, allen voran das Asthma bronchiale und die Hyperventilationstetanie. Seltener sind Gallensteine, rheumatische Erkrankungen, Hauterkrankungen (meist endogene Ekzeme), motorische Störungen (besonders Torticollis und Gilles de la Tourette und andere motorische Tics). Wahrscheinlich gehen viele endokrine Störungen (z.B. Hyperthyreose und Hypothyreose) auf psychologische Änderungen zurück, ebenso wie die meisten sexuellen Dysfunktionen wie Impotenz, Ejaculatio praecox und Frigidität« (Birbaumer, a.a.O.).

Wir sehen, schon die akademische Psychologie beschreibt eine große Palette von Störungen als primär psychisch bedingt. Insbesondere die Dreiergruppe: Funktionelle Herzbeschwerden – Asthma bronchiale – Colitis ulcerosa ist heute im Zusammenhang mit den damit verbundenen Interaktionsmodi recht gut erforscht. Siegfried Zepf hat die verschiedenen Befunde über die Interaktionsmodalitäten der Patienten in einer umfangreichen Arbeit zusammengefaßt und durch eigene Befunde ergänzt. Ich beziehe mich im folgenden auf seine Arbeiten (1976 a und b).

In einem ersten Schritt hat Zepf die »Verhaltensqualitäten« psychosomatischer Kranker herausgestellt. Dabei ergaben sich folgende Spezifika, die bei allen drei oben aufgeführten Krankheitsgruppen mehr oder weniger übereinstimmten:

a) *Charakter der Wortgebilde* (Sprechverhalten)

Das Sprachverhalten der Patienten zeigt einen auffallenden Mangel an Phantasie. Die Assoziationen der psychosomatisch Erkrankten sind blaß, sehr realitätsbezogen, ihre Sprache ist ausnehmend gefühllos, der Gebrauch des Wortes »ich« ist eingeschränkt (gegenüber der Bezeichnung »man«). Sie scheinen keine Gefühle zu haben, zumindest ist das ihrer Sprache nicht anzumerken. Sprache hat für sie einen instrumentellen Charakter, ihre Denkweise ist operativ (»pensee operatoire«). (Zu den Unterschieden des Sprachverhaltens psychosomatischer und neurotischer Patienten siehe auch in neuester Zeit die Arbeit von von Rad und Lolas 1978.)

b) *Selbstwertgefühl*

Es findet sich entweder ein sehr gesteigertes Selbstwertgefühl (gleichsam als Fassade) oder (darunterliegend) ein sehr stark vermindertes Selbstwertgefühl bzw. Selbstunsicherheit. Psychosomatiker sind von daher auch überempfindlich gegen Kritik und haben das Bestreben, »ein unechtes Bild des eigenen Selbst zu schaffen«.

c) *Aggressionsverhalten*

Es herrscht eine ausgesprochene Hemmung der Aggressionen vor, aggressive Verhaltensweisen scheinen nicht zur Verfügung zu stehen. Andererseits sind die Phantasien z. T. sehr von Aggressionen durchsetzt (und zwar gegenüber versagenden Objekten), doch diese werden nicht real und offen nach außen zum Austrag gebracht, sondern über sie kann nur (noch einmal) gefühllos berichtet werden.

d) *Verhaltensnormalität*

Die Patienten haben einen großen Druck in ihrem Bemühen, »normal« zu sein, sie sind überangepaßt, gefügig, sehr höflich, bescheiden, unterwürfig und gehen Streit aus dem Wege, sie haben einen Mangel an Kritikfähigkeit. Nach außen möchten sie wohlanständig erscheinen. Familientraditionen sind hochgeschätzt, Scheidungen, Arbeitsplatzwechsel und andere unangepaßte Verhaltensweisen sind verpönt.

e) *Objektbeziehungen*

Es gibt bei ihnen sehr enge Zweierbeziehungen nach dem anaklitischen Anlehnungstypus, die Patienten scheinen eine Fixierung nach der Art der Mutter-Kind-Symbiose in der oralen Phase aufzuweisen. Es ist der Abhängigkeitstypus der Beziehung, wie er in frühester Kindheit vorgeherrscht hat. Interessant ist, daß der Ausbruch des psychosomatischen Symptoms (z. B. bei der Herzsymptomatik!) dann vorzukommen scheint, wenn eine Trennungsproblematik auftaucht (»Reaktivierung der frühkindlichen Trennungsangst«).

Zusammenfassend kann gesagt werden, daß diese Menschen emotionslos, unsicher in ihrem Selbstwertgefühl, aggressionsgehemmt, angepaßt und abhängig von infantilen Beziehungsformen sind. Nehmen wir alle Äußerungen zusammen, so drängt sich als gemeinsamer Nenner das Bild auf (und schon das »SPIEGEL«-Zitat hat diesen Befund erbracht), daß diese Patienten im wesentlichen nicht (oder nichts) nach außen (gleichsam vom Körper weg in die Realität hinein) agieren, sondern nur nach innen, sie haben nur ihren eigenen Körper zur Verfügung, um *in ihm* mit der Realität umzugehen. Sie halten alles drinnen und holen alles hinein, ohne je wieder etwas herauszulassen.

Deutlicher noch stellt sich die Problematik dar, wenn es um die Frage nach den frühen Mutter-Kind-Beziehungen der »psychosomatisch Erkrankten« geht:

Weitgehende Übereinstimmung gibt es darin, daß die Beziehung zur Mutter stark ambivalent ist, daß die Mütter ihre Kinder fest an sich binden und mit starken Affekten reagieren, sobald das Kind Selbständigkeitstendenzen entfaltet. Das Erziehungsverhalten ist gekennzeichnet durch offene Zurückweisung (die allerdings sehr oft durch Überfürsorglichkeit verdeckt ist) und genaue Vorstellungen darüber, wie das Kind zu sein hat. Drei Punkte können für die Mütter psychosomatischer Patienten besonders herausgestellt werden:

»1. Das Vorhandensein ungelöster Konflikte aus der eigenen Kindheit und das Ausagieren dieser Konflikte am Kinde.
2. Projektionen von Teilen der Person der Mutter auf das Kind.
3. Ein Bedürfnis nach Kontrolle über das Kind, und zwar so intensiv, daß in vielen Fällen das Kind so angesehen und behandelt wird, als wäre es Teil des Körpers der Mutter« (Sperling, zitiert nach Zepf, 1976 b, S. 51).

Mit anderen Worten, die Mutter behandelt das Kind nicht als

eigenständige Person, sondern als Teil ihres eigenen Körpers, an dem sie festhalten muß um den Preis, daß das Kind jedes seiner eigenen Bedürfnisse, Tendenzen und Gefühle, die nach außen gerichtet sind, aufgeben muß.

Das Kind wird eingesponnen in den Funktionskreis mütterlichen Überlebens, es darf nur sein, wenn es die Bedürfnisse der Mutter erfüllt – seine eigenen werden nur zugelassen, wenn sie sich mit denen der Mutter decken. Die dabei entstehenden kindlichen Interaktionsformen sind dann solche, in denen der Anteil der mütterlichen Verfügungsgewalt überwiegt und die kindlichen Bedürfnisanteile zerschlagen werden. Wir müssen uns die Grausamkeit einer derartigen Situation – Worte reichen hier niemals aus, diese Form des Ausgeliefertseins zu beschreiben – deutlich klarmachen. Ich habe an anderer Stelle beschrieben, in welcher Weise die *narzißtische Interaktionsform* entsteht: In der *Auftrennung* des Interaktionszusammenhanges (dadurch, daß die Mutter real oder in ihren ablehnenden Handlungen für Interaktionen nicht zur Verfügung steht) verschwindet die ehedem gebildete »bestimmte Interaktionsform« vor dem Erreichen ihrer symbolischen Form (vgl. Orban, 1976). Die (narzißtische) Interaktionsform ist charakterisiert dadurch, daß dem Kinde die Beziehungssituation *aufgekündigt* worden ist. Abkehr, Ablehnung und Gleichgültigkeit kennzeichnen hier die Beziehung der Mutter zum Kinde hin. Das ist bei den »psychosomatisch« erkrankten Patienten grundlegend anders. Zwar mögen auch hier Gleichgültigkeit und Ablehnung vorherrschende Motive sein, doch die Mutter bindet das Kind dabei fest an sich und läßt ihm für seine Enttäuschung nicht die Möglichkeit der eigenen aggressiven Abkehr. Das Kind kann sich gegen seine Verletzungen noch nicht einmal auflehnen (das narzißtisch verletzte Kind kann aggressiv wüten und gewaltförmig nach außen agieren), sondern muß die versteckte Form der Auflehnung in den eigenen Körper hineinnehmen. Das vorherrschende Motiv ist das des *Zwanges*. Der Wille der Mutter wird dem Kind brutal, aber subtil aufgezwungen, ohne daß das Kind das Gefühl haben kann, »wenn ich den Zwang akzeptiere, mag mich die Mutter«.

Wie dieser Zwang im Zusammenhang mit einem bestimmten Symptom aussehen kann, mag das folgende Beispiel erhellen:

»Eines der widerspenstigsten und verwirrendsten psychiatrischen Syndrome ist die Anorexia nervosa – die psychogen bedingte Magersucht. Eine unserer Patienten war aufgrund dieser Krankheit auf weniger als 70 Pfund abgemagert und befand sich in einem lebensgefährlichen Zustand. (...) Nachdem diese Patientin einige Monate in der Primärtherapie war, erlebte sie ein Trauma wieder, *daß sie gezwungen wurde zu essen und daß sich ihr Körper reflexartig dagegen wehrte, essen zu müssen.* Ihr Leiden wurde daraufhin gelindert, nicht jedoch behoben. Später dann hatte sie Geburtsprimals, bei denen sie Schleim erbrach. Sie erlebte wieder, daß sie bei der Geburt in einer Flüssigkeit zu ertrinken drohte; die Tendenz, als lebensrettendes Mittel zu erbrechen, war in die damit verbundene Erinnerungsspur eingeschliffen. Sie kam aus diesem Primal mit der Einsicht, daß sie als Erwachsene zwanghaft aß, *damit sie erbrechen* konnte, und sie erbrach sich tagtäglich viele Male. Essen gab ihr die ›Entschuldigung‹, sich zu erbrechen, und war ihr Weg, die Spannung eines nicht zugänglichen Traumas erster Ebene wiederzuerleben« (Janov, 1977, S. 110).

Dieses Zitat präzisiert noch einen weiteren Zusammenhang: Es könnte bisher so ausgesehen haben, als verlaufe diese Instrumentalisierung des Kindes durch die Mutter auf der Schiene der mütterlichen Ansprüche, Wünsche und Phantasien (also in Bereichen, die ziemlich an der Oberfläche mütterlicher Interaktionen liegen), das ist nicht so.

Wir sehen vielmehr, dieser Zusammenhang taucht hinunter bis auf die Ebene der Geburt. Weil aber die Geburtsprofile der Mutter zutiefst mit ihrer eigenen Körperlichkeit zu tun haben, bedeutet das, daß die »psychosomatischen Erkrankungen« des Kindes zu tun haben mit den mütterlichen Interaktionsformen der »first-line«.

Die Zwanghaftigkeit, die dem Kinde gegenüber wirksam wird, ist produziert von der Zwanghaftigkeit, die schon den mütterlichen Körper durchsetzt. Es ist dies kein Verhalten, das die Mutter an den Tag legt, weil sie aktuelle Konflikte und Probleme hat (diese mögen dazukommen), sondern eines, in das sie selbst einsozialisiert wurde. Ihre Zerstörungen der »first-line« werden in einer »Symptomtradition« zur Beschädigung der »first-line« des Kindes. Pointieren wir diesen Zusammenhang noch einmal, so stellt sich heraus, daß die »narzißtische Interaktionsform« ein Gewalt- und *Trennungszusammenhang* ist, während die »psychosomati-

sche Interaktionsform« ein Gewalt- und *Symbiose*zusammenhang
ist. Beide Zusammenhänge sind so sehr eingeschliffen, daß sie
gegen rationale oder symbolische Änderungsversuche total resi-
stent sind.

Bleiben wir bei der »psychosomatischen Interaktionsform«, so
fällt auf, daß in ihr ein Modus dominant ist, der schon an früherer
Stelle in unserer Diskussion aufgetaucht ist: Es ist der parasympathische Interaktionstypus. Sehen wir uns noch einmal das Zitat
über die »Sympathiker« und »Parasympathiker« an,

> »Wenn der Fötus schwer kämpfen muß, um aus dem Geburtska-
> nal zu gelangen, und wenn seine Aktivität und Aggressivität
> lebensrettend ist, dann wird das sympathische Verhalten zu ei-
> ner prototypischen und primären Reaktionsweise. Eine solche
> Person zur Inaktivität zu verurteilen bringt sofort bei ihr die
> frühen Schmerzen hoch. Falls jedoch der Kampf und der Terror
> bei der Geburt zu lange andauern und Abwehr durch die sym-
> pathische Aktivität selbst lebensbedrohlich wird, dann über-
> nimmt das parasympathische System. In einem solchen Fall ist
> die parasympathische Reaktion sekundär und lebensrettend.
> Eine Mutter, die während der Wehen schwer medikamentös
> betäubt ist (und die Drogen gelangen durch die Placenta-Bar-
> riere), mag ein parasympathisch dominantes Neugeborenes
> hervorbringen. Und dann wird dieses Reaktionsmuster prototy-
> pisch; es determiniert die Art, wie später auf Streß reagiert
> wird« (Janov, 1976, S. 139).

so wird deutlich, daß die parasymathisch dominante Reaktionsweise mit ihren Äußerungsformen (»Mangel an Energie ... innerlich orientiert ... mehr zum Selbstmord neigend ... nimmt alles
›hinein‹ ... anfällig für Migräne ... niedrige vitale Daten«) sich
ziemlich genau deckt mit den Daten, die Zepf und andere Forscher
für »psychosomatisch« erkrankte Patienten herausgearbeitet haben.

Nun ist auch die Bezeichnung »Parasympathiker« nur der Name
für einen Interaktionszusammenhang, der zu einem eingeschliffenen Muster mit dem Kennzeichen »Passivität« und »extreme
Introvertiertheit« geworden ist. Was aber liegt diesem Verhalten
zugrunde?

Nun, allemal ist das Substrat für eine derart nach außen sichtbare Form ein Abspaltungszusammenhang. Darunter jedoch befinden sich derartig überwältigende Schmerzerfahrungen, daß der Organismus noch nicht einmal zu Gegenreaktionen (wie beim Sympathiker) die Kraft hat. Im Gegenteil: Sollten die Thesen der Primärtherapie richtig sein, liegt in der Gegenreaktion (also in der Auflehnung gegen den Schmerz) selbst eine tödliche Bedrohung.

> »Ein Fötus, der von der Nabelschnur gewürgt wird, kann nichts Aggressives tun, um sein Leben zu retten. Die lebensrettende Abwehr besteht in diesem Falle darin, nicht zu kämpfen, sondern passiv zu sein. Wenn das Kind überlebt, wird diese Art zur prototypischen Reaktion; so mag dieses Ereignis im späteren Leben zum Substrat für alle Gefühle der Verzweiflung unter Streß werden. Da ist dann der parasympathische Modus am Werk« (Janov, 1976, S. 139 f.).

Die Reiz-Reaktions-Kette sieht also folgendermaßen aus: traumatische Reizüberflutung → Abwehrkampf gegen die Reizüberflutung → der Kampf selbst wird traumatisch → Stillstand als lebensrettende Maßnahme → Eintarieren auf diese Interaktionsform.
  Man muß sich die Ausweglosigkeit (auch im späteren Leben) derartiger Interaktionsformen genau verdeutlichen: Der Psychosomatiker agiert deshalb alles in sich hinein und bleibt deshalb in diesem Teufelskreis, weil jede (Kampf-)Wendung nach außen hin sofort die damalige traumatische Situation der unmittelbaren Lebensbedrohung heraufbeschwört. Dieses Muster oder diese Matrix (so beschreibt Grof prototypische Basismuster, die ein Leben lang beibehalten werden) haben als vorherrschendes Motiv in der Tat die reale Begegnung mit dem Tod.

> »Charakteristisch ist, daß diese Situation absolut unerträglich und zugleich endlos und hoffnungslos erscheint; keinerlei Möglichkeit eines zeitlichen oder räumlichen Entrinnens ist erkennbar. Häufig hat die betreffende Person das Gefühl, daß nicht einmal Selbstmord diese Situation beenden und Erlösung bringen würde« (Grof, 1978, S. 138).

Es ist interessant, daß Grof, der »Urerlebnisse« schon seit etwa 20 Jahren mit Patienten unter dem Einfluß von LSD heraufbringt, zu exakt den gleichen Ergebnissen gelangt, die die Primärtherapie auch ohne die Anwendung von Drogen beschreibt.

Die »Ausweglosigkeit« des Geburtskampfes (des erwachsenen Patienten) liest sich bei ihm so:

> »Seine eigentliche Grundlage ist jedoch das reale gefühlsmäßige Erleben der äußersten biologischen Krise, das die Testpersonen häufig mit tatsächlichem Sterben verwechseln. Es kommt nicht selten vor, daß derjenige, der eine solche Erfahrung durchmacht, die kritische Einsicht, daß er sich in einer psychedelischen Sitzung befindet, verliert und überzeugt ist, er stehe unmittelbar vor dem eigenen Tod« (Grof, 1978, S. 118).

Daß diese Ebene nicht nur die der »Vorstellungen« ist, wird deutlich an den körperlichen Manifestationen, die unter LSD ebenso wie im »Primal« in ihrer Originalgestalt auftauchen:

> »In manchen Fällen befindet sich die Testperson stundenlang in einem Zustand heftigster Schmerzen, mit Gesichtszuckungen, keuchendem Atemringen und der Entladung ungeheurer Muskelspannungen in Zuckungen aller Art, heftigen Schüttelanfällen und komplizierten Verrenkungen. Die Gesichtsfarbe ist manchmal dunkelrot oder totenbleich, der Puls extrem beschleunigt und schwach und der Atemrhythmus starken Schwankungen unterworfen; es kann zu heftigen Schweißausbrüchen kommen, und Übelkeit mit stoßartigem Erbrechen ist eine häufige Erscheinung« (a. a. O.).

Ein Patient schildert den Zusammenhang zwischen dem Kampf seines Lebens und der Geburtserfahrung in folgener Weise:

> »Das Erlebnis des Geborenwerdens war sehr, sehr verworren. Ich sah den Geburtskanal nie wirklich deutlich oder den Geburtsvorgang oder die glücklich vollzogene Geburt. Ich wußte nur, daß ich geschoben und zusammengezwängt und völlig durcheinandergebracht wurde. Die deutlichste Empfindung meiner Rolle als Kind war, daß ich in etwas eingetaucht war, das mir wie Schmutz und Schleim erschien, das mich überall bedeckte und auch in meinem Mund war und mich zu ersticken drohte. Ich versuchte immer wieder, es auszuspucken, es loszu-

werden, und schließlich gelang es mir, mit einem gewaltigen Schrei Mund und Hals frei zu bekommen, und ich begann zu atmen. Das war einer der Hauptmomente erlösender Befreiung in der Sitzung« (Grof, a. a. O., S. 158).

Und etwas später:

»Ich lernte leicht, daß ich jedesmal, wenn die Frau mich zusammenpreßte, einfach nachgeben und dort hingleiten mußte, wo sie mich hinschob. Ich kämpfte und wehrte mich nicht, das Zusammengepreßtwerden erwies sich als etwas sehr Lustvolles. Manchmal fragte ich mich, ob es ein Ende und keinen Ausgang geben und ob ich ersticken würde, aber jedesmal, wenn ich vorwärtsgeschoben und mein Körper zu einer formlosen Masse zusammengepreßt wurde, gab ich nach und glitt ohne Schwierigkeit dorthin, wohin ich geschoben wurde. Mein Körper war von dem gleichen Schleim bedeckt wie früher in der Sitzung, aber dieser gleiche Schleim war jetzt nicht im geringsten mehr widerlich. Er war das göttliche Schmiermittel, das es so leicht machte, nachzugeben und geschoben und geleitet zu werden. Immer und immer wieder hatte ich das Erlebnis: ›Mehr ist also da nicht dran‹ und ›Es ist alles so unglaublich einfach‹ – das Erlebnis, daß all die Jahre des Kämpfens, der Schmerzen, des Bemühens zu verstehen, des Bemühens um gedankliche Erfassung einfach absurd gewesen waren und daß die ganze Zeit die Lösung direkt vor mir gelegen hatte, daß es so einfach war. Du gibst einfach nach, und das Leben drückt dich und schiebt dich und gleitet dich sanft hindurch. Erstaunlich, phantastisch, was für ein unglaublicher Witz, daß die Komplexitäten des Lebens mich so zum Narren gehalten hatten! Immer wieder hatte ich dieses Erlebnis und lachte vor hellem Vergnügen« (a. a. O.).

Es ist mir klar, daß derartige Vorgänge in der Beschreibung (also als geschriebenes Wort) nicht nachvollzogen werden können. ›Ausweglosigkeit‹ und ›Stillstellen‹ sind zunächst einmal Vokabeln, deren Vorhandensein nicht im mindesten erahnen lassen, welche terroristischen Basiserfahrungen hier wirksam werden. Das kann im Grunde genommen nur derjenige nachvollziehen, der durch extreme Krisensituationen (im Alltag) annähernd an diese Zustände herangeführt wird (oder selbst derartige therapeutische Erfahrungen macht); aus diesen Gründen kann ich dem Leser hier auch nur Hinweise darüber geben, in welchen Erfahrungstiefen das Material vorzufinden ist, das für die Symptomatologie des »Psychosomatikers« verantwortlich ist. (Auch die *Basis*erfahrungen für die »*psychotische* Interaktionsform« findet sich nach den Angaben Janovs und Grofs in diesen perinatalen Interaktionssequenzen.)

Wie schon ausgeführt, ist das tiefste diesen Vorgängen zugrundeliegende Muster das der Abspaltung eines unglaublich schmerzhaften Interaktionszusammenhanges, der als körperliche Engrammatik gleichwohl seine Verhaltenswirksamkeit behält. Dieser von mir als »Mater« (Orban, 1976) bezeichnete, abgetrennte Lebenszusammenhang *ist* die kristallisierte Schmerzerfahrung, die unabgeführt und unerledigt im System steckengeblieben ist und aus deren Abwehrleistungen das Individuum seine symbolischen Gehalte entwickelt. Diese Matern müssen sich durch die Lebensgeschichte hindurch hinter Symbolen verstecken, und andererseits sind in einigen dieser Symbole die lebensgeschichtlichen Verletzungen der Tendenz nach vollständig enthalten. Symbole und Matern haben dabei einen sehr engen (freilich nicht ohne weiteres zu durchschauenden) Bezug. Und dieser Bezug wird durch das Leben hindurch in einzelnen Schichten (ähnlich einer geologischen Ablagerung) mit jeweils identischen Themata aufbewahrt. Sehen wir uns *ein* Segment (und jeder Patient hat sicher viele dieser thematischen Schichten) eines derartigen Ablagerungsvorganges einmal ausführlich an:

»Peter, ein 37jähriger Tutor, war in den zwei Jahren, die dem Beginn der psycholytischen Therapie vorangingen, in unserer Abteilung mehrmals stationär behandelt worden. Intensive Psychotherapie und medikamentöse Behandlung brachten nur eine oberflächliche und vorübergehende Linderung seiner schweren psychischen Krankheitserscheinungen. Seine Hauptprobleme bildeten damals Symptome, in denen sich zwangsneurotische mit masochistischen Elementen verbanden. Er stand fast unaufhörlich unter dem Zwang, einen Mann mit bestimmten physiognomischen Zügen zu finden, der außerdem möglichst schwarz angezogen sein sollte. Sein Anliegen war, mit diesem Mann in Kontakt zu treten, ihm seine Lebensgeschichte zu erzählen und ihm schließlich sein drängendes Verlangen zu gestehen, in einen dunklen Keller eingesperrt, mit einem Strick gefesselt und mit grausamen physischen und psychischen Torturen aller Art gequält zu werden. Unfähig, an etwas anderes zu denken, wanderte er durch die Straßen und suchte öffentliche Anlagen, Bedürfnisanstalten, Bahnhöfe und Wirtschaften auf, immer in der Absicht, den geeigneten Mann zu finden. Mehrfach gelang es ihm, die von ihm Ausgesuchten zu überreden oder durch Geld zu bewegen, daß sie die von ihm verlangten Dinge taten. Geschah das, dann stellte sich jedoch kein masochistisches Lustgefühl ein, sondern er empfand größte Angst und verabscheute die Folterungen. Da er ein besonderes Talent hatte, Personen mit ausgeprägt sadistischen Persönlichkeitszügen zu finden, wurde er zweimal beinahe umgebracht und mehrmals ernstlich verletzt; in einem anderen Fall fesselte ihn sein Partner und nahm ihm sein Geld ab. Neben diesen Problemen litt der Patient noch an Depressionen mit Suizidtendenzen, Spannungs- und Angstzuständen, Impotenz und sehr selten auftretenden epilepsieartigen Anfällen.

Die retrospektive Analyse ergab, daß seine Hauptsymptome erstmals im Zweiten Weltkrieg während eines Zwangsarbeitseinsatzes in Deutschland auftraten, als zwei Nazifunktionäre ihn mit vorgehaltener Pistole zwangen, bei ihren homosexuellen Betätigungen mitzumachen. Als der Krieg vorbei war, entdeckte er, daß diese Erfahrungen in ihm eine Neigung zur passiven homosexuellen Rolle im Geschlechtsverkehr hinterlassen hatten. Mehrere Jahre später entwickelte sich bei ihm ein typischer Fetischismus für schwarze Männerkleidung. Dieser verwandelte sich allmählich in das geschilderte unwiderstehliche Verlangen, dessentwegen er in Behandlung kam.

In einer Serie von fünfzehn psycholytischen Sitzungen wurde Schritt für Schritt ein sehr interessantes und bedeutsames COEX[27]-System manifest gemacht. Die oberflächlichsten Schichten dieses Systems bildeten die Erinnerungen Peters an traumatische Begegnungen mit seinen sadistischen Partnern. Bei mehreren Gelegenheiten hatten die Männer, mit denen er Kontakt aufnahm, ihn tatsächlich mit Stricken gefesselt, ihn ohne Nahrung und Wasser in einen Keller eingeschlossen und ihn durch Würgen und Auspeitschen gefoltert. Einer seiner sadistischen Komplizen fesselte ihn in einem Wald, schlug ihn mit einem großen Stein auf den Kopf und lief mit seiner Brieftasche davon. Ein anderer Kerl versprach, Peter in einen Keller einzusperren, der sich angeblich in einem Häuschen im Wald befand. Auf der Zugfahrt zu diesem Wochenendhaus fiel Peter der unförmige große Rucksack seines Begleiters auf. Als dieser das Abteil verließ, um auf die Toilette zu gehen, stieg Peter auf die Bank und untersuchte den Inhalt des verdächtigen Gepäckstücks. Er entdeckte ein ganzes Arsenal von Mordwerkzeugen, darunter eine Pistole, ein großes Metzgermesser, eine chirurgische Säge, wie sie für Amputationen benützt wird, und eine frisch geschliffene Axt. Von Panik erfaßt, sprang Peter aus dem fahrenden Zug und zog sich dabei erhebliche Verletzungen zu; er war jedoch überzeugt, daß das ihm das Leben gerettet hatte. Diese und ähnliche dramatische Episoden wurden in den ersten LSD-Sitzungen wiedererlebt. Außerdem tauchten die sadistischen Themen auch in vielerlei symbolischen Formen auf. Eine tiefere Schicht des gleichen Systems bildeten Peters Erlebnisse im Nazideutschland. In den von diesem Teil der COEX-Konstellation beeinflußten LSD-Sitzungen erlebte er noch einmal in allen Einzelheiten seine Erlebnisse mit homosexuellen Nazis, einschließlich all der komplizierten Gefühle, die diese Episoden in ihm hervorriefen. Außerdem erlebte er eine Reihe anderer Kriegserinnerungen wieder, die die Atmosphäre der nationalsozialistischen Gewaltherrschaft widerspiegelten. Er hatte Visionen von Hakenkreuzfahnen, pompösen SS-Paraden, gigantischen Hallen im Reichstagsgebäude und dräuenden Adleremblemen, von abgemagerten Häftlingen in Konzentrationslagern, von Hausdurchsuchungen durch die Gestapo und von den Schlangen der Opfer vor den Gaskammern in den Vernichtungslagern.

Die Kernerfahrungen dieses Systems jedoch bezogen sich auf Peters Kindheitserlebnisse, bei denen es um Strafen ging, die seine Eltern angewandt hatten. Es stellte sich heraus, daß seine Mutter ihn manchmal für längere Zeit ohne Nahrung in einen dunklen Keller eingesperrt hatte und daß die Strafmethode seines despotischen Vaters darin bestand, ihn auf grausamste Weise mit einem Lederriemen auszupeitschen. Der Patient erkannte nun, daß seine masochistischen Begehrungen ein Abbild der kombinierten elterlichen Strafen waren.

Während des Wiedererlebens dieser Erinnerungen war bei dem Patienten ein auffallendes Auf und Ab der Intensität seines

Hauptproblems zu beobachten, es verschwand jedoch nicht völlig auf längere Frist. Zuletzt erlebte Peter dann erneut die qualvolle Erfahrung seines Geburtstraumas in all ihrer biologischen Brutalität wieder. Seinem späteren Kommentar zufolge waren darin genau jene Elemente enthalten, die er von der sadistischen Behandlung erwartete, um die er sich so verzweifelt bemühte: dunkler, abgeschlossener Raum, Einengung der Körperbewegungen und Preisgabe an extreme physische und seelische Peinigungen. Das Wiedererleben der biologischen Geburt bewirkte schließlich die Auflösung seiner schwierigen Probleme« (Grof, a. a. O., S. 70 ff.).

»Matern« als die tiefgehendsten Formen der Abspaltung innerhalb des Organismus beinhalten somit Traumatisierungen auf einer Ebene zwischen Leben und Tod. Und sie bewahren diese traumatischen Begebenheiten auch inhaltlich auf, wobei deren Diffusheit die Möglichkeiten bietet, diese Zusammenhänge später in sehr viele Aspekte der Realität einzubinden. Mehr noch, die »Matern«, in denen der traumatische Druck der Originalereignisse weiterhin wirksam wird, heischen permanent nach Situationen, in die dieser Druck eingelassen werden kann. In dem gerade zitierten Beispiel scheint es so zu sein, daß das ursprüngliche Leiden (eingesperrt und ausgeliefert zu sein) diesen Menschen immer wieder in Situationen hineinzwingt, in denen er die alte Traumatisierung in abgewandelter (und symbolisch verstellter) Form vorfindet. Das geht bis zu dem Punkt, an dem Druck so groß wird, daß er die alte Traumatisierung (ohne von ihr zu wissen) bewußt noch einmal herbeiführen muß (indem er öffentliche Plätze aufsuchen und einen »schwarzen Mann« finden möchte etc.). Dabei ist er sehr sensibel gegen alle Pläne, die nicht mit den seinen übereinstimmen. Die »Notwendigkeit«, ermordet zu werden, ist offensichtlich in seiner Matrix nicht vorgesehen (es gibt Beispiele dafür, daß auch dieser Wunsch unbewußt erfüllt werden soll), und so kann er dieser Form – wenn auch nur unter großem Risiko – entfliehen.

In unserem Zitat nun liegt die Mechanik körperlicher Zerstörtheit offen zutage. Eine auf der »first-line« hergestellte gewaltförmige Interaktionsform, der auf der »second-line« keine anderen, gegenläufigen Erfahrungen gegenüberstehen – im Gegenteil, in unserem Beispiel werden diese noch einmal verstärkt –, drängen auf der »third-line« als Wiederholungszwang dahin, *in gleicher oder ähnlicher Weise erfüllt zu werden.* Wenn auch in diesem Beispiel nicht eine Form »psychosomatischer« Zerstörung zur Diskussion steht (obwohl es auch hier um körperliche Gewalt geht, freilich um körperliche Gewalt, die von außen zugeführt wird), so denke ich doch, daß der Ablauf der inneren Zerstörung von Körperlichkeit nach dem gleichen Muster verläuft (allerdings unter anderen äußeren Bedingungen, was die Form der Basistraumatisierungen anbelangt).

Autoren wie Zepf haben überzeugend nachgewiesen, daß dem »Psychosomatiker« nicht die Möglichkeit zur Verfügung steht, aktiv in die Welt hinein (und sei es auch pervers) zu agieren, sondern daß er seine zerstörten Interaktionsformen darin aufbraucht, daß er sie selbstzerstörerisch gegen den eigenen Körper richtet. Daß diese Basisstörungen (in Form der »Matern«) auch Auswirkungen auf alle anderen »lines« haben, daß also auf der »third-line« des »Psychosomatikers« nur ein sehr eingeschränktes Maß an »Selbstdarstellung« und »Gefühlsintensität« zur Verfügung steht, versteht sich aus der Kontinuität der »lines« von selbst. Wo Abspaltungen den Hauptteil von Subjektivität (und d.h. auch immer von Körperlichkeit) zerschlagen haben, verwundert es nicht, daß diese Menschen noch nicht einmal »ich« sagen können. Im übertragenen Sinne liegt schon im Wort »ich« der Schmerz der Zerstörung.

Es gibt eine Encounter-Übung, bei der sich zwei Menschen gegenübersitzen; beide schauen sich in die Augen, und der eine sagt immer wieder »Wer bist Du?« (der andere darf nichts sagen). Ich selbst habe erlebt, daß bei diesem »wer bist du?« (wenn man sich dafür offenmachen kann) sehr starke Gefühle von Traurigkeit, Verzweiflung und Schmerzen hochkommen. Viele Teilnehmer brechen hier schon hemmungslos in Tränen und Schluchzen aus.

Dieser Schmerz, der auf allen »lines« wirksam wird, kann im Alltag des »Psychosomatikers« nur untengehalten werden um den Preis, daß er tief in den Körper hinein abgeleitet wird. Man muß sich genau verdeutlichen: Jede Abteilung nach außen, sei sie aggressiv, zornig oder sonstwie emotional gewendet, ist – vielleicht aus Gründen parasympathischer Dominanz, d.h., diese Form ist lebensbedrohend – noch problematischer als die langsame Zerstörung des eigenen Körpers – das zeigen ganz einfach die empirischen Erfahrungen. Es ist ein Faktum, der »Psychosomatiker« hält an seinem Symptom fest. Auch um den Preis der eigenen körperlichen Zerstörung läßt er nicht zu, daß das, was darunterliegt, zum Vorschein kommt. Allein diese Tatsache läßt uns ermessen, welche zerstörerischen Kräfte in der Primärsozialisation wirksam geworden sein müssen. In den von mir beschriebenen Therapieformen der Primärtherapie (Janov) und der Psycholyse (Grof, und in Deutschland Hanscarl Leuner) werden diese zerstörten Formen der Körperlichkeit und ihr Produktionsprozeß sichtbar. Sichtbar wird außerdem, daß das Grauen und der Terrorismus in der primären Sozialisation einen Grad erreichen können, der mit herkömmlichen wissenschaftlichen Methoden weder erfaßt noch theoretisch eingeordnet werden kann.

Mein Exkurs über die »psychosomatischen Erkrankungen« ist keinesfalls vollständig; er sollte nur einige Hinweise darüber geben, daß dieses Thema in der psychosomatischen Medizin noch nicht einmal andiskutiert worden ist. Wenn weiterhin die *Erscheinungen* (eingeschränkte Sprache, Gefühle werden nicht geäußert, keine Aggressionen) für das Wesen genommen werden, so besteht auch wenig Aussicht, daß die Phänomene, die darunterliegen, jemals adäquat erfaßt und therapiert werden können. An dieser Stelle ist auch der Psychoanalyse der Vorwurf nicht zu ersparen, daß sie – obwohl es genügend Ansätze für eine tiefergreifende Arbeit (sogar bei Freud selbst) gibt – in ihrer Therapie und Praxis sich zurückgezogen hat auf die sprachlich zugänglichen Regionen der symbolischen oder desymbolisierten Interaktionsformen. Eine Arbeit in diesen Bereichen scheitert schon bei der »narzißtischen Interaktionsform«, und Psychoanalytiker geben das auch unumwunden zu. Dem »Psychosomatiker« (d. h. der psychosomatischen Interaktionsform als Matrix) nun ist mit dem etablierten Setting der Psychoanalyse nicht beizukommen. Natürlich gibt es auch hier »Erfolge«; jede psychoanalytische Therapie eröffnet die Möglichkeit für den »psychosomatisch« Erkrankten, etwas »herauszulassen« und seine Zerstörung ein Stück weit darzustellen (und damit zurückzunehmen). Doch ein Heilungsprozeß (im wörtlichen Sinne) darf von ihr nicht erwartet werden. »Heilung« bedeutet, daß die »zerstörerische Form« selbst *zu sich* (d. h. zu uns) kommt, daß – so banal es auch klingen mag – die Abspaltung aufgehoben wird und der Terrorismus an der Wurzel bekämpft wird. Zu diesem Zweck aber muß er – dosiert – zum Austrag gebracht werden. Er darf weder medikamentös zementiert noch in Erklärungen und Worten verständnisvoll eingepackt werden. Er muß ausbrechen. Freilich nicht in die Realität hinein, denn das tut er tagtäglich in Erziehung, Schule, Beziehungen, Wirtschaft, Wissenschaft und Politik in symbolisch abgemilderter (gleichwohl terroristischer) Form, sondern unter der Kontrolle derjenigen, die etwas von Terrorismus verstehen, weil sie ihren eigenen kennengelernt haben. Wir stehen mit den Forschungen über diese Phänomene, die immer schon eine Form der Praxis zu sein hätten, ganz am Anfang.

6. Zusammenfassung und Schluß

Es war der Anspruch dieser Arbeit, einige Linien aufzuzeigen, wie der Prozeß der Sozialisation im Zusammenhang mit Interaktionsprozessen von Anfang an gedacht werden kann. Ich habe dabei versucht zu zeigen, daß die Konstitutionsprozesse dessen, was wir »Psyche« und »Soma« zu nennen gewöhnt sind, so sehr ineinanderliegen, daß eine Unterscheidung in zwei Bereiche sich nicht mehr aufrechterhalten läßt. Beide Pole markieren die gleiche Sache, nur jeweils von einem anderen Blickwinkel her. Zum Zwecke des Vergleichs habe ich die Interaktionstheorie (in ihrer Ausprägung durch Alfred Lorenzer) und die Primärtherapie (in ihrer Ausprägung durch Arthur Janov) einander gegenübergestellt und herausgearbeitet, daß beide Bereiche – von jeweils anderen Ausgangspunkten herkommend – starke Übereinstimmungen und Berührungspunkte haben und daß beide Autoren neue Aspekte über den Prozeß der Menschwerdung in die wissenschaftliche Diskussion einbringen.

Darüber hinaus war es meine Absicht, beide Modelle zu verkoppeln mit neuen Ansätzen der Interpretation phylogenetischer Entwicklungsschritte des Hirnaufbaus sowie mit einem neuen Ansatz der Schmerztheorie.

Es hat sich dabei herausgestellt, daß das Einbringen physiologischer Daten in die Sozialwissenschaft zu neuen Fragestellungen über die Natur und Funktionsweise von Interaktionsverläufen und den in ihnen wirksamen Abspaltungsprozessen führt. Insbesondere wurde herausgearbeitet, daß und über welche Wege schon der embryonale und perinatale Organismus eine genaue Engrammatisierung der mit ihm stattfindenden frühen Interaktionssequenzen leisten kann und daß bereits hier eine gravierende Form der Zerschlagung subjektiver Strukturen stattfindet. Neuartig für die Sozialwissenschaft ist die Erkenntnis, daß derart frühe Prozesse in der Therapie zurückgeholt werden können und daß deren Wiedererleben und Integration drastische (positive) Veränderungen der Symptome des Individuums zur Folge haben.

Der Schwerpunkt dieser Arbeit lag in dem Nachweis, daß »Psyche« und »Soma« als *einheitliche* Qualität im Verlauf der Sozialisation dergestalt produziert werden, daß ihr einzelwissenschaftliches Auseinanderreißen nicht mehr zu rechtfertigen ist. Wer fortan von »psychischen Phänomenen« (oder von »somatischen Prozessen«) redet, macht sich einer gezielten Ungenauigkeit schuldig, die einen schwerwiegenden Einfluß auf jede Art von Therapie haben muß.

Ein letztes Wort noch zu dem Begriff der »psychosomatischen Erkrankung«: Ich habe einige Hinweise darüber gegeben, daß unter diesem Begriff »Störungen« der zwischenmenschlichen Beziehungen gesehen werden müssen, deren Basismuster bereits in den allerersten Interaktionen zwischen mütterlichem und embryonalem Organismus als eine Form des körperlichen Terrorismus und der Aufgabe von Reaktionsmustern hergestellt werden. Eine radikale Therapie der »psychosomatischen Störungen«, also eine Therapie der körperlichen Zerstörtheit, hätte zu den ursprünglichen Produktionsbedingungen zurückzukehren und sowohl prophylaktisch (z. B. nach der Leboyer-Methode) den Terrorismus vermeidend, als auch in der Rückkehr, den Terrorismus nacherlebend, zu verfahren. Jede andere der heute praktizierten Formen des Umgangs mit »psychosomatisch« Erkrankten zielt auf ein Zudecken dieser zutiefst traumatischen Basiserfahrungen.

Es ist an der Zeit, hier radikal zu werden. Eine Gesamtmethode, die den Erwachsenen zur Welt bringt, steht noch aus.

Anmerkungen

1 Im Fortgang der Diskussion werde ich mich nur noch auf Wirbeltiere beziehen. Natürlich gelten die hier diskutierten allgemeinen neurologischen Funktionsprinzipien auch bei niederen Lebewesen (Würmern etc.), doch die späteren Darstellungen insbesondere der Hirnphysiologie lassen es sinnvoll erscheinen, jene Spezies zu bevorzugen, deren Hirnstrukturen vergleichbar sind.

2 Die Frage könnte sich stellen, warum will das System überleben? Sie ist m. E. in dieser Form jedoch falsch gestellt. Organische Systeme, die diese Schutzmechanismen nicht hatten, *haben* nicht überlebt. In der Evolutionsgeschichte des Lebens konnten nur die Systeme sich auf Dauer reproduzieren, die diesen Schutzmechanismus ausbildeten. (Darüber im dritten Kapitel mehr.)

3 Das gilt auch für die Reflexe, die den Körper auf einen Reiz hinbewegen, beispielsweise den Saugreflex. Auch hier wird der Körper aus einer Gefahrenzone wegbewegt, nämlich aus der Gefahrenzone, keine Nahrung zu erhalten. Dieses Prinzip gilt sogar dann noch, wenn Reflexe erlöschen. Das geschieht nämlich, wenn das, was der Reflex ehedem garantieren sollte, selbst zu einer Bedrohung wird. So wird der Saugreflex aufgegeben in dem Moment, in dem die Fütterungsprozedur für das Kind zu problematisch wird (vgl. Ribble, 1938, S. 154 f.).

4 Ich habe die Beispiele Hemmingers deshalb gewählt, weil sie die ersten schriftlichen deutschen Ergebnisse der Primärtherapie sind, die mir bekannt sind. Es wird oft argumentiert, Janovs Befunde stützten sich im wesentlichen auf amerikanische Sozialisationsverhältnisse und seien nicht ohne weiteres auf Deutschland anwendbar. Diese Ansicht ist falsch. Es mag sein, daß es spezifisch deutsche Sozialisationsprozeduren gibt, ihr Produkt, nämlich Schmerz und auch der Zugang zu diesem Schmerz, ist jedoch hier wie dort derselbe.

5 Jeder gewissenhafte Psychoanalytiker begibt sich aus diesem Grunde auch hin und wieder in eine Kontrollsituation, in der mit anderen Kollegen das eigene Verhalten aufgearbeitet werden kann.

5 a Man sieht, der Begriff »Trauma« darf nicht einseitig verstanden werden als eine überstarke Reizfülle *von außen*. Ganz ebenso rechnet nämlich zum Traumabegriff ein *Mangel* an *Reizen*. Die Mutter, die nie für ihr Kind da ist, fügt dem Kind eine nicht weniger schmerzhafte Verletzung zu wie die Mutter, die für ihr Kind »alles« tut, die es vollständig verwaltet.

6 Es sollen hier die Gefahren der Primärtherapie nicht unterschlagen werden. Eine Hauptgefahr liegt darin, daß der Therapeut, der seine eigenen Kindheitsschmerzen nicht intensiv genug gefühlt hat, seine Patienten (aus Gründen seiner eigenen Abwehr) in Bereiche hinein-

drückt (hard bust), für die der Patient noch nicht bereit ist. Es gibt im Primärprozeß eine Hierarchie von schmerzhaften Ereignissen, die der Körper zulassen und bearbeiten kann (dieser Bereich wird in der Therapie sukzessive erweitert). Es gibt aber auch die Möglichkeit der Überbelastung – der Patient wird dann in reinen körperlichen Schmerz hineingedrückt, ohne daß er die Gefühle und Verbindungen, die darin liegen, bereits zulassen kann. In dieser Schmerzüberlastung bleibt er sozusagen *hinter* seinen Gefühlen »stecken« und führt oft seine Therapie nicht weiter. Das kann bei Patienten mit besonders problematischen Kindheitsschmerzen zu einem späteren Selbstmord führen (gleichsam als letzte Möglichkeit der Abwehr, den Schmerz nicht fühlen zu müssen). Ebenso kann ein zu »weiches« Anfassen (ebenfalls aus Gründen der Abwehr beim Therapeuten) den Patienten davon abhalten, voll in seine Gefühle zu gehen, er bleibt dann *vor* seinen Gefühlen stecken und benötigt jedesmal erneute und größere Abwehrprozeduren, um die aufgerissenen Löcher wieder zu stopfen. Dieser Vorgang scheint mit großer Regelmäßigkeit beim Selfprimalling vorzukommen, also beim primaln gänzlich ohne Therapeuten.

7 Der Genauigkeit halber sollte gesagt werden, daß die Argumentation eigentlich umgekehrt verlaufen müßte. Erst diejenigen Zellformen, die – aus welchem Grund auch immer – diese Leistungen entwickelten, konnten überleben, sie erst ist die Ur-Zelle. Millionen anderer Formen, die vorübergehend existiert haben mögen und diese Grundvoraussetzungen nur unvollkommen ausbilden konnten, sind an der Realität gescheitert.

8 Man muß sich klarmachen, daß es hier nicht um komplexe Imformationssysteme, sondern um einfache »Hell-Dunkel«- bzw. Aversionsspeicherungen geht, dennoch handelt es sich um mehr als Reflexsysteme.

9 Es konnte gezeigt werden, daß Tiere mit einfachen Hirnsystemen z.B. nicht in unserem Sinne »sehen« können. Ihr optischer Bereich ist eher der des »Bewegungssehens«. Das bedeutet, daß diese Tiere ihre Umgebung nicht wahrnehmen, es sei denn, aus dieser Welt differenzieren »schnelle Bewegungen« heraus. Umwelt, die sich nicht bewegt, ist für diese Tiere (z.B. einen Frosch) optisch nicht präsent. Erst das sich bewegende (Beute-)Tier hinterläßt im Sehfeld dieser Tiere eine optische Spur.

10 Es gibt hier Ausnahmen. So ist z.B. Linkshändigkeit oft ein Indiz dafür, daß bei diesen Menschen die rechte Hirnhälfte dominant ist.

11 Kenner der Interaktionstheorie werden erstaunt sein über die eher »naturwissenschaftliche« Formulierung zutiefst zwischenmenschlicher Vorgänge. Ihnen sei gesagt, daß dieser Gesichtspunkt nicht etwa ein Rückfall in positivistische Erklärungsmodelle ist, sondern der Versuch, das materialistische Substrat für die Prozesse, die sich später

unter einem sozialwissenschaftlichen Gesichtspunkt als »Interaktionen« oder »Interaktionsformen« beschreiben lassen, etwas genauer anzugeben. Insofern ersetzt (beispielsweise) die Physiologie nicht die notwendige gesamtwissenschaftliche Erklärung, sondern ergänzt sie.

12 Der Genauigkeit halber muß hier noch einmal wiederholt werden: Das, was aussieht wie ein Vorgang der Hirnstruktur, ist eine gesamtkörperliche Einheit, deren Koordination lediglich in einem bestimmten Areal zusammengefaßt ist – dennoch sind alle Reize und alle Reaktionen nicht aus dem Körpersystem herauszulösen, im Gegenteil, eigentlich betreffen sie nur das Körpersystem.

13 Ich gehe davon aus, daß auch sämtliche Sinnesleistungen durch Überträgerstoffe vermittelt sind. Nur so ist zu erklären, daß manche Gegebenheiten der Außenwelt z. B. buchstäblich nicht gesehen werden. In diesem Zusammenhang ist zu vermuten, daß die oben erwähnte Abzweigung der Sehnervenbahnen hinunter in das limbische System (bevor die Fasern in die Sehrinde gelangen) die Aufgabe haben könnte, *vor* der Ankunft der Impulse, also vor dem »Sehen«, eine Entscheidung über das, was gesehen werden darf, zu treffen.

14 Die Geburt findet hier im Halbdunkel statt, es gibt keinen unnötigen Lärm, keine Medikamente, keine Schematisierungen. Jedes Kind wird behandelt wie ein fühlendes Wesen. Nach der Geburt wird es sofort (unabgenabelt) auf den Bauch der Mutter gelegt, und es kann dort seinen einsetzenden Atem selbst regulieren, erst nachdem die Atmung vollständig gelingt, wird die Nabelschnur abgetrennt. Alles geschieht in Ruhe und Friedfertigkeit. Nachdem sich das Kind (auf dem Bauch der Mutter) von der Geburt erholt hat, wird es von ihr getrennt und gebadet (nicht etwa abgewaschen!) – um noch einmal an die vorherige Erfahrung des Badens im Fruchtwasser herangeführt zu werden. Die Photographien des Buches ›Birth without violence‹ zeigen diese Vorgänge in einer Weise, die vorher nicht für möglich gehalten wurde. Das Neugeborene blickt sofort mit großen Augen sehr interessiert in die Welt, und – drei Stunden nach der Geburt – es lacht über das ganze Gesicht. (Und das, obwohl doch jeder Sozialisationsforscher weiß, daß ein Kleinstkind frühestens nach zwei Monaten lächeln kann.)

15 Etwas detaillierter sieht die Beeinflussung so aus: S = Sympathikus; P = Parasympathikus; − = Hemmung; + = Förderung. Pupillen (S = Erweiterung; P = Verengung); Speicheldrüsen (S = Sekretionshemmung; P = Sekretionsanregung); Gefäße (S = Verengung; P = Erweiterung): Herz (S = Anregung; P = −); Bronchien (S = Erweiterung; P = −); Magen (S = −; P = +); Leber (S = −; P = +); (Niere, Darm, Enddarm, Pankreas so wie Leber); Blase (S = Entleerungshemmung; P = Entleerung); Genitalien (S = Beruhigung; P = Erregung); vgl. hierzu Birbaumer, 1975, S. 200.

16 Tiere, die über eine Zwischenhirnregion nur sehr peripher verfügen, kennen in diesem Sinne auch keine »Beziehungen«. Andererseits finden sich bei Tieren, die diese Region ausgebildet haben, sehr komplexe ganzheitliche Verhaltensabläufe, in denen Balz-, Brut- und Pflegeverhalten sehr genau festgelegt sind. So läßt sich das Beziehungsverhalten bei Junggänsen z. B. daran charakterisieren, daß ihr Zwischenhirn ihnen gebietet, eine »Beziehung« aufzubauen zu dem ersten sich bewegenden Gegenstand, der sich nach dem Ausschlüpfen präsentiert. Das ist in der Natur fast immer die Mutter. Im Labor des Forschers funktioniert dieser Mechanismus jedoch auch bei einer Spielzeuglokomotive oder einem rollenden Ball.

17 René Spitz hält ausdrücklich fest, daß z. B. der neugeborene Organismus »kein Bewußtsein, keine Wahrnehmung, keine Empfindung und keine psychischen Funktionen, seien sie bewußt oder unbewußt«, hat (Spitz, 1972, S. 24). Damit aber ist das Entstehen der psychischen Funktionen irgendwann auf die nächsten Monate vertagt worden.

18 Es soll nur als Vermutung angedeutet werden, daß in dem gerade beschriebenen Phänomen eine Ursache des »sudden crib death« liegen könnte. Kleinstkinder, bei denen dieser night terror freigesetzt wird, haben ja keine Möglichkeit, auf ihn (beim Erwachen) mit anderen Ebenen zu reagieren, d. h., sie sind ihm viel vollständiger ausgeliefert als der Erwachsene. Eine Reaktion darauf könnte sein, daß das System bei einer derartigen Überlast abschaltet. Hinzu kommt, daß bei vielen Kleinstkindern vor dem »sudden crib death« oft eine Auffälligkeit oder leichte Erkrankung der Atemwege festgestellt wurde (vgl. Knecht, 1976) – ein Thema also, das exquisit an die first-line-Traumata (Geburtsvorgang) anknüpfen kann.

19 Alpha-Schwingungen bzw. »third-line« meint dabei das normale Wach-Bewußtsein.

20 Von der Computerlogik her gesehen, hat jede gespeicherte Information eine Adresse, die, um die Information abzurufen, eingegeben werden muß. In gleicher Weise könnte die gesprochene oder gedachte Lautfolge »Stuhl« die Adresse sein, szenische Gehalte der Information über den Stuhl hervorzubringen.

21 In diesem Vorgang, der sich im Laufe der Zeit zu immer höheren Graden der Komplexität aufschaukelt, liegt die gesamte Dialektik der Aneignung von Realität. Sie ist kein Ablauf, der sich schematisch fassen ließe als eine entwicklungspsychologische Universalie, sondern die jeweils individuelle Ausprägung eines einzigartigen Prozesses. Jedes menschliche Wesen durchläuft diese Dialektik in anderer Weise – jeder ist ein Sonderfall.

22 Um diesen Sachverhalt an einem sehr augenfälligen Beispiel zu demonstrieren: So versucht z. B. ein Kind im Unterricht recht mühsam, einen Stuhl neben sich frei zu halten, in der Hoffnung (aber unausgespro-

chen), die (sehr warmherzige) Lehrerin möge sich doch einmal neben es setzen. So wird der Stuhl zu einem Vehikel für die Beziehungswünsche des Kindes dem Lehrer gegenüber. (Das Kind hätte ebenso sprachlich reagieren können: »Komm doch auch mal zu mir!« oder sich einfach körperlich an die Lehrerin schmiegen können – doch es wählt eine Interaktion im Material »Stuhl«.)

23 Natürlich darf man diese elektronische Reise nicht wörtlich nehmen, da die Speicherzentren für die einzelnen »lines« sicher nicht auf dem linearen Abstiegsweg der Elektrode liegen und auch für Einzelerlebnisse in dieser Art nicht zu lokalisieren sind: nur, es könnte so aussehen.

24 Vgl. zu der Problematik der Übernahme der Rolle des »Bösen« die Falldarstellung von Lore Schacht (1973), in der ein Kind sich die Definition »Du bist böse« zu widersetzen sucht. Ebenso Jegge (1976, S. 74) und Leber (1979).

25 Es dürfte kein Zufall sein, daß ein führender Kopfschmerzmittelhersteller seinem bekannten Präparat den Namen verlieh, der sowohl dieses »als ob« wie auch die Abwehr gegen diesen Schmerz benennt.

26 Es geht mir darum aufzuzeigen, daß die Form, die die beiden Mädchen gewählt haben, um mit dem Terror der unteren Ebene fertigzuwerden, nur eine mögliche Form neben anderen ist: Daß Claude Chabrol einen Film dreht, in dem ein Kopf zertrümmert wird, ist ebensowenig ein Zufall, sondern erklärt sich aus der Form, wie er mit seinem Terror fertigzuwerden versucht. Ebensowenig ist es zufällig, daß ich das Beispiel der beiden Mädchen gewählt habe, um einen Sachverhalt zu demonstrieren.

27 COEX = System der kondensierten Erfahrungen, so nennt Grof die oben beschriebene Ablagerung eines Einzelaspekts durch die verschiedenen Schichten der Lebensgeschichte hindurch.

Literaturverzeichnis

Ich bin bei der Abfassung dieses Manuskriptes sehr vielen Impulsen gefolgt, die – unzitiert – meine Gedanken über das Thema beeinflußt haben. Zu nennen sind hier alle Arbeiten Alfred Lorenzers und alle Artikel des »Journal of Primal Therapy« (Vol. 1 bis 5). Aufgeführt in dieser Literaturliste ist allerdings nur die Literatur, die auch im Text zitiert wird. Unausgesprochen schwingen freilich sämtliche Thesen und auch die verwendete Literatur meiner ersten beiden Bücher (1973 und 1976) bei dem vorliegenden Text mit.

Balint, Michael: Therapeutische Aspekte der Regression. Reinbek 1973.

Beier, Rüdiger, Büttner, Christian, und Orban-Plasa, Margit: Aggression und Apathie. Wiesbaden 1979.

Barnett, Samuel A.: Instinkt und Intelligenz. Frankfurt/M. 1971.

Birbaumer, Niels (Hrsg.): Neuropsychologie der Angst. München, Berlin, Wien 1973.

– Physiologische Psychologie. Berlin, Heidelberg, New York 1975.

Calder, Nigel: Das Phänomen der kleinen grauen Zellen. Wien und Düsseldorf 1972.

Casriel, Daniel: Die Wiederentdeckung des Gefühls. München, Gütersloh, Wien 1975.

Ditfurth, Hoimar von: Der Geist fiel nicht vom Himmel. Hamburg 1976.

Ferguson, Marilyn: The Brain Revolution. New York 1973.

Flanagan, Geraldine Lux: Die ersten neun Monate des Lebens. Reinbek 1974.

Foulkes, David: Die Psychologie des Schlafes. Frankfurt/M. 1969.

Freud, Sigmund: Neue Folge der Vorlesungen zur Einführung in die Psychoanalyse (1932). Frankfurt/M. 1967, in: GW, Bd. 15.

Grof, Stanislav: Topographie des Unbewußten. Stuttgart 1978.

Hemminger, Hansjörg: Biologie der Neurose. Ms. Freiburg 1977 (im Druck).

Holden, E. Michael: Sympaths and Parasympaths, in: Journal of Primal Therapy, Vol. III, 1976, S. 159 ff.

– Neurophysiologie des Bewußtseins: Schmerzschleusung, in: Janov, A., und Holden, M.: Das neue Bewußtsein. Frankfurt/M. 1977a, S. 138 ff.

– The Dialectic Unity of Healing and Suffering – The Primal Zone, in: Journal of Primal Therapy, Vol. IV, 1977b, S. 5 ff.

– Biology and Madness – A Neurological Inquiry into Psychosis, in: Journal of Primal Therapy, Vol. IV, 1977c, S. 117 ff.

Hoppe, Klaus D.: Die Trennung der Gehirnhälften, in: Psyche, 29. Jg. (1975) S. 919 ff.

Janov, Arthur: The Primal Scream (dt.: Der Urschrei). N. Y. 1970 (dt.: Frankfurt/M. 1973).
– Das befreite Kind. Frankfurt/M. 1974.
– Revolution der Psyche. Frankfurt/M. 1976.
– Pain in Sleep, in: Journal of Primal Therapy, Vol. iii, 1976b, S. 121 ff.
–, und Holden, E. Michael: Das neue Bewußtsein. Frankfurt/M. 1977.
Jegge, Jürg: Dummheit ist lernbar. Erfahrungen mit Schulversagern. Bern 1976.
The Journal of Primal Therapy: An Interview with Arthur Janov, Vol. iv, 1977, S. 82 ff.
Knecht, Theresa Sheppard: Crib Death and Primal Pain, in: The Journal of Primal Therapy, Vol. iii (1976) S. 214 ff.
Lang, Peter J.: Die Anwendung psychophysiologischer Methoden in Psychotherapie und Verhaltensmodifikation, in: Birbaumer, Niels (1973).
Leber, Aloys: Psychoanalytische Überlegungen zu Terror, Teufel und primärer Erfahrung, in: Kindheit, Vol. i, Heft 1, 1979, S. 37 ff.
Leboyer, Frederick: Birth without Violence. N. Y. 1975.
Lorenzer, Alfred: Über den Gegenstand der Psychoanalyse oder Sprache und Interaktion. Frankfurt/M. 1973.
– Die Wahrheit der psychoanalytischen Erkenntnis. Frankfurt/M. 1974.
– Sprachspiel und Interaktionsformen. Frankfurt/M. 1977.
MacLean, Paul D.: Sensory and Perceptive Factors in Emotional Functions of the Triune Brain, in: Levi, Lennart (ed.): Emotions, Their Parameters and Measurement. N. Y. 1975, S. 71 ff.
Melzack, Ronald: The Puzzle of Pain. Harmondsworth (Penguin) 1973.
Montagu, Ashley: Körperkontakt. Stuttgart 1974.
Orban, Peter: Sozialisation. Frankfurt/M. 1973.
– Subjektivität. Wiesbaden 1976.
Ornstein, Robert: Die Psychologie des Bewußtseins. Frankfurt/M. 1976.
v. Rad, Michael, und Lolas, Fernando: Psychosomatische und psychoneurotische Patienten im Vergleich, in: Psyche, 32. Jg. (1978), S. 956 ff.
Rank, Otto: Das Trauma der Geburt. Wien 1923.
Ribble, Margarethe A.: Clinical Studies of Instinctive Reactions in New Born Babies, in: American Journal of Psychiatry (1938), S. 149 ff.
Schacht, Lore: Subjekt gebraucht Subjekt, in: Psyche 27 (1973), S. 151 ff.
Simon, Walter: Hören – Urphänomen der Weltbegegnung, in: Graber, Gustav-Hans (Hrsg.): Pränatale Psychologie. München 1974, S. 110 ff.
DER SPIEGEL: Pille gegen Schmerz und Leid. 1978, Heft 8, S. 58.
– Krebs durch Seelenschmerz und soziale Qual? 1977, Heft 45, S. 102 ff.
Spitz, René A.: Vom Säugling zum Kleinkind. Stuttgart 1972.
stern: Opium aus dem Gehirn. 1977, Heft 41, S. 114 ff.
Strzyz, Klaus: Sozialisation und Narzißmus. Wiesbaden 1978.
Studynka, Gerhard: Hirnforschung. Frankfurt/M. 1974.

Zepf, Siegfried: Zur Theorie der psychosomatischen Erkrankung. Frankfurt/M. 1973.
– Grundlinien einer materialistischen Theorie psychosomatischer Erkrankungen. Frankfurt/M. 1976 a.
– Die Sozialisation der psychosomatisch Kranken. Frankfurt/M. 1976 b.

Tilmann Moser
Die große Herausforderung

Die Originalausgabe von Peter Orbans »Psyche und Soma« (1981) hat zunächst wenig Wirkung hinterlassen. Es mag sein, daß die Zeit nicht reif war für eine wirkliche Rezeption dieser großen Herausforderung. Damit ist nicht eine rein intellektuelle Aufnahme gemeint, die mir sinnlos vorkommt und doch wie eine Phase der Gärung sein könnte. Nein, das Buch wartet auf eine Rezeption im klinisch-therapeutischen Bereich, und dafür bedarf es ganz anderer Voraussetzungen: es muß nämlich Therapeuten geben, die in ihrem beruflichen Handeln fähig sind, sich den von Orban beschriebenen, gedeuteten, theoretisch untermauerten Phänomenen zu öffnen, um sie innerhalb eines therapeutischen Rahmens sich überhaupt entfalten zu lassen. Die Körpergeschichte eines leidenden Individuums braucht nicht nur einen haltenden Raum, sondern auch eine haltende Person, die sich durch die Verstümmelungen der Tiefe, die ihnen zugrundeliegenden Schmerzen, und durch die archaischen Äußerungsformen dieser ursprünglich abgespaltenen Schmerzen nicht schrecken läßt, sondern sie mit dem Patienten erkundet, ermutigt, zuläßt, begleitet und ihnen erlaubt, teils abzufließen, teils ihren versäumten Beitrag zu einer Strukturbildung des lebendigen Selbst zu leisten.

In der Tat trifft das Buch heute auf eine bereits veränderte körper-psychotherapeutische Szenerie: der Leib ist in einer Reihe von Therapieformen nicht mehr der »exkommunizierte« Außenseiter, das »Fremde«, nur in symbolisierter Form sprachlich Angehbare, sondern er wird als Quelle der Information, als Speicher sonst unzugänglicher Erinnerungen und Engramme einbezogen, aber nicht nur dies: sondern endlich als die natürliche Basis der leibseelischen Zusammenhänge. Es ist nicht mehr notwendig, sich auf die von Peter Orban idealisierend hervorgekehrte Monopolstellung der Janovschen Primärtherapie zu beziehen, die von den verschiedensten körpertherapeutischen Schulen inzwischen in wichtigen Aspekten, wie ich meine, zu Recht, kritisiert wird.

Es kann sogar sein, daß Orbans Buch deshalb vor einigen Jahren noch keine Chance hatte, Wirkung zu entfalten, weil es sich so ausschließlich auf Janov gegründet hat, der durch die marktschreierische Selbstanpreisung seiner Therapie als Allheilmittel für sämtliche psychische und psychosomatische Störungen viele Therapeuten davon abgeschreckt hat, ihn zu rezipieren. Wichtig ist wohl, daß die Vernachlässigung und Ausblendung des Körpers durch die Psychoanalyse so total war, daß manche Pioniere der Körpertherapie wie bei der Entdeckung eines unbekannten Kontinents sich einbilden konnten, sie hätten allein eine neue Welt entdeckt, die sich außerdem nur mit *ihrer* rasch patentierten und ritualisierten Methode erschließen lasse. Inzwischen tummeln sich auf dem Feld der Körpertherapie eine ganze Reihe von Kolumbussen, und es zeigt sich, daß es eine ganze Reihe von Reiserouten in den gar nicht mehr so unbekannten Kontinent gibt. Das muß nicht Janovs Verdienst schmälern, für viele der elementarsten Vorgänge auf der psychosomatischen Ebene ein angemessenes Setting und strukturierende Theorie-Fragmente geliefert zu haben.

Es wäre geradezu verwunderlich, wenn einem einzigen Forscher auf diesem riesigen Feld der einzig wegweisende Durchbruch gelungen wäre, mit dem sich sämtliche Phänomene erfassen und therapeutisch angehen ließen. Die Psychoanalyse wäre inzwischen wohl auch viel weiter, wenn sie nicht Freuds Entdeckungen zu einer nur noch weiter auszubauenden und anzureichernden Offenbarung stilisiert hätte, gegenüber der auch begrenzte Fortentwicklungen eines ungeheuren Rechtfertigungsaufwandes bedürfen: daß auch die kleinste Neuerung keimhaft in Freuds Werk bereits enthalten war. Die Struktur des »offenbaren« Wissens mit der daraus folgenden Neigung zu strengen methodischen Regeln hat nicht zuletzt dazu geführt, daß sich die Erneuerung der Psychotherapie vollzieht in der Form des Auftauchen neuer und sich polemisch abgrenzender Propheten und Offenbarer mit Sekten- und Schulenbildung, rascher Ritualisierung und Patentierung.

Aus dem Bereich der Körperpsychotherapie seien wenigstens einige Namen genannt, die wichtige Beiträge in den letzten Jahrzehnten geliefert haben und die, trotz aller proklamierten Monopolansprüche, auf fruchtbare Verwertung und allmähliche Integration warten: Reich, Lowen, Boyesen, Pierakos, Boadella, Casriel, Grof, Malcolm Brown, Pesso, Petzold, Stolze, M. Fuchs und viele andere, die sich oft auf Spezialaspekte konzentriert haben und von dort einen Weg zum ganzen Subjekt des leidenden Menschen suchen.

Die Abspaltung unerträglicher Schmerzen und ihre Einlagerung im Körper wird allmählich allgemein anerkannt. Strittig, wenngleich immer mehr »kompatibel«, sind die Verfahren, den abgespalteten Schmerzen und Affekten wieder Raum zu verschaffen und sie allmählich zu integrieren. Die Hauptkritik vieler körpertherapeutischen Schulen an Janov bezieht sich auf folgenden elementaren Punkt: bei Janov ist der Therapeut im wesentlichen nur Katalysator; er ermöglicht durch das Setting, die Regression und die Ermutigung das Wiedererleben der abgespalteten Urschmerzen in den Primärerlebnissen. Er fungiert nicht als Übertragungsfigur, ja, so schreibt auch Orban, er wird im Primärerlebnis nicht einmal mehr wahrgenommen. Die Therapie vollzieht sich also quasi nur im Subjekt, nicht zwischenmenschlich, und damit fehlt der Aspekt der Bindung und der therapeutischen Alternative. Es handelt sich, wie in der Psychoanalyse *vor* der Objektbeziehungstherapie, um eine Einpersonenpsychologie. Der Therapeut ist im wesentlichen Prozeßbegleiter, der Patient wühlt sich durch seine nie gelebten und ausgedrückten Schmerzen, als handele es sich um ein quantitatives Speicherungs-System, dessen Inhalt zum Ausdruck und Abfluß geführt werden müßte.

Damit fehlt aber die von den meisten anderen körpertherapeutischen Schulen betonte »Alternative«. Der regredierte Patient scheint nämlich bereit, in dieser Situation der geschützten Offenheit und dem konkreten Wiedererleben früher und frühester traumatischer Situationen *Alternativen* zuzulassen, ja zu brauchen: nämlich Halt, Bindung, Abhängigkeit, ein neues Objekt, das neue Interaktionsformen anbietet und nicht nur den Schmerz über die mißlungenen ursprünglichen Erlebnisse zuläßt und fördert. Orban bezeichnet diese alternativen Erlebnisformen, die zu Kristallisationskernen einer neuen Selbst-Entwicklung werden können, noch geringschätzig als »Ersatz«, analog zu der Geringschätzigkeit, mit der die Psychoanalyse auf das simplifizierte Konzept der »korrigierenden emotionalen Erfahrung« von Franz Alexander reagiert hat. Sobald der Therapeut aber nicht mehr nur empathisch mitgehender Katalysator ist (leider war er bei vielen oft auch Antreiber auf dem Weg in den Schmerz), muß er mehr anbieten als nur Wegbegleitung in den Schmerz. Ohne alternative Erfahrung mit der Person des Therapeuten kommt es auch zu jenen endlosen und gelegentlich süchtig wirkenden Primärerlebnissen, die die seelische Struktur gar nicht stärken und verändern, sondern nur immer nach neuem »Ausdruck« und Abfuhr verlangen,

z. B. wenn das Schmerzerlebnis ein Teil der Identität geworden ist, als unentbehrliche »negative Nahrung«.

Das Paradox, daß Orban eine hochentwickelte Theorie der Interaktionsformen anbietet und sie an einer Therapieform exemplifiziert, die in bezug auf die Person des Therapeuten gar nicht *interaktiv* ist, läßt sich also durchaus auflösen. Die therapeutischen Interaktionen laufen bei Janov natürlich mit den »inneren Objekten«, aber aus der Substanz dieser verinnerlichten frühen Elternbilder, die ja meistens in ihrem traumatisierenden Aspekt wiedererlebt werden, lassen sich noch keine *neuen* inneren Bilder formen. Auch hier wiederholt die Primärtherapie in radikalerer Form nur ein Grundmuster der Psychoanalyse: durch die Überbetonung des Trauerns (des Schmerzes) ohne fundierte Alternative.

Ich halte, als Psychoanalytiker, der mit dem Körper arbeitet, die »second-line« der Gefühle mit einbezieht und die »first-line« der Urerlebnisse zuläßt, wenn sie auftaucht, Orbans Buch für eine große Herausforderung für die gesamte Psychotherapie. Es kann nach seiner Lektüre niemand mehr sagen, er habe »es« nicht gewußt! Was ist »ES« in diesem Falle? Die tiefe Verankerung der meisten seelischen Störungen im Körper; die Schwierigkeit, die basalen Störungen auf der rein sprachlich-symbolischen Ebene zu erreichen; die Gefahr, die Störungen durch deren Bearbeitung auf der »third-line«, also der sprachlich gefaßten Ebene, zu verschleppen und zu konservieren, weil sie die Sprache nutzen können, um sich zu *maskieren*. Es gibt in der Tat nicht wenige Störungen, bei denen die Psychoanalyse die sichere Form der Abwehr einer wirklichen Heilung bedeutet.

Orbans Buch gehört meines Erachtens in den Standard-Lektüre-Kanon aller therapeutischen Schulen und Ausbildungen. Noch in der Abgrenzung, zu der es Anlaß geben mag, zwingt es zu genauerer Ortsbestimmung des eigenen klinischen Denkens und Handelns. Daß es nicht nur ein erdachtes, sondern zugleich ein »erlittenes« Buch ist, macht seine Dichte und Faszination aus.

suhrkamp taschenbücher
Eine Auswahl